坚持和发展马克思主义，必须同中华优秀传统文化相结合。只有植根本国、本民族历史文化沃土，马克思主义真理之树才能根深叶茂。……我们必须坚定历史自信、文化自信，坚持古为今用、推陈出新，把马克思主义思想精髓同中华优秀传统文化精华贯通起来、同人民群众日用而不觉的共同价值观念融通起来，不断赋予科学理论鲜明的中国特色，不断夯实马克思主义中国化时代化的历史基础和群众基础，让马克思主义在中国牢牢扎根。

——摘自习近平在中国共产党第二十次全国代表大会上的报告

中国传统价值观的传承弘扬研究书系

中国传统价值观的新命

戴木才 等 著

广西人民出版社

教育部人文社会科学重点研究基地

湖南师范大学道德文化研究中心重大项目

“中华伦理文明新形态的内容体系研究”研究成果

国家社科基金重大项目

“结合时代要求继承创新中华优秀传统文化中的核心理念研究”

［批准号18VSJ081］研究成果

课题首席专家：

戴木才（清华大学马克思主义学院）

课题组主要成员（以姓氏笔画为序）：

田海舰（河北大学马克思主义学院）

陈志兴（南昌大学马克思主义学院）

赵同良（河北师范大学马克思主义学院）

袁文华（中山大学马克思主义学院）

袁和静（北京中医药大学马克思主义学院）

谢　葵（国际关系学院外语学院）

总　序

党的十八大以来，中国特色社会主义进入新时代，以习近平同志为核心的党中央对新时代传承弘扬中国传统文化提出了一系列重要论断，作出了一系列重大部署，是指导新时代坚守中华文化立场、传承弘扬中国传统文化、坚定中国特色社会主义文化自信的思想指南，是在全面建成小康社会基础上向第二个百年奋斗目标奋进、开启全面建设社会主义现代化强国新征程并担负起新的文化使命，在实践创造中进行文化创造，在社会发展中实现文化进步，不断铸就中华文化新辉煌，提高国家文化软实力的重要遵循。

党的二十大报告指出："坚持和发展马克思主义，必须同中华优秀传统文化相结合。只有植根本国、本民族历史文化沃土，马克思主义真理之树才能根深叶茂。中华优秀传统文化源远流长、博大精深，是中华文明的智慧结晶，其中蕴含的天下为公、民为邦本、为政以德、革故鼎新、任人唯贤、天人合一、自强不息、厚德载物、讲信修睦、亲仁善邻等，是中国人民在长期生产生活中积累的宇宙观、天下观、社会观、道德观的重要体现，同科学社会主义价值观主张具有高度契合性。我们必须坚定历史自信、文化自信，坚持古为今用、推陈出新，把马克思主义思想精髓同中华优秀传统文化精华贯通起来、同人民群众日用而不觉的共同价值观念融通起来，不断赋予科学理论鲜明的中国特色，不断夯实马克思主义中国化时代化的历史基础和群众基础，让马克思主义在中国牢牢扎根。”

“中国传统价值观的传承弘扬研究书系”是国家社科基金重大项目和教育部人文社会科学重点研究基地湖南师范大学道德文化研究中心重大项目的研究成果。本研究书系坚持把马克思主义基本原理同中国具体实际相结合、同中华优秀传统文化相结合，以新时代新征程传承弘扬中国传统文化为研究对象，以实现新时代中国传统文化的创造性转化与创新性发展为重点，深入挖掘中国传统文化尤其是中华传统价值观所蕴含的思想观念、人文精神、道德规范，结合新时代新要求传承弘扬创新中国传统文化，集中创新性地研究了传承弘扬中国传统文化和中国传统价值观的新时代要求，系统阐发了新时代传承弘扬中国传统文化的原则方法，深入批判了新时代传承弘扬中国传统文化中的主要错误思潮，深入系统研究了中国传统文化是中华民族的突出优势、中国传统价值观的源流发展及其定位、中国传统价值观的创造性转化、中国传统文化和中国传统价值观的传播方法和新时代传承弘扬中国传统文化的有效途径等，让中国传统文化展现出时代风采和永久魅力。

“中国传统价值观的传承弘扬研究书系”共包括《中国化马克思主义的传统文化观》《中国传统价值观的新命》《中国传统价值观的传承》三册。

《中国化马克思主义的传统文化观》一书，以马克思主义文化观和价值观为新时代传承弘扬创新中国传统文化及其价值理念的理论基础和重要遵循，将新时代以习近平同志为核心的党中央对中国传统文化作出的一系列重要论述与新时代传承弘扬创新中国传统文化的新要求有机统一起来，深入探讨了传承弘扬中国传统文化的理论基础、中国共产党传承弘扬中国传统文化的原则方法，创新性地阐发了传承弘扬创新中国传统文化的新时代要求和新时代传承弘扬创新中国传统文化的重要指针，深入批判了在传承弘扬中国传统文化过程中出现的多种错误思潮。

《中国传统价值观的新命》一书，以中国传统价值观的创造性转化为重点研究内容，系统阐发了中国传统价值观的源流发展、中国传统价值观的主要内容和中国传统价值观在新时代的定位，以“仁义礼智信”和“忠孝廉耻勇”等十个价值理念为例，结合时代要求深入开展了对其进行创造性转化和创新性发展的研究，赋予其新的时代内涵，从而实现中国传统价值观的创造性再生，为铸就新时代中华新文化和树立社会主义核心价值观自信、树立中国特色社会主义文化自信奠定深厚的历史根基。

《中国传统价值观的传承》一书，以“中国传统文化是中华民族的突出优势”为统领，系统阐发了中国传统文化与中国传统价值观的传播方法及其借镜，深入探讨了新时代传承弘扬中国传统文化和中国传统价值观的有效途径，站在历史与现实、时代与未来、理论与实践、中国与世界相联系的综合视角，站在中华民族走向世界、走向现代化、走向未来的高度，探索在全面建设社会主义现代化强国进程中传承弘扬中国传统文化及其价值理念的有效途径。

总之，本研究书系以马克思主义文化理论、中国化马克思主义的传统文化观尤其是以习近平同志为核心的党中央关于传承弘扬创新中国传统文化的一系列重要论述为指导，以系统研究阐发中国传统文化中的核心理念的创造性转化和创新性发展为重点，突出了传承弘扬创新中国传统文化的精髓要义，这对于更好地发挥中国传统文化在坚守中华文化立场、坚定中国特色社会主义文化自信中的重要作用，更好地发挥中国传统文化对培育践行社会主义核心价值观的重要滋养作用，更好地构筑中国精神、彰显中国价值、汇聚中国力量，具有重要价值和现实意义。

目

录

导论

结合中国特色社会主义进入新时代的时代条件传承弘扬中华传统文化，是发展繁荣中国特色社会主义文化的实践需要。中国特色社会主义文化，源自于中华民族五千多年文明历史所孕育的中华优秀传统文化。党的十八大以来，以习近平同志为核心的党中央高度重视中华优秀传统文化的传承弘扬，始终从中华民族最深沉精神追求的高度看待传承弘扬中华传统文化，从国家战略资源的高度传承弘扬中华传统文化，从以中国式现代化全面推动中华民族伟大复兴的高度再三强调要传承弘扬中华传统文化，使之成为实现“两个一百年”奋斗目标和中华民族伟大复兴中国梦的深厚精神力量。党的十九大报告深刻指出：要“推动中华优秀传统文化创造性转化、创新性发展，继承革命文化，发展社会主义先进文化，不忘本来、吸收外来、面向未来，更好构筑中国精神、中国价值、中国力量，为人民提供精神指引”。

《中国传统价值观的新命》一书，以中国传统核心价值观的创造性转化为主要研究内容，以“仁义礼智信”和“忠孝廉耻勇”等十个价值理念为例，深入阐发了中国传统核心价值观的源流发展及其在新时代的价值定位，结合时代要求深入开展了对其进行创造性转化和创新性发展的研究，赋予其以时代的新内涵，从而实现中国传统价值观的创造性再生，为铸就中华新文化、建设社会主义文化强国和树立社会主义核心价值观奠定深厚的历史根基。

对比已有的研究成果，可以看到以往研究的突出不足是缺乏对中华优秀传统文化尤其是核心理念的创造性转化和创新性发展的深入研究。传承弘扬中华传统文化要抓住重点、抓住关键、抓住精髓、抓住精神。抓住中华传统文化中的核心价值理念，就抓住了中华优秀传统文化的精神和精髓。传承弘扬中华传统文化，关键是要对其核心理念实现创造性转化和创新性发展。没有创造性转化，继承就可能是盲目的继承，是因循守旧、照搬照抄；没有创新性发展，发展就可能是低水平的重复，是简单堆砌和泥古不化。只有创造性转化才能推陈出新，只有创新性发展才能“日日新，又日新”。传承弘扬中华传统文化，就是要用现代意识、现代观念、现代方法充分阐发其核心理念的时代价值。

在中华民族五千多年的文明发展进程中，独特的自然经济生产方式、独特的社会结构和政治上层建筑、独特的道德观念和价值取向，形成了独特的中国传统核心价值观和价值体系，成为中华民族屹立于世界民族之林的独特精神标识、独特精神血脉和独特思想文化传统。在长期的演变发展过程中，中国传统核心价值观积累了宝贵的历史经验，有一定的规律性可循，从中可以得到一些非常有价值的重要启示。

对比理论界、学术界已有研究传承弘扬中国传统文化的成果和状况，《中国传统价值观的新命》一书的理论创新，主要体现在以下几个方面。

一是系统深入阐发了中国传统核心价值观的源流发展。中国传统核心价值观萌发于中国古代自然经济的生产方式和宗法制的社会结构，形成于“家国同构”的君主专制政治的发展需要，经历了一个从萌发、产生到确立和不断完善，再到遭遇挑战与重大调整的发展过程。中国传统核心价值观的源流发展，历经春秋战国时期中国古代核心价值观的萌发与“百家争鸣”、汉初对中国传统核心价值观的初步探索和董仲舒对“五常”传统核心价值观的系统阐发，以及“仁义礼智信”——“五常”作为传统核心价值观的正式确立，直到魏晋时期对“名教”的质疑与正名、隋唐时期“五常”传统核心价值观在批判中的发展、宋代对“五常”传统核心价值观的进一步理论化和近代以来中国传统核心价值观遭遇的重大挑战与重大调整。

二是系统深入阐发了中国传统核心价值观的主要内容。中国传统核心价值观寓于中华传统文化之中，融于中国传统道德体系之中。“仁义礼智信”是中华传统道德的核心范畴，是中华传统文化的核心价值观，贯穿于中华传统道德的整个发展历程，贯穿于中国传统道德体系之中，重视整体利益价值的追求，重视个人道德品质的锤炼，重视道德规范的践行。除了以“仁义礼智信”为核心价值观，中国传统道德还形成了独特而完整的价值体系和规范体系。新时代传承弘扬中华传统文化需要正确分析中华传统文化和传统道德的历史影响，要站在新时代中国特色社会主义发展和人类文明发展进步的时代潮流的高度，剔除其封建糟粕，汲取其精华元素，赋予其以新的时代内涵。

三是创造性地研究了中国传统核心价值观在新时代的价值定位。加快构建充分反映中国特色、民族特性、时代特征的价值体系，努力抢占价值体系的制高点，是新时代深入推进中国特色社会主义伟大事业的一项重大战略任务。结合时代要求对中华优秀传统文化及其核心价值理念进行创造性转化和创新性发展，其根本目的是发展繁荣中国特色社会主义文化，建设社会主义先进文化、铸就中华文化新辉煌，为建设社会主义文化强国、坚定社会主义文化自信奠定更加深厚的历史根基和文化底蕴。结合时代要求传承弘扬中华传统文化及其核心价值理念，既不能用博物馆心态来看待中国传统文化，也不能用顶礼膜拜的心态来阐释中华传统文化，而是要使社会主义先进文化、社会主义核心价值观与中国传统文化及其传统价值观相传承，充分展现其基础性、民族性和传承性。中国传统核心价值观是中华传统文化的灵魂和总纲，是中国人的基本价值观，贯穿中国传统价值理念、人文精神和道德规范。结合新时代要求传承弘扬中华传统文化，关键是要对中国传统核心价值观进行创造性转化和创新性发展，使之与社会主义市场经济相适应、与社会主义法律规范相协调、与人类文明发展趋势相一致，科学区别其原义、他义和今义。

四是创造性地研究了中国传统核心价值观的创造性转化。我国古代确立了一套以儒家思想为主导、以“仁义礼智信”为核心价值理念的价值体系和道德规范体系，提出了中庸、智仁勇、忠孝仁爱、礼义廉耻、智勇信敬、恕悌友善、和逊正庄、温良恭俭让、恭宽信敏惠等一系列价值理念和道德规范。新时代传承弘扬中华传统文化及其核心价值理念，最根本的是要结合时代要求实现其创造性转化和创新性发展。在深入分析中华传统文化及其核心价值理念源流发展的基础上，结合时代要求对其进行创造性转化和创新性发展，赋予其时代的新内涵。

（1）创造性地阐发了传统“仁”德及其创造性转化。在中国传统核心价值观中，“仁”是一个统摄诸种价值观念和传统美德的总体性范畴，居于核心地位。“仁”所蕴含的仁爱和谐的宽广情怀，是中国传统核心价值观留给我们的宝贵价值资源，是新时代培育社会主义核心价值观和繁荣发展中国特色社会主义文化的源头与依托。结合时代要求讲“仁”，应以社会和谐、共同发展为目标，大力提倡人们对他人、对社会、对自然的爱，大力提倡人与人之间平等相待、友好相处、团结互助，大力提倡人道主义和慈善精神。其核心思想应该是“仁爱慈善”，主要内涵包括仁爱宽容、平等人道、和谐合作。

（2）创造性地阐发了传统“义”德及其创造性转化。在中国传统核心价值观中，“义”与“仁”一样起着重要的支撑作用，深深地融入了中华民族的价值观念体系和道德规范体系，在中国传统社会中具有普遍而崇高的意义，成为选择人间正道的准则。在中华传统文化中，“义”是判断是非善恶的基本价值规范，是人们立身处世的根本，今天结合时代要求讲“义”，应把“义”看作是人应该遵循的最高道义和应该依归的人间正义。要大力提倡做人的正直公道，提倡维护社会公平和正义，提倡对全社会共同利益和国家利益的高度负责，其核心思想应该是“正义奉公”，主要内涵包括持正重义、利群济困、奉公爱国。

（3）创造性地赋予了“礼”以新的时代内涵。“礼”是中华传统文化中一个极具中国特色的文化概念和价值理念，是中国古代社会生活中最权威的制度规范，贯穿于几千年中华文明发展史。当今时代探讨“尚礼守法”的行为模式，对于实现对传统礼俗的因革取舍、培育社会主义核心价值观、更好地构建和谐社会，仍然具有十分重要的历史与现实意义。结合时代要求讲“礼”，应以建立现代法治社会和安定有序、高度文明的社会为目标，大力提倡基本的人伦规范，大力提倡文明礼仪，大力提倡法治精神，其核心思想应该是“尚礼守法”，主要内涵包括孝敬谦恭、文明礼貌、遵纪守法。

（4）创造性地赋予了“智”以新的时代内涵。在中国传统核心价值观中，“智”作为一个重要的核心价值理念，不仅得到了人们的广泛认同，而且已内化为中华民族的一种基本精神品格。中华民族的“贵智”传统，“崇智求真”的价值理念和传统美德，自古及今，绵延不绝。中国古代的“智”主要强调人生智慧。在全面建设社会主义现代化强国的进程中，结合新时代要求讲“智”，应以整个社会充满创造的活力和进取的动力、人与社会不断进步为目标，大力提倡勤于学习、善于思考的品德，大力提倡科学理性、务实行动的品德，大力提倡追求真理、善于创新的品德，其核心思想应该是“崇智求真”，主要内涵包括勤学敏思、明理力行、求真创新。

（5）创造性地赋予了“信”以新的时代内涵。在几千年悠久的历史发展中，“信”德渗透到我国社会生活的方方面面，不仅成为中华民族大家庭中每个成员应当遵守的道德准则，而且内化为中华民族的深层道德意识，成为中国人立身兴国的根本。从世界历史发展进程看，“信”是与世界文明交汇、相通的一个价值观念和道德规范，具有永恒的价值，是新时代应该大力弘扬的价值理念和道德规范。结合时代要求讲“信”，应大力提倡做人诚实守信，大力提倡符合市场经济需要的契约信用精神，大力提倡人们的责任意识、敬业精神，大力建设现代信用社会，其核心思想应该是“诚实守信”，主要内涵包括真诚信实、践诺履约、敬业尽责。

此外，还创造性地研究了中国古代其他重要价值理念——“忠孝廉耻勇”的创造性转化，赋予其以新的时代内涵。

第一章

中国传统核心价值观的源流发展

在中华民族五千多年的文明发展进程中，独特的自然经济生产方式、独特的社会结构和政治上层建筑、独特的道德观念和价值取向，形成了独特的中国传统核心价值观和价值体系，成为中华民族屹立于世界民族之林的独特精神标识、独特精神血脉和独特思想文化传统。中国传统核心价值观萌发于中国古代自然经济的生产方式和宗法制的社会结构，形成于“家国同构”的君主专制政治的发展需要，经历了一个从萌发、产生到确立和不断完善，再到遭遇挑战与重大调整的发展过程。在长期的演变发展过程中，中国传统核心价值观的培育和践行积累了宝贵的历史经验，有一定的规律性可循，从中可以得到一些非常有价值的重要启示。

一　宗法制社会结构及中国传统核心价值观的萌发

一般认为，中国古代社会是一种建立在自然经济生产方式和血缘宗法关系基础之上的社会结构形态。在自然经济条件下，人们的经济社会活动局限于一个自成体系、相对封闭的共同体范围内。西周时期，在氏族共同体内，根据以血缘人伦关系为纽带的族制系统，人逐渐被分为不同的等级，被赋予不同的身份，确立了分封制与等级制的国家和社会制度。从此，这种根据族制来区别人的等级、身份、地位和决定财产与权力继承的宗法关系，就成为维系中国古代社会的主要纽带和建立中国古代君主专制政治的重要基础，也成为中国古代政治结构和社会结构的重要特征。中国古代社会伦理道德的产生发展和传统核心价值观的萌芽，均源自这种宗法制的政治结构和社会结构形态，以维护宗法人伦关系为宗旨。

（一）中国传统核心价值观的起源

中国古代从周朝开始确立分封制，确定了“周王—诸侯—卿大夫—士”的等级序列。有一个问题摆在周朝天子面前，这就是如何规范尊卑之间、长幼之间、亲疏之间各自不同的行为。周公始创了中国式的法律思想和政治制度体系，确立了“形而上之礼”的“礼制”理论，根据血缘关系和等级身份，分别制定了不同身份的人应该遵行的礼仪和行为规范，使之成为宗法等级制度的依据和标准。周公以“祭礼”为“人礼”，用以规范人们的社会地位、等级、行为以及人与人之间的社会关系，变原始意识中的法自然、法天观念为人法法则，由形式规定本质，寻找到并确定了西周社会阶级统治的理论原则和“礼法”规范。“周礼”把姬周集团的统治意志和利益融合于“礼”之中，以尊尊、亲亲、贤贤、嫡长世袭、男女有别构成“礼”之本体。周公还制礼作乐，创建了一整套具体可操作的礼乐制度，包括饮食、起居、祭祀、丧葬……，把社会生活的方方面面都纳入“礼”的范畴，具有一定强制性地规范人们的行为。这就是周代的“礼制”。

周公制作“周礼”的目的在于以周人的标准来规范各族各代的礼乐内容，并通过制度化形式把它推行到社会的不同等级中去，从而加强周人血亲联系和维护宗法等级秩序。这些制度的最大特色，就是以宗法血缘为纽带，把家族和国家、政治和伦理融合在一起。也就是说，中国古代社会从一开始就体现了家国同构、家国一体和政治原则与伦理原则同构的鲜明特点。

周公制作的“礼”，后来成为中国古代社会中维护血缘宗法关系和宗法等级制度、长期存在的一系列精神原则以及言行规范的总称。在西周“礼制”中，维护血缘宗法关系和宗法等级制度的精神原则归纳为“亲亲”“尊尊”两大方面。所谓“亲亲”，即要求在家庭、家族、宗族范围内人人皆要长其长、亲其亲，按自己的身份行事，而不能以下凌上、以疏压亲，并把它推向社会中去。《诗·小雅·伐木序》曰：“亲亲以睦友，友贤不弃，不遗故旧，则民德归厚矣。”“亲亲”确立以父为首，全体亲族成员都应以“父亲”为家长、为中心。所谓“尊尊”，不仅要求在家庭内部执行，而且要求在社会范围内即贵族之间、贵族与平民之间、君臣之间都要讲尊卑关系、讲等级、讲秩序，尊敬一切应当尊敬的人，君臣、上下、贵贱都应各安其位，恪守名分，而不超越自己的地位等级，一切臣民都应以君主为至尊、为中心。

在“亲亲”“尊尊”两大原则之下，中国传统社会逐渐形成了“父慈、子孝、兄友、弟恭”和“忠、孝、节、义”等核心价值取向和君义、臣行、父慈、子孝、兄爱、弟敬等一系列具体道德规范。西周时期的“礼”作为一种积极的行为规范已初具国家意志性、社会规范性和制度强制性等法的三个基本特性，对当时社会的政治生活和社会生活都起着实际的、重要的调整作用。“礼”被认为是“经国家，定社稷，序民人，利后嗣”的头等大事，渗透到社会各个领域。

周公以宗法等级制度为核心所建立的“礼制”思想，对中国古代儒家思想和传统道德的形成起了奠基性作用，对后来中国传统社会的发展影响深远，被儒家尊为圣人，儒家常常将周公、孔子并称。唐代的韩愈为辟佛老之说和后来的宋明理学都大力宣扬儒家“道统”，提出尧舜禹汤文武周公孔子孟子的统序，即是有力的证明。后来“礼”的适用范围和功能虽然发生移转，从西周之时主要作为政治权力分配功能的原则，到汉代以后转变为社会生活层面秩序建构和维持的机制，但亲亲、尊尊、长长和男女有别作为“礼”的基本原则，并未发生实质性的改变，反而得到巩固和强化，一直影响着中国传统道德规范体系和传统核心价值观的萌芽、形成和发展。

（二）中国传统核心价值观的萌发

西周时期以血缘伦理关系为基础建构起来的伦理道德原则，奠定了中国古代社会伦理道德的基本格局。

先秦时期儒家思想的创立者孔子提出了“君君、臣臣、父父、子子”（《论语·颜渊》）等的等级秩序及其伦理观念，确立了一个以“仁”与“礼”为核心的道德规范体系。

儒家思想的另一位代表人物孟子则提出了“父子有亲，君臣有义，夫妇有别，长幼有序，朋友有信”（《孟子·滕文公上》）等十分具体明确的“五伦”道德规范要求，并以“仁义礼智”四德作为母德，扩展为“五伦十教”，即孟子提出的君惠臣忠、父慈子孝、兄友弟恭、夫义妇顺、朋友有信。

法家思想的代表人物管仲也提出了“四维七体”的伦理道德具体规范体系，所谓“四维”即指“礼义廉耻”国之四维；所谓“七体”则为孝悌慈惠、恭敬忠信、中正比宜、整齐撙诎、纤啬省用、敦蒙纯固、和协辑睦（《管子·五辅》）等七组具体道德规范。另一位法家思想代表人物韩非子还提出了“臣事君，子事父，妻事夫。三者顺，天下治；三者逆，天下乱”（《韩非子·忠孝》）等三大主要伦理关系，即臣君、子父、妻夫三组伦理关系在秩序上规范的思想，等等。

在先秦儒家思想中，“仁”的根本与核心地位逐渐确立，并分别讨论到了“仁”与义、礼、智、信、乐、法等价值范畴的关系，只是还没有形成“五常”的理论体系，没有明确地把“仁义礼智信”五个德目作为一个整体进行系统构建。孔子明确提出了“仁”与“礼”，或“智仁勇”三达德的核心道德观；孟子提出了“仁”与“义”，或“仁义礼智”的核心道德观，并把“仁义礼智”四个德目作为一个整体；荀子继二人之后提出了“礼”与“法”为主要范畴的道德观。

这一时期，其他学派也提出了各自学派的核心价值理念。例如：法家的管子提出了“礼义廉耻”国之四维的四个德目，作为国家治理体系和方式的四大伦理纲常。道家的老子提出了“三大核心道德”理念，即“一曰慈，二曰俭，三曰不敢为天下先”（《老子·第六十七章》）。墨家的墨子提出了以“兼爱”为核心的道德观。

此外，学术界还认为，1973年在长沙马王堆汉墓出土的帛书《五行》是失传了的孟子的“五行学说”的重要史料，即孟子关于“仁义礼智圣”五种德行的学说，“仁义礼智圣”五德被认为是核心德目。

与郭店楚简《五行》同时出土的《六德》——“圣智仁宜忠信”（“宜”通“义”），被认为是源自《周礼·司徒》的“六德”，即“知仁圣义中和”，是六个重要的道德范畴。

在敦煌文书中有一件《孝经注》残片，其在“卿大夫章第四”之“非先王之德行不敢行”句下的“注”中也提出了一个“六德”范畴，“仁、义、礼、智、忠、信”被称为“六德”，“古者六德之行：仁、义、礼、智、忠、信，是为六德。好生恶死曰仁；临财不欲，有难相济曰义；尊卑慎序曰礼；智深识远曰智；平直不移曰忠；信义可复曰信”。后来形成的“五常”——“仁义礼智信”五个道德范畴都包含在其中。

可以说，春秋战国时期“百家”提出的核心道德观和核心价值观也可谓“百家争鸣”，观点纷呈，为秦汉时期形成中国传统核心价值观提供了丰富思想资源，奠定了深厚历史根基。

（三）中国传统核心价值观的思想根源和历史源泉

到汉武帝时期，在先前伦理道德思想、核心道德观念和核心价值观萌发的基础上，董仲舒按照“贵阳而贱阴”的阳尊阴卑理论，通过总结以往的核心道德观念和系统阐发封建“大一统”君主专制政治对道德规范体系的客观需要，对“五伦”观念作了进一步发挥，提出了“三纲”原理和“五常”之道。

在人伦关系中，董仲舒把君臣、父子、夫妻看作是三种最主要的社会伦理关系，最主要的社会伦理关系存在着天定的、永恒的、不能改变的主从关系，即君为主，臣为从；父为主，子为从；夫为主，妻为从。这就形成了所谓的“三纲”——君为臣纲，父为子纲，夫为妻纲。董仲舒把“三纲”建立在所谓的天然的“阴阳”之道理论基础之上，从而确立君权、父权、夫权在国家政治和社会结构中的统治地位和至尊地位，把封建君主专制政治地位、政治秩序和社会等级制度、尊卑贵贱顺序神圣化为宇宙的根本法则。

董仲舒提出的“三纲”由“五伦”发展而来，它抓住“五伦”当中最重要的三大社会伦理关系——“父子有亲、君臣有义、夫妇有别”作为社会伦理关系的根本。在先秦儒家思想中，“五伦”关系本来是一种双向的对应的相对关系，但是董仲舒确立的“三纲”关系则把它改成了单向的、以人身依附和服从为原则的绝对关系；先秦儒家提出的“五伦”虽然强调宗法关系中的等级秩序，但它是以君臣、父子、夫妻等的互惠互动和在上者的率先垂范为前提的道德规范要求，但到董仲舒这里，“三纲”则把君臣、父子、夫妻的伦理关系更加简单化、直观化、绝对化。在孟子提出“仁义礼智”的基础上，董仲舒加上“信”这一规范，称之为“五常”，所谓“常”即恒常、永远不变的意思，于是就形成了以“三纲”为主的社会伦理关系，以“五常”为主要内容的传统核心价值范畴，集中反映了中华民族的传统核心价值观。

董仲舒提出的“三纲五常”和“名教”观念，其萌发和产生可以追溯到西周时期甚至更久远，它是由中国古代自然经济的生产方式和宗法制的社会结构所决定的，具有深厚的社会经济基础和源远流长的宗法伦理根源。可以认为，自有文字记载以来至春秋战国时期，“仁义礼智信”五个核心德目就已分别提出并有各自阐发。

“仁”的提出最初与氏族、宗族的血缘关系紧密相连，主要指亲情、同情、关心和爱护，其完整思想首先是由儒家思想的创始人孔子阐释和传播的。

“义”又通“议”，最初含义既指仪表和风貌，也指适宜和正当，后来拓展为泛指一切正义、道义、狭义等，其作用主要是维持社会秩序和公平正义。

“礼”的最初含义是指原始社会祭神祈福的一种宗教仪式，经过周公和先秦儒家的改造，其内容逐渐由单纯的习俗仪式发展成为规范血统、婚姻、长幼、尊卑等家庭和社会伦理关系的行为准则，并逐渐“礼制化”，即制度化、法律化。

“智”的最初含义是指人们对事物的判断迅速准确，后来被春秋时期的儒家赋予明辨善恶、是非、对错，以及自知知人等伦理道德内涵予以倡导，主要集中到“学以做人”“学以成人”的道德智慧上。

“信”的最初含义是指祭祀天地、神灵和先祖时的诚实不欺、不敢妄言等，后来逐渐摆脱其祭祀、宗教等色彩，特别是经过先秦儒家的倡导，逐渐成为一项重要的社会道德规范。

二　家国同构政治形态及中国传统核心价值观的确立

秦始皇统一六国后，中国古代社会的政治结构虽然发生了很大变化，君主专制制度代替了分封制，除了王室外，取消了家、族的世袭权力。但是，由于长期以来存在的宗法关系传统已经深深地印刻在政治关系、社会关系及其道德规范意识之中，仍然以一种巨大的惯性力量起着重要作用。同时，由于新兴的地主阶级仍然是在分封制度下享有某种特权的宗族后裔，宗法伦理关系的继承有利于维护他们的现实利益，因此，宗法伦理关系不仅没有被打破和解体，而且得到进一步巩固和发展，以“纲常伦理”原则被赋予了神意、“天理”、永恒的权威，并受到国法、家规的保护。

也就是说，秦汉后宗法伦理关系不仅体现在宗法制的社会结构形态上，而且扩展到国家的政治结构形态上，形成了一种“家国同构”的政治结构形态。家、族、宗在国家政治和社会结构中仍然具有十分重要的地位，家、族、宗与国家被结合为“家国一体”：家被看作是国的基础，国被看作是家的扩大，君主不仅是君主专制政治的最高统治者，而且是全国这个最大的“家庭”的“家长”。

因此，以血缘家族、宗族伦理关系为纽带构成的政治结构和社会结构成为国家和社会的基本单位，宗法的家长制成为社会的政治组织细胞，宗法制与君主制、官僚制紧密结合，家族、宗族组织和国家组织、社会组织合二为一，成为中国古代政治的基本体制和法律维护的主体，宗法等级结构和政治等级结构、社会等级结构形成一致，形成由神权、政权、族权、夫权组成的封建宗法制度，由此决定着中国古代政治与伦理一体、政治原则与伦理原则同构，家与国相通。

（一）汉初对中国传统核心价值观的初步探索

秦朝建立了中国历史上第一个多民族共融的中央集权制国家，建立了第一个大一统王朝，此后虽然合合分分、分分合合，但“大一统”思想成为中华民族的主导思想。秦朝创立的帝制及以“三公九卿”为代表的中央官制，废除了分封制，代之以郡县制，彻底打破了自西周以来的世卿世禄制度，强化了中央对地方的政治控制和政治统治，又强力推行了车同轨、书同文、行同伦等统一的文化风俗和法律制度，奠定了中国“大一统”王朝的政治统治基础，有力地维护了国家统一。但是，秦朝短暂的历史命运证明，秦朝仅仅采用“严刑峻法”的国家价值观，认为所有国内臣民不需要接受任何道德教育也不需要任何宗教、信仰及价值观的政治统治是行不通的，亟需重建社会和国家的道德规范体系和倡导核心价值观。这个问题，经过汉朝王室与儒家哲学家的联盟，一直到董仲舒提出“罢黜百家，独尊儒术”，汉武帝推出官方“儒教”，才得以解决。

在董仲舒之前汉初多位儒者在反思秦王朝二世而亡的经验教训时，就特别重视道德规范体系的建立和核心道德的倡导，为董仲舒提出一套新的儒家思想道德体系和核心价值观奠定了基础。

例如，汉初陆贾云：“天道调四时，人道治五常。”（《新语·术事》）陆贾虽然没有说明“五常”所指的具体内容是什么，但提出了“五常”这一概念，并提出了“行以仁义为本”（《新语·道基》）的核心道德观；贾谊指出了道德仁义这些抽象的内容要通过“礼”的具体规范和外在化的制度形式表现出来，“仁义”为本、“礼治”为用，才能相辅相成、相得益彰。贾谊虽然对“五常”没有展开讨论，但在“仁义礼智”之后增加了“信”德，主张五者并举，使“五常”完备；韩婴试图本于孔子、统合孟荀、整合诸子，为适应汉代封建统一国家的政治需要构造一套新的儒家思想道德体系，并对“仁义礼智”四德作了进一步阐发。

（二）董仲舒对“五常”传统核心价值观的系统阐发

根据“大一统”封建国家和君主专制政治的需要，从宗法制社会结构的伦理关系出发，董仲舒以宗法思想为中心，通过对先秦儒家孔孟思想尤其是“五伦”的改造，杂以“阴阳五行”学说和“天人感应”学说等，把“神权、君权、父权、夫权”贯穿在一起，形成了一套神学帝制思想理论体系和伦理道德规范体系。董仲舒提出“道之大原出于天”，自然、人事都受制于“天命”，因此反映“天命”的政治思想和政治秩序都应该是统一的。他系统提出了“天人感应”学说、“大一统”学说、“三纲五常”学说，以及“诸不在六艺之科、孔子之术者，皆绝其道，勿使并进”和“推明孔氏，抑黜百家”的治国政治主张，对当时社会所提出的一系列治国理政思想、哲学、道德、制度、社会、历史等问题给予了较为系统的回答和阐发。

董仲舒提出的“罢黜百家，独尊儒术”治国之策和“三纲五常”学说为汉武帝所采纳和实施，经汉章帝时期的“白虎观会议”正式确认为神圣不可侵犯的社会伦理道德体系。“三纲五常”学说极大地维护了君主专制政治统治，为当时社会政治和经济的稳定作出了重要贡献，同时也使儒家思想成为中国古代社会的正统思想，影响达两千多年。

在陆贾、贾谊、韩婴等儒者对“仁义礼智信”初步系统阐发的基础上，董仲舒把“仁义礼智信”五大德目作为“五常”明确固定下来，并初步形成了以“仁”为核心，把“仁”作为总目与“义礼智信”四个德目纵向展开的内在思想结构。董仲舒利用“阴阳五行”学说，通过“天人感应”来体现“天”的意志，用“阴阳”流转与四时相配合，推论出“东南西北中”的方位和“五行”——“金木水火土”的关系，而且突出“土”居于中央、为“五行”之主的中心地位，认为“五行”是“天道”的表现，并进而把这种“阴阳五行”“阳尊阴卑”的理论广泛推用于社会，从而推论出“三纲五常”的伦理思想、道德哲学和行为规范。

董仲舒系统阐发了“金木水火土”的内在联系：“东方者木，农之本。司农尚仁，进经术之士，道之以帝王之路，将顺其美，匡捄其恶……本朝者火也，故曰木生火。南方者火也，本朝司马尚智，进贤圣之士，上知天文，其形兆未见，其萌芽未生，昭然独见存亡之机，得失之要，治乱之源……司营者土也，故曰火生土。”（《春秋繁露·五行相生》）同时，董仲舒试图阐发“金木水火土”与政府机构官员的职位关系及其伦理道德规范和要求：“中央者土，君官也。司营尚信，卑身贱体，夙兴夜寐，称述往古，以厉主意……司徒者金也，故曰土生金。西方者金，大理司徒也。司徒尚义，臣死君而众人死父。亲有尊卑，位有上下，各死其事，事不逾矩，执权而伐……司寇者，水也，故曰金生水。北方者水，执法司寇也。司寇尚礼，君臣有位，长幼有序，朝廷有爵，乡党以齿……司农者，田官也，田官者木，故曰水生木。”（《春秋繁露·五行相生》）

按照“贵阳而贱阴”的“阳尊阴卑”理论，董仲舒对“五伦”观念作了进一步阐发，把它提升为“三纲”原理和“五常”之道，从而使“三纲五常”成为中国传统政治结构和社会结构中最重要的人伦关系和伦理道德准则，成为支撑君主专制政治的“合理性”柱石。根据“阴阳五行”学说，“阳”永远处于主宰、尊贵地位，“阴”永远处于服从、卑贱地位。董仲舒认为，“君臣、父子、夫妻”三种伦理关系是天定的、不变的、永恒的主从关系，“君、父、夫”体现了天的“阳”面，既然“君、父、夫”是“天”，就居于绝对的主宰地位；“臣、子、妻”体现了天的“阴”面，既然“臣、子、妻”是“地”，只能是居于绝对的服从地位。董仲舒以此确立了“君权、父权、夫权”在君主专制政治及其社会中的统治地位，把君主专制政治秩序和封建等级制度神圣化为宇宙的根本法则。

"五常"之道实际上是"三纲"原理的具体化、规范化、制度化的道德规范。董仲舒把"仁义礼智信"——"五常"之道看作是处理君臣、父子、夫妻、上下、尊卑关系的基本伦理法则，认为治国者应该给予足够重视和加以实施。在他看来，社会中的"人"不同于其他生物的一个重要特点，就是具有与生俱来的"五常"之道，坚持"五常"之道就能形成社会秩序、维持社会稳定和保持人际关系和谐。

一方面，董仲舒对"仁义礼智信"这五个核心德目及其价值要求，以及"仁"与"义礼智信"四个德目的相互关系作了系统深入的阐发，并根据汉朝"大一统"政治和君主专制政治的需要，作了创造性的诠释和发展。借助"天人感应"学说，董仲舒论证"五常"的形而上本源和合法性，认为"五常"取法于天，符合天道之"五行"。另一方面，董仲舒又以"五常"的道德价值为本，借用"阴阳五行"结构的相生相克原理，对政府机构之间的互相协助进行制度设计和提出道德规范，试图以伦理秩序为基础来重建政治秩序和社会秩序。他以"五行"——"木火土金水"分别对应政府机构的"五官"——司农、司马、司营、司徒、司寇，提出"五官"为政应分别以"仁义礼智信"——"五常"为本，以"五行"相生相克原理为依据，顺之则治，逆之则乱。

董仲舒以神学的形式精心构筑的这套"天人感应"学说和"三纲五常"学说，以"仁"为核心，把"仁义礼智信"作为"五常"，对"仁义礼智信"进行了新的整合与建构，使之成为一个有机的整体，并对其进行了发挥性阐释和神秘性改造，赋予其新的时代内涵和时代特质，目的在于为汉朝皇权"大一统"政治和君主专制制度提供正当性和合法性，极大地满足了封建君主专制政治统治和"大一统"社会秩序的需要，成为当时社会政治制度和社会秩序的价值基石和伦理道德支撑。

（三）"仁义礼智信"作为中国传统核心价值观的正式确立

董仲舒系统提出"三纲五常"学说后，使"仁义礼智信"正式成为中国古代的核心价值观，事实上也经历了一个近200年的过程。自董仲舒提出“罢黜百家，独尊儒术”，儒家思想逐渐成为汉朝君主政治思想的支柱。但是，由于儒家各家学派的传承不同，对于儒家经典的版本、内容多有争议。虽然汉宣帝时也曾召开“石渠阁会议”加以统一，但是经历王莽新朝的战乱之后，各家的歧异再次抬头。汉光武帝刘秀于建武中元元年（公元56年）宣布图谶于天下，把“谶纬之学”正式确立为官方的统治思想。“仁义礼智信”作为整体德目由官方确定为核心价值观，则是在董仲舒去世183年后的白虎观会议上。

为了巩固儒家思想的统治地位，东汉建初四年（公元79年）在洛阳白虎观，汉章帝召集大夫、博士、议郎、郎官和各地著名儒生讨论“五经”异同。“白虎观会议”举行了一个多月，会后班固奉旨对会议内容加以总结，写成《白虎通义》四卷。在董仲舒学说及基本观点的基础上，《白虎通义》总结了两汉经学的成果，集两汉今文经学之大成。《白虎通义》继承了“天人合一”“天人感应”的神学目的论，并把它与当时流行的谶纬迷信与儒家经典糅合为一加以发挥，使儒家思想进一步神学化，作为解释封建社会一切政治制度和道德观念的理论依据，把自然秩序和封建社会秩序紧密结合起来，提出了一套完整的神学世界观。《白虎通义》肯定了“三纲六纪”，并将“君为臣纲”列为“三纲”之首，使封建纲常伦理系统化绝对化。

《白虎通义》以“五经”配“五常”，把“经”解释为“常”，说明《五经》是“仁义礼智信”的集中体现，开示了互相依存、互相配合的五种人生完备的常道，不仅具有权威性而且具有普适性。《白虎通义》借助圣人通过“天人感应”，把《五经》确认为“天”之“五常”之道，借以教化世人成就德行。

《白虎通义》不仅将“五常”的五个德目正式确定为“仁义礼智信”，而且对“仁义礼智信”每个具体德目都明确规定了具体内涵：“经，常也。有五常之道，故曰《五经》。《乐》仁、《书》义、《礼》礼、《易》智、《诗》信也。”（《白虎通义·五经》）《白虎通义》还阐发了“五性”“六情”及其相互联系：“人情有五性，怀五常不能自成，是以圣人象天五常之道而明之，以教人成其德也。”（《白虎通义·五经》）“五性者何？谓仁、义、礼、智、信也。仁者，不忍也，施生爱人也；义者，宜也，断决得中也；礼者，履也，履道成文也；智者，知也，独见前闻，不惑于事，见微者也；信者，诚也，专一不移也。故人生而应八卦之体，得五气以为常，仁、义、礼、智、信是也。六情者，何谓也？喜、怒、哀、乐、爱、恶谓六情，所以扶成五性。”（《白虎通义·性情》）

《白虎通义》还把“五常”“六情”与人的“五脏六腑”牵强附会地联系起来：“性所以五，情所以六者何？人本含六律五行气而生，故内有五藏六府，此情性之所由出入也。”（《白虎通义·性情》）《白虎通义》采用《尚书》之说，以“五行”原理说明“五藏”所以配“五常”的道理，以“五藏”配“五常”，论证“五行”—“五藏”—“五常”的所谓内在逻辑关系，对西汉以来的讨论作了系统总结。

《白虎通义》构造了一套神学世界起源说，把传统的“阴阳五行”学说神学化，把天地、阴阳、五行都看作是有意志的东西。如：“天之为言镇也，居高理下，为人镇也”“地之言施也，谤也”“元气之所生，万物之祖也”。又如言“五行”曰：“言行者，欲言为天行气之义也，地之承天，犹妻之事夫，臣之事君也。其位卑，卑者亲事，故自周于行。尊于天也。”（《白虎通义·五行》）把“天”看作是最高的神，地是它的“妻子”，“五行”是它们生万物的材料，整个宇宙发展过程都是由最高的神——“天”安排的。由于天、人是合一的，人、神是一体的，所以“天”与“人”就互相感应。于是，一切自然现象之间的关系也就具有了宗法伦理的性质，也就转变为一切人与人之间的关系。“天”造就了“人”，“人”就应该事事模仿“天”：“王者父天母地”，“天覆地载”，“上法斗极”。《白虎通义》对朝廷的事务，大到礼与刑，小到吃饭，都作了“王者法天”“天人合一”的神学解释。

《白虎通义》运用比附手法，将“君臣、父子、夫妇”之义与天地星辰、“阴阳五行”等各种自然现象牵强附会，试图以神化、固化、永恒化的方式维护专制政治秩序和封建等级制度，为“皇权至上”提供合法性论证。

如《白虎通义》认为“子顺父，妻顺夫，臣顺君，何法？法地顺天”。就是说，人间君臣、父子、夫妇之间的关系及其上下、尊卑顺序是“上天”的固有安排，犹如天在上、地在下是自然注定、永远不变的。君臣、父子、夫妇之间的尊卑等级关系，犹如天在上、地在下，天之地位高，地之地位卑。再比如，《白虎通义》认为“三纲之义，日为君，月为臣也”，“君有众民，何法？法天有众星也”。《白虎通义》把太阳比作君主，把月亮星辰比作臣民，用日月星辰的自然现象来比附君主与臣民的关系，君主之于臣民犹如天上月亮星辰所拱卫的太阳，从而论证和神化君主的至上权威。还比如，董仲舒曾说：“君不名恶，臣不名善，善皆归于君，恶皆归于臣。”《白虎通义》则进一步发挥这一理论，认为“臣有功归于君，何法？法归月于日也”。月亮本身不发光，它之所以发光源于太阳的照耀，从而照此推论“臣有功归于君”是合情合理的，等等。以此来比附君主专制政治制度和封建社会等级制度，划分出尊卑贵贱等级，将封建等级制度自然化，从而神化君权，巩固君主专制政治统治。

《白虎通义》以神秘化的“阴阳五行”学说解释自然、社会、伦理、人生和日常生活的种种现象，宣扬和维护三纲、五常、六纪，借助《易传》中的“阴阳刚柔”之说和“天尊地卑、乾坤定位”思想。《白虎通义》通过系统阐述“三纲六纪”理论，进一步全面论证、发展、神化了董仲舒提出的“三纲五常”学说。“三纲者，何谓也？谓君臣、父子、夫妇也。六纪者，谓诸父、兄弟、族人、诸舅、师长、朋友也。故君为臣纲，父为子纲，夫为妻纲。又曰：敬诸父兄，六纪道行，诸舅有义，族人有序，昆弟有亲，师长有尊，朋友有旧。”那么，何谓“纲纪”？“纲纪”与“三纲”又是什么关系呢？《白虎通义》曰：“纲者，张也，纪者，理也；大者为纲，小者为纪，所以张理上下，整齐人道也。人皆怀五常之性，有亲爱之心，是以纪纲为化，若罗网之有纪纲而万目张也。《诗》云：‘勉勉我王，纲纪四方。’右总论纲纪君臣，父子，夫妻，六人也，所以称三纲何？‘一阴一阳谓之道’，阳得阴而成，阴得阳而序。刚柔相配，故六人为三纲。”

《白虎通义》从“天道”根源和人伦本源出发，论证了“三纲五常”作为核心价值观的形而上依据，并赋予其神圣性、恒常性、普适性、整体性等，构建了一整套以神学目的论为理论基础的君主专制政治伦理思想体系，并通过建立一系列具体政治制度和社会制度充分体现出来，在东汉时期实际上起到了法典作用。它把封建社会的宗法伦理关系说成是合乎天意、永恒的自然关系。之后，“三纲五常”便成为中国古代社会伦理规范不可动摇的“金科玉律”，成为中国封建社会千年不倒、世代遵循的社会伦理道德规范，“仁义礼智信”作为核心价值观，从此成为中国古代社会价值体系和道德规范体系的基石和支柱。

三　中国传统核心价值观的发展

中国古代从魏晋至清代中叶，君主王朝的政治统治尽管更替频繁，改朝换代短的转瞬即逝，长的达几百年，但中国古代社会的自然经济生产方式、宗法制社会结构和家国同构的政治形态并没有发生实质性的根本变化，因此，“仁义礼智信”作为中国传统核心价值观也不断扩大影响并有所发展，其根本思想没有实质性的变化。其间，对“五常”传统核心价值观发生影响、冲击最大的事件，是自魏晋南北朝以来佛教、道教在中国流传日广，佛教、道教的道德思想被吸收到“五常”传统核心价值观之中来。

同时，董仲舒提出的“三纲五常”和“名教”观念也遭遇到不少质疑。魏晋隋唐时期，“仁义礼智信”作为官方意识形态得到大力倡导，逐渐成为人们普遍认可的道德准则和行为规范；宋明时期，宋儒超越“五行”解释“五常”的思路，更重视对“五常”的内在结构的合理化和各个德目之间关系的深入论证，进一步从理论上对“仁义礼智信”加以阐发，从而使中国传统核心价值观得到发展和完善；到近代，因为商品经济生产方式的产生和资本主义思想价值观念的涌入，中国传统核心价值观则遭遇重大挑战和重大调整。

（一）魏晋时期对“名教”的质疑与正名

“名教”观念是儒教思想的重要组成部分，这个词虽然出现在魏晋时期，但其思想内涵早在先秦时期就已出现，例如孔子强调以等级名分教化社会，认为“为政”首要在于“正名”，做到“君君、臣臣、父父、子子”；《管子・山至数》曰：“昔者周人有天下，诸侯宾服，名教通于天下”。至西汉时期，董仲舒倡导“审察名号，教化万民”，在他提出的以“三纲五常”为核心内容的伦理道德规范体系中，已经具有“名教”的性质。汉武帝采纳董仲舒的治国策，把符合“大一统”思想和君主专制政治统治根本利益的思想观念、政治观念、道德规范等“立为名分，定为名目，号为名节，制为功名”，用它来对天下百姓进行教化，称“以名为教”。

至魏晋时期，围绕“名教”与“自然”的关系展开了论辩，“名教”被用来指以孔子的“正名”思想为主要内容的“礼教”。王弼杂糅老庄的道家思想于儒家的“名教”观念，认为“名教”出于自然，“因物自然，不设不施”；嵇康提出了“越名教而任自然”的思想，把“自然”看作是客观世界的自然之道、人的自然本性和无私之心，主张人们在精神上超越“名教”，回归人性的本来面目；郭象则认为“名教”即自然，主张以自然为本，建立起一套“以无为本”的“贵无论”体系，认为“虽寄之人事，而本在乎天也”“物各有性，人何尝不然”“天理自然”“天性所受”“谓之无为也”，因此任了自然，也就遂了名。

宋明时期，“名教”被称作“天理”，以“名”的欲望对抗其他欲望，将抽象的善恶价值转化为普通人可以感知的荣耀、名望等世俗的价值，经由人们对“名”的追求，从而将道德上的美名作为最高价值。宋明时期，“名教”逐渐成为禁锢人们思想言行的精神桎梏，如果违犯所谓的“伦理纲常”，即被视为“名教罪人”。

（二）隋唐时期中国传统核心价值观在批判中发展

隋唐之际的王通批判了以董仲舒为代表的“天人感应”学说及后来的“谶纬之学”，在一定程度上使汉代以来神学化的儒学向理学“天理”论发生转变，成为“前理学时期”的主要代表人物。王通以“道”的主宰取代“天”的主宰，以“天理”诠释“仁义礼智信”这一核心价值观，成为理学“天理”观的前奏，并较早提出了“穷理尽性”和“主静”的修养方法，对唐代儒学特别是宋代理学有着重要影响。王通认为，“仁义礼智信”在人身上体现为人的本性，在宇宙及社会中则称作“天理”，只有通过教育才能帮助人们养成完全的人格，达到“乐天知命，穷理尽性”的境界，最终塑造成为君子、圣贤。

王通以儒家思想为基础，提出了“三教归一”的综合创新思想。他说：“仁义其教之本乎？先王以是继道德而兴礼乐者也。”（《中说·礼乐篇》）王通认为，佛、道之中也有许多精华，应该批判地加以吸收。佛教中不合礼教习俗的部分应该予以摒弃，佛教中的思辨哲学则应该加以吸收。他反对道教中的“求仙长生”之说，但又向往道教所歌颂的“至德之世”“自足无为”之治，认为吸收佛、道二教思想中的有用成分来加强儒家思想的力量，三教归一，确立一个中心，则异端自息。他以儒家《六经》为基本教材，同时吸取佛、道中的有益成分，摒弃其不良成分。王通主张的“三教归一”思想为宋代理学的儒道释融合开了先河。

唐朝的韩愈一生以复兴儒学为己任，在崇尚古文和尊奉儒学方面，“欲自振于一代”（《旧唐书·韩愈传》），在中国儒学发展史上起了重要作用。韩愈认为，儒家思想有一个始终一贯的、有异于佛家和道家之“道”的“道”。鉴于自魏晋南北朝以来，儒学在佛教、道教的挑战下日趋衰微的历史状况，韩愈提出了一个详细的儒家“道统”谱系。他说：“斯吾所谓道也，非向所谓老与佛之道也。尧以是传之舜，舜以是传之禹，禹以是传之汤，汤以是传之文、武、周公，文、武、周公传之孔子，孔子传之孟轲。轲之死，不得其传焉。荀与扬也，择焉而不精，语焉而不详。由周公而上，上而为君，故其事行；由周公而下，下而为臣，故其说长。”（《原道》）韩愈认为：“孔子之道，大而能博，门弟子不能遍观而尽识也，故学焉而皆得其性之所近。其后离散分处诸侯之国，又各以所能授弟子，原远而末益分。”（《送王秀才序》）

韩愈以“道统”为理论依据，力图恢复儒家思想的正统和主导地位。同时，以“道统”为“人道”的价值标准，定名“仁义道德”，倡导“先王之道”，核实“人道”之本。他认为，儒家的基本原则是“仁义”，而“仁义”最基本的精神是教人如何做人，以什么样的精神做人，做什么样的人等，也就是“人道”，并赋予“人道”非常充实的内容。韩愈所说的“道”，就是作为儒家思想核心内容的“仁义道德”。他说：“博爱之谓仁，行而宜之之谓义，由是而之焉之谓道，足乎己无待于外之谓德。仁与义为定名，道与德为虚位。故道有君子小人，而德有凶有吉。”（《原道》）韩愈认为，弘扬“仁义道德”，就是要把“仁义道德”定名为儒家总纲和伦理道德规范体系的总纲。韩愈的“原道”思想完整表现在他以《大学》为纲领的儒学思想体系之中，他将《大学》提出的“齐家治国平天下”的道德原则与个人的道德修养和道德实践联系在一起，用“将以有为也”的“仁义道德”贯通内、外两个方面，将二者融于一体。韩愈认为，真正能体现“仁义道德”原则的人，是“除天下之害，兴天下之利”的“圣人”。韩愈还以“性三品”配“仁义礼智信”，形成了以“仁”为根本，统摄“礼义信智”的“五常”结构。

与韩愈几乎同时代的柳宗元，在理论与行动上以践行圣人之“道”自任，自认为“惟以中正信义为志，以兴尧舜孔子之道，利安元元为务”，坚信儒家学说。与韩愈的“道统”说相呼应，柳宗元实际上也提出了一个“道统”：“其道自尧、舜、禹、汤、高宗（武丁）、文王、武王、周公、孔子皆由之”。在“伦理纲常”和核心价值观问题上，柳宗元以儒家的“仁义”思想作为治理国家的根本原则，认为主导道德、主导断事的“仁义”是治理国家和治理社会的根本，是国家的“纲维”，此外不能有别的东西可称为“纲维”。也就是说，把“仁义”看作是伦理道德规范体系的核心价值观。只要做到了“仁义”，其他道德要求也就容易做到了，因为其他道理莫不包含在“仁义”之中。

柳宗元摆脱“神人合一”“天人合一”的神学束缚，对“天人感应”、鬼神迷信进行批判，建立了一种新的“天人观”，并以此为理论基础建构了一套对天人、阴阳、仁义道德的新的认知体系。他认为，人类社会发展的动力依赖人自身的力量，即儒家的“仁义道德”，自然界与人类社会各自都有自身的运行法则和规律，人间的祸福完全是由人类自身的行为造成的，与“上天”无关。他说：“圣人之道，不穷异以为神，不引天以为高，利于人，备于事，如斯而已矣。”（《时令论》）柳宗元在天人关系上突出了人自身的主观能动性，将“天人之际”转化为现实政治的努力，提出了“大中之道”的思想。所谓“大中之道”，就是“当”，就是“经”与“权”的统一，做到了“经”“权”相统一的“当”，就实现了“大中之道”。“经”是原则，而“权”则是实现原则的途径。柳宗元认为，“经”者常也，“权”者变也。他主张在政治实践中实行变革，主张在学术思想上提倡怀疑，兼收并蓄。他既反对死抱教条而不知变革，也反对离开原则的变革。

在“五常”之中，柳宗元认为“仁义”是核心，圣人教化的根本就是树立“中道”为后人作典范，让后人效法实行。他说：“圣人之为教，立中道以示于后，曰仁、曰义、曰礼、曰智、曰信，谓之五常，言可以常行者也。”（《时令论》）柳宗元还把“人道”与“仁道”看作是互相依存、相互统一的，批评前贤将“五常”纳入“五行”时令中，认为这样有害无益。在他看来，“五常”是五项“常行”的道德原则和道德规范，以“五常”为规，沿着“五常”而行，就是圣人的“中正之道”。在“五常”之中，最基本的是“仁义”两项，而“道、礼、诚、信”则是“仁义”原则的不同表现，是“皆由其所之而异名”。这些道德原则具有普遍性与永恒性。

柳宗元把“仁义道德”摆在治理天下极其重要的地位。他说：“道德之于人，犹阴阳之于天也，仁义忠信，犹春秋冬夏也。举明离之用，运恒久之道，所以成四时而行阴阳也。宣无隐之明，著不息之志，所以备四美而富道德也。”他认为，国家的“治乱兴衰”并不取决于什么“天命”，而是取决于“人”，符瑞也并不代表着什么吉祥，而只有“仁义道德”才是吉祥的。他说：“明以鉴之，志以取之，役用其道德之本，舒布其五常之质，充之而弥六合，播之而奋百代，圣贤之事也。”他还指出，帝王真正的受命之符是“仁德”，是“生人之意”，而不是什么“天命”。柳宗元用“受命不于天，于其人；休符不于祥，于其仁”的观点代替了董仲舒的“天人感应”论，并批驳了董仲舒等人关于“推古瑞物以配受命”的说法。他还从历史正反两个方面阐发了“未有丧仁而久，恃祥而寿”的道理，要求我国古代封建帝王“顺天致性”、思“德”求“仁”、有仁德行仁政，才是长治久安之道。

柳宗元还对佛学进行了改造，主张儒、佛结合，以光大儒家仁义道德。唐代实行儒、释、道三教并存，彼此互有消长，佛教文化逐渐融入中国主流文化。面对儒家思想学说遭遇的困境和佛学的繁盛，柳宗元没有像韩愈那样对佛教采取对抗、反对的方式，而是提倡“统合儒释，宣涤疑滞”（《送文畅上人登五台遂游河朔序》），以达到复兴儒学的目的。柳宗元主张，应该以儒家思想为核心，通过积极吸收佛家思想的精华，从而为发展光大儒学服务。在他看来，佛家和儒家一样都主张人性本善，佛教中的戒律与《论语》中的“礼义”有同等价值，从而主张把佛教中符合“礼教”“纲常”伦理的内容挖掘出来，使之与儒家道德伦理相结合。他说：“儒以礼立仁义，无之则坏；佛以律持定慧，去之则丧。是故离礼于仁义者，不可与言儒；异律于定慧者，不可与言佛。”（《南岳大明寺律和尚碑》）柳宗元的“统合儒释，宣涤疑滞”的思想，对后来宋代理学思想家的影响很大。

（三）宋代对中国传统核心价值观的理论化天理化

宋朝是上承五代十国、下启元明的朝代，是中国古代历史上商品经济开始发达，文化教育、科学创新高度繁荣和政治相对开明的时代，在文化上出现了宋明理学，儒学得到复兴，“仁义礼智信”的传统核心价值观进一步得到理论化天理化。

理学鼻祖周敦颐以儒家学说为基础，融合儒学、间杂佛学，提出了“太极而无极”的宇宙生成论。周敦颐以这种新的“宇宙生成论”为理论基础，对天地、阴阳、五行、男女、善恶、伦理纲常等进行了新阐释。他还提出了太极、无极、阴阳、五行、动静、主静、无欲、至诚、顺化等一系列理学的基本概念，构建了理学范畴体系的重要内容，还提出了“诚”是“五常之本”的核心价值观。周敦颐认为，“诚”源于宇宙的本原，体现了“太极”的道德本质，因此是行为的渊源，是“仁义礼智信”五常的根本，是圣人的立身之德。一个人达到“诚”，就进入了“至高至善”的道德境界，成为“圣人”。因此，“诚”是天道、人道、天人合一之道的最高境界的表达，是一切道德规范和价值体系的根本和最高范畴。他说：“诚者，圣人之本。大哉乾元，万物资始，诚之源也。乾道变化，各正性命，诚斯立焉，纯粹至善者也。……元亨，诚之通；利贞，诚之复。”（《通书·诚上》）并且他认为“圣，诚而已矣。诚，五常之本，百行之源也。……五常百行，非诚非也，邪暗塞也，故诚则无事矣”（《通书·诚下》）。

在周敦颐看来，“诚”主要分为天道本体论和心性本体论。“诚”是宇宙存在的根据，是宇宙的本体，即天道本体论。他认为，人与万物都是“阴、阳”二气交感所化生出来的，“二气五行，化生万物”，其源都是“太极”，他说：“无极而太极。太极动而生阳，动极而静，静而生阴，静极复动。一动一静，互为其根；分阴分阳，两仪立焉。阳变阴合而生水火木金土，五气顺布，四时行焉。五行一阴阳也，阴阳一太极也，太极本无极也。”（《太极图说》）再由“太极”推及“人极”，也就是把人的道德、人性看成是与宇宙生生过程相同的“无极太极”“阴阳五行”的过程，从而为他的“诚”为“五常之本”理论奠定宇宙论基础。同时，周敦颐又认为，“诚”是人类具有真诚善良的本性，体现人的伦理道德，即心性本体论。他从宇宙论进而推演出人道观，又建立以“诚”为本的伦理道德学说。

周敦颐将以往的“五常”归结到一个本源——诚，从而对“五常”予以新解释。他说：“诚，五常之本，百行之源也。”（《通书·诚下》）“诚”是“五常”“百行”的“本”和“源”，因而是社会伦理道德的核心，这就将“仁义礼智信”真正整合成了一个伦理道德的整体体系，为“仁义礼智信”及其实践（百行）探寻到一个得以俱存的本体，也可以说是一种道德本体论。那么，如何才能做到“诚”呢？周敦颐明确提出一套达致“诚”的修养方法。他认为，“诚”是“仁义礼智信”五常的根本，是一切伦理行为的源泉，将“诚”规定为做人最起码、最基础、最根本的道德准则和要求。他说：“无妄，则诚矣。”（《通书·家人睽复无妄》）为了达到“至诚”，周敦颐还提出了“主静”的修养方法。

世称“二程”的程颢、程颐两兄弟曾就学于周敦颐，被认为是北宋理学的实际奠基者、开创者。二程因以“理”为最高范畴，把“理”作为宇宙的本原，以“心传之奥”奠定道学的基础，因此他们的学说亦称作“理学”。程颢提出“天者理也”的命题，认为“理”是创造世界万事万物的根源，在事物之中又在事物之上。在中国传统核心价值观问题上，他们提出了“五常全体四支”说。

二程明确区分了“形而上”与“形而下”之“理”，把形而上之“理”作为形而下之“器”存在的根据。他们认为，“道”即“理”，“理”是万事万物的“所以然”，是形而上之“理”，“天下物皆可以理照，有物必有则，一物须有一理”。“阴阳”是“气”，“气”的所以然或者说根据是

“理”，因而是形而下之“理”，“一阴阳之谓道，道非阴阳也。所以一阴一阳者，道也”。虽然没有“气”也就没“理”，“理”是根据，“气”是从属的。他说：“离了阴阳更无道，所以阴阳者道也。阴阳，气也。气是形而下者，道是形而上者。形而上者则是密也。”从“体用”关系出发，他们还论证了“理”与事物的关系，认为“理”是“体”，而事物是“用”。他们把“气”体现“理”、“理”体现在“气”中，“气”化为物、“理”在物中，称为“道外无物，物外无道”。由此，他们推论出“一物之理即万物之理”的结论，指出虽然物有万殊，事有万变，但是殊途而同归，百虑而一致，多依归于一，变复致于恒，即“天下之理一也”。这样，他们就把“理”抽象化、绝对化，使之成为独立的实体。

在把“理”作为宇宙本原的基础上，二程以“王道”为“天道”，以“天道”的自然普遍规律来证明“王道”的合规律性，确立了“天即理”的普遍法则，从而证明王者的权力地位，赋予君主专制政治及其意识形态的普遍合法性，并进而以“天理”为人间立法，指导社会生活。“天为万物之祖，王为万邦之宗。乾道首出庶物而汇亨，君道尊临天位而四海从。王者体天之道，则万国咸宁也。”（《二程集》）他们认为“天理”中包含着人间社会的典章制度和“仁义道德”的伦理原则，涵盖自然与社会的规律和秩序，是先验的存在，王者只需要体认和遵从“天道”而已。

在“天理”学说的基础上，二程提出了“五常全体四支”说的核心价值观。他们把天人“一理”的道德本体论推演到人性论上，提出了“理、性、命，一而已”，也就是说“性即是理”。他们以为，既然“性即是理”，而“天理”乃“具备万理”，包含了普遍道德的各个条目，所以“性无不善”。

在此基础上，他们进一步将“仁义礼智信”发展成为“五常全体四支”说，认为“仁、义、礼、智、信五者，性也”，认为“仁者，全体”，而义、礼、智、信“四者，四支”，曰：“仁，体也。义，宜也。礼，别也。智，知也。信，实也。”他们揭示了“性”具有本然的“善”（即

“理”）的内在德性结构，又将“仁义礼智信”归结为“性”，而“仁性”为“全体”，“义性、礼性、智性、信性”则为“四支”，并将五者分别界定为：仁为性之体、义为性之宜、礼为性之别、智为性之知、信为性之实，从而阐明了“仁义礼智信”五者之间的内在道德关系和逻辑结构。这样，在“仁义礼智信”五常之中，“仁”就居于“体”的地位，“仁”可以包“义礼智信”，曰：“仁者，浑然与物同体。义、礼、智、信皆仁也。”又曰：“五常之仁，偏言则一事，专言则包四者。”在“五常”核心价值观的基础上，二程就厘清了“仁”的核心地位和“五常”的内在道德关系及其逻辑结构，后来为朱熹所继承和发扬。

宋朝儒学集大成者、“程朱学派”代表人物朱熹发展了“天理”学说，把“三纲五常”与“天理”联结在一起，将“理”的基本内容进一步解释为“三纲五常”。他把“三纲”和“五常”看作是“天理”体现于社会规范的当然产物，是在人间的展开，并把“三纲五常”作为“名教”观念，控制着整个社会的思想行为，成为封建社会的最高道德原则。朱熹还提出了“仁包四德”的核心价值观和“朱子八德”。

朱熹继承了二程的“理”本体论思想，把“理”作为最高范畴，认为“理”是一个涵盖自然、社会、人生、事物法则规律的本体概念，而“三纲五常”是永恒不变的“道”即“天理”的具体显现，彰显着君臣、父子、夫妇、兄弟、朋友“五伦”之间的伦理关系，他说：“道即理也，以人所共由而言则谓之道，以其各有条理而言则谓之理。其目则不出乎君臣、父子、兄弟、夫妇、朋友之间，而其实无二物也。”“理”统摄“仁义礼智信”之“五常”，“须知天理只是仁义礼智之总名，仁义礼智便是天理之件数”。朱熹提出了“理”在“事”上、“理”在“事”中的观点，认为“形而下之器”之中便各自有个道理，此便是“形而上之道”，从而论证说明了“理”与天下万物的关系。他说：“天地之间有理有气。理也者，形而上之道也，生物之本也；气也者，形而下之器也，生物之具也。是以人物之先，必禀此理，然后有性；必禀此气，然后有形。”在朱熹看来，

“理”是抽象的普遍原则，具有永恒独立的普遍性质，并且具有“无情意、无计度、无造作”的超意志特征和“无所适而不在”的超时空特征；“普遍之理”存在于具体事物之中，天下没有“理”外之物。

朱熹还通过“理一分殊”说论证宇宙整体与具体万物的关系，说明总体与具体的道理，将理学关于天理、物理、伦理、格物等问题的看法串联起来，成为系统的理论体系。他认为，天地万物有个总体之“理”，即“太极”；天地万物又各自有个“理”，是总体之“理”的体现，总体之“理”统摄各具体之“理”，即“万理归于一理”“一理摄万理”。一“理”散见于“分殊”，分殊万理，皆归于一“理”。“理一分殊”说是朱熹将儒家的伦理纲常升华到“天理”高度的思想途径。通过“理一分殊”说，朱熹为社会中各种伦理规范寻找到了先验的依据，论证了“三纲五常”社会关系的必然性和合理性。

在朱熹看来，“三纲五常”是维系社会等级关系的具体伦理规范与道德原则，是“天理”在社会伦理政治生活中的具体表现和要求。他说：“纲，网上大绳也，三纲者，君为臣纲，父为子纲，夫为妻纲”，规范“三纲”的各种道德规范可以抽象为“仁义礼智信”，故称之为“五常”。朱熹认为，社会上的任何一个人都能在“三纲五常”的伦理道德规范中找到自己的位置，待人处事也应无时无刻不顺其规定。他这样指出：“宇宙之间，一理而已，天得之而为天，地得之而为地，而凡生于天地之间者，又各得之以为性，其张之为三纲，其纪之为五常，盖皆此理之流行，无所适而不在。”朱熹还吸收佛教、道教思想来充实理学。基于“天理”论，朱熹进一步建立他的“性说”思想，以论证人性为何物、如何从人性上体认“天理”。

朱熹把“三纲五常”看作是“天理”的规定，目的在于把君主专制政治的伦理秩序高扬为客观世界的宇宙规律，为其普遍性与合理性立法，从而使全社会认同“天理”，以“天理”之命令规范社会和人生。朱熹系统地说明了“三纲五常”的地位和“忠恕孝悌”等具体道德内容：“三纲五常，礼之大体。”

在“三纲”中，朱熹认为“君为臣纲”当是首“纲”，对应的行为规范要求就是“忠”，要求臣子对君主尽心竭力、全心全意、毫无隐瞒。他认为，如果君待臣以“礼”，臣待君以“忠”，各自做好自己的角色，天下就会太平安定。“忠”是下对上的道德规范理念，而“恕”则是体现上对下、维持社会平衡的道德规范理念，在社会互动中具有重要地位。所谓“恕”，就是为他人着想，理解、体谅他人，是预知他人行为、维持良好社会秩序的社会态度。

对于“孝”，朱熹赞赏义夫、孝子、孝孙，认为在“三纲”中“父为子纲”是基础，要求对应的社会规范就应该是“孝”，在父母面前子女唯一明确的是“孝”，要求子女对父母的绝对服从，社会规范中的善恶、对错、是非的标准都可不予考虑。“悌”则是子对父母行“孝”的延伸物，是弟对兄的道德行为规范。朱熹把“孝”“悌”作为维系“父为子纲”的核心道德和行为纽带。

朱熹对“夫为妻纲”也非常重视，明确提出了“夫为妻纲”的道德行为要求。朱熹认为，“夫妻”是构成社会中家庭式人伦关系得以产生和维护的基础，要求对应的道德行为规范应该是“节”，朱熹贬斥夫丧改嫁的做法，倡导妇女“守节”“一女不侍二夫”“从一而终”，赞同“饿死事小，失节事大”，认为寡妇改嫁就是失节，主张这些都是“节”这种行为规范的体现。

朱熹不但宣扬“三纲”，也倡导“五常”，把“五常”作为规范各种社会关系之间的道德准则。他对“五常”之间的内在关系作出了新的阐释，认为“仁包五德”，“仁义礼智信”五常的核心是“仁”。具体表现在人的道德行为上，“仁”表现为恻隐之心，“礼”表现为恭敬，“义”表现为羞恶，“智”表现为明辨事理善恶和是非对错，“信”则表现为忠信。朱熹还提出了“五常之性”，即“五行之理”，要求人们以“仁”为本，恪守做人的根本，努力实践“五常”，养成君子。在朱熹看来，如果人们能够真正掌握“天理”，懂得遵守“三纲五常”和“忠恕孝悌”这些道德行为规范，恪守“三纲”并拥有“五常”，在生活中都能有恻隐之心、行恭敬、知羞耻、辨是非、守忠信，那么社会将安定和谐。这就是朱熹阐发“三纲五常”说的目的之所在。

朱熹在继承二程的“五常全体四支”说基础上，进一步提出了“百行万善总于五常，五常又总于仁”，“仁包四德”，“仁”统“五常”的核心价值观。他说：“‘仁’字须兼义礼智看，方看得出。仁者，仁之本体；礼者，仁之节文；义者，仁之断制；知者，仁之分别。”朱熹把“仁”作为本体，并阐发了“仁”与“礼义知（智）”之间的体用关系，还论述了“信”与“仁礼义知（智）”的内在关系，认为“信”在“五常”中起着保障、承载作用。他在回答“仁义礼智，性之四德，又添‘信’字，谓之‘五性’，如何?”时说：“信是诚实此四者，实有是仁，实有是义，礼智皆然。如五行之有土，非土不足以载四者。”

朱熹还提出了“八德”：孝悌忠信礼义廉耻，认为这是做人的基本品德，史称“朱子八德”。朱熹认为，“仁”是一个总纲性的概念——“仁包四德”，故而在“八德”中去掉了“仁”这一总德，恢复了管仲提出的“国之四维”，增加了“孝”“悌”二德，并置于“八德”之首。

朱熹还进一步强化了“三纲五常”的“名教”观念。从这里可以看到，朱熹将家族道德置于社会伦理道德的首位和本位，这是朱熹根据中国古代社会发展的时代要求对传统核心价值观和伦理道德规范作出的重大发展。一方面，在以自然经济生产方式为基础的农耕社会，家庭集生产、生育、教育、情感等职能于一体，是国家和社会的基础和细胞，“家”乃国之基，“家和万事兴”。另一方面，随着宋代商品经济的逐渐发展，自然经济对外生产方式开始发生变革，家庭本位的传统社会结构形态日益遭遇挑战和冲击，“家庭”对于社会和谐与稳定的作用日益式微。因此，“齐家”、家庭与家族的凝聚成为宋代社会发展高度关注的课题。

（四）近代中国传统核心价值观遭遇的重大调整

自1840年鸦片战争后，中国逐渐沦为半殖民地半封建社会。外国侵略者的炮声、晚清王朝的没落腐朽，唤醒了中华民族仁人志士不断寻求救亡图存、民族复兴的发展道路。近现代西方市场经济的生产方式和资本主义思想价值观念的传入，不仅对中国传统的自然经济生产方式形成了巨大冲击，也对中国传统文化及其核心价值观形成了重大冲击，我国民族资产阶级的思想价值观念逐渐萌芽、形成和发展，中国传统核心价值观遭遇重大调整。一方面，闭关锁国的晚清君主专制王朝极力维护传统封建纲常名教在思想文化领域的正统地位；另一方面，一些开明官僚、思想家尤其是一些资产阶级新兴代表人物不仅从经济、技术层面去寻找中华民族贫穷落后挨打的原因，同时也从政治统治、官僚机构和思想观念、价值理念、道德精神和思想文化传统等层面去寻找原因。他们吸收和运用传播进来的"自由、平等、博爱"等西方资本主义思想价值观念，对传统封建伦理纲常名教给予猛烈抨击，对传统核心价值观注入新的时代内涵，试图建立起我国近代新的核心价值观和价值体系。他们接受"人人都有天赋的自然权利""人人都是平等的"等现代观念，主张打破封建宗法等级制度，认同"人人都是生而自由的"是人们相爱相助的人性基础，主张确保"人权、平等、独立"的"天赋权利"，主张建立一个至治至仁、自由平等博爱、没有不平等现象的"大同世界"，主张"兴民权""建新学""开民智""新民德"，以科学文化和资产阶级思想道德改造国民性、建立新国家。

我国近代维新志士谭嗣同对"仁"德进行了创造性转化和创新性发展。他虽然仍然把传统的"仁道"作为核心价值观念和根本道德规范，但根据近代我国思想价值观念的发展，赋予了"仁"德以完全不同的新内涵。谭嗣同认为，"仁"是宇宙的普遍规律，是天地万物的本原，但他赋予了"仁"德以新兴资产阶级思想价值观念的新内容。例如，他把商业活动看作是"仁"的新内容，认为商业活动和市场经济行为是最"仁道"、最高尚的行为，这就颠覆了我国传统社会"重农抑商"的思想价值观念，与中国传统核心价值观中的“仁”德规定具有本质区别，已经具有自由、平等、博爱的新内涵。他还赋予“仁”德以“通”的新内涵，认为“上下通、中外通、人我通、男女内外通”就是“相仁之道”。

我国近代资产阶级启蒙思想先驱严复大力宣传资产阶级民权、民主思想，提倡西学。严复反对“中学为体、西学为用”的观点，主张“中西合体”，认为“中学有中学之体用，西学有西学之体用，分之则两立，合之则两止”。在核心价值观问题上，他认为“中国最重三纲，而西人首言平等；中国亲亲，而西人尚贤；中国以孝治天下，而西人以公治天下；中国尊主，而西人隆民”，把我国古代片面强调“仁义”而否定“功利”的思想价值观念看作是阻碍社会进步、祸害天下“仁义”的浅薄之道，认为只有倡导“义利合一”的价值观才是最合乎人类长久真实之利的最“仁义”、最道德的行为。严复甚至提倡尊今叛古、尊民叛君，主张从政治制度上进行改革，提出“以自由为体，以民主为和”的资产阶级教育方针。

近代以来，面对西方文化对于中国传统文化造成的巨大冲击，康有为、梁启超等“维新派”和孙中山等资产阶级代表人物都认为重视伦理道德是中华民族的长项和传统，但是只有根据世界发展潮流推陈出新，建构新道德，才能不断推进中华民族的发展进步。梁启超试图以“孝悌忠信”四德为基础，吸收西方资本主义的思想道德精华，建构近代中国的新道德。他运用近现代西方资本主义的思想道德文化对中国传统道德尤其是对束身寡过和存心养性的道德修养方法进行了猛烈批判，通过把中国传统道德与西方近现代道德作比较，认为中国传统道德的修养方法偏重于“私德”而缺乏“公德”，注重的只是一私人为一私人的事，而西方思想道德观念重视社会伦理和国家伦理，认为应该把“私德”和“公德”有机结合起来。他说：“道德之本体一而已，但其发表于外，则公私之名立焉。人人独善其身者谓之私德，人人相善其群者谓之公德，二者皆人生所不可缺之具也。”据此塑造新国民，建立新国家。

在我国近代重新诠释中国传统核心价值观的潮流中，章太炎、孙中山是走在最前列、最典型的代表。章太炎、孙中山对中国传统文化尤其是以孔孟儒家为代表的思想道德进行了深入系统的批判和新阐发，对“仁学”思想赋予了新解释。他们将资产阶级的人道主义注进中国传统的“仁德”思想之中，对传统“仁德”观念进行了扬弃式继承，强调要发扬救世之仁、救国之仁。他们以西方资产阶级的核心价值观——“自由、平等、博爱、人权”为旗帜，猛烈批判中国传统文化尤其是封建旧道德，提出要进行“道德革命”“三纲革命”“家庭革命”，认为要革封建道德的命首先必须打倒“孔圣人”的道德权威。孙中山甚至还高度重视“政治革命”与“道德革命”的结合，明确提出了“三民主义”的政治主张和政治纲领，提倡“民权主义”使人民享受平等和自由的幸福，提倡“民族主义”反抗异族和帝国主义的压迫，为国家争自由，提倡“民生主义”要求经济平等、节制资本，平均地权、发展国家资本，实行博爱，图谋民众之幸福。他说“大凡一个国家所以能够强盛的原故，起初的时候都是由武力的发展，继之以种种文化的发扬，便能成功”，非常强调中华民族“固有的道德和智能”①。孙中山认为，因为我们民族的道德高尚，故国家虽亡但民族还能够存在，并且有力量能够同化外来民族。因此，要复兴中华民族在世界上的地位，穷本极源，“除了大家联合起来做成一个国族团体以外，就要把固有的旧道德先恢复起来。有了固有的道德，然后固有的民族地位才可以图恢复”②。

孙中山认为，中国传统核心价值观不是为封建专制政治制度所专有的，而是属于整个中华民族的，属于全体中国人民的，应该对之加以改进，作出新解释，赋予其以新的时代内涵，使之得到继承、创新和发展。孙中山认为，近代中国落后，一方面是因为受到外国的政治经济压迫，而最根本的原因还是国人在修身上出了问题。在我国近代历史上，许多仁人志士提出了各种救国论，如工业救国论、技术救国论、军事救国论、教育

① 《孙中山全集》第九卷，中华书局1986年版，第243页。
② 《孙中山全集》第九卷，中华书局1986年版，第243页。

救国论、变法救国论，孙中山则提出了“人格救国论”，他倡导一种“替众人服务”“人类以互助为原则”的新道德，提倡确立忠于国家、忠于人民的新道德，认为“人人不具有好人格便不能造成一个好国家”，革命党人要具备知耻重厚、耿介必信，不求做大官、只想做大事等道德品质。

更为可贵的是，孙中山还对中国传统核心价值观进行了创造性转化和创新性发展，提出了自己对中国传统道德及其核心价值观的认识，并赋予其以资产阶级民主主义的新内容，使之成为“三民主义”思想体系的重要组成部分。他认为，“忠孝仁爱信义和平”是中国固有的八种道德，是中华民族“固有的精神”，都应该恢复起来。孙中山还提出中华民族“固有的智能”，即人生对于国家的观念——格物致知、诚意正心、修身齐家、治国平天下，“也应该恢复起来”。他说：“讲到中国固有的道德，中国人至今所不能忘记的，首是忠孝，次是仁爱，其次是信义，其次是和平。这些旧道德，中国人至今还是常讲的，但是现在受外来民族的压迫，侵入了新文化，那些新文化的势力，此刻横行中国，一般醉心新文化的人，便排斥旧道德，以为有了新文化，便可以不要旧道德；不知道我们固有的东西，如果是好的，当然是要保存，不好的才可以放弃……”[①]

孙中山提出的“忠孝仁爱信义和平”的新“八德”，主张“中体西用”，是中西道德相融合的杰作。1934年，国民政府发动“新生活运动”，将“四维”和“八德”，即“礼义廉耻”和“忠孝仁爱信义和平”列为“新生活运动”所倡导的国民道德的两大主题，实际上是确立了“礼义廉耻”和“忠孝仁爱信义和平”的核心价值观地位。

孙中山提出的“忠孝仁爱信义和平”作为这一时期的核心价值观，发挥了中华民族“固有的道德”的积极意义，传承了中华民族的传统核心价值观，为深入挖掘中国传统核心价值观中的优秀价值元素提供了有益借鉴和重要启示。当然，也应该看到，尽管孙中山也力图根据世界发展潮流和

① 《孙中山全集》第九卷，中华书局1986年版，第243页。

近代传入我国的资本主义思想道德观念，改造和发展中国传统核心价值观，也试图通过以“联俄、联共、扶助农工”三大政策为核心内容的“新三民主义”与在世界资本主义发展进程中产生的最先进的马克思主义理论和社会主义思想的时代潮流结合起来，但是，由于对资本主义核心价值观的机械理解和民族资产阶级的局限性，加之孙中山先生过早逝世，因而不可能站到人类文明发展的道义制高点上，最终归于失败，而被以毛泽东为代表的中国共产党提出的“建立一个独立、自由、民主、统一和富强的新中国”的新民主主义纲领也就是新民主主义革命的核心价值观所取代。

第二章

中国传统核心价值观的主要内容

中华传统美德和中华优秀传统文化既是中国人安身立命、为人处事、事业成就的品德基础和文化基础，又是中华民族发展进步、社会稳定、国家统一的精神支柱和文化支撑。新时代深入研究传承弘扬中华传统文化和中国传统道德，结合时代要求对其核心价值理念进行创造性转化和创新性发展，既要深化研究中国传统核心价值观寓于中华传统文化和道德之中的表现形态，中华传统道德的主要内容、重要特点和重要启示等一系列重要问题，又要站在全面实现社会主义现代化强国的时代前沿和建设社会主义先进文化的战略高度，正确分析中华传统文化和传统核心价值观的历史影响，又要深化研究继承和弘扬中华传统美德与社会主义市场经济的关系，与马克思主义关于社会主义、共产主义先进价值观的关系，与社会主义广泛性道德与先进性道德建设的关系，正确处理以德治国与依法治国的关系、与借鉴人类文明有益成果的关系等，始终坚定社会主义核心价值观自信。

一 中国传统核心价值观寓于中华传统文化之中

中华民族具有悠久的历史和灿烂的文化，是世界上文明悠久的国家之一，中华优秀传统文化是中华民族五千多年生存发展创造的物质文明和精神文明的总和，蕴含着伟大的民族精神，是中华民族的精神血脉和文化基因，是中华民族自我确认、自我阐释、自我表达的符号系统和精神标识，是人类文明百花园中的绚丽花朵，对于人类文明发展具有无可替代的价值。实现对中华优秀传统文化的创造性转化和创新性发展，建设社会主义文化强国、再造中华文化新辉煌的伟大创举，要讲清楚中华优秀传统文化的历史渊源、发展脉络、基本走向，讲清楚中华文化的独特创造、价值理念、鲜明特色，认真汲取中华优秀传统文化的思想精华和道德精髓。

1.中国传统文化的“四梁八柱”

中国文明发展五千多年，中国传统核心价值观深刻地寓于中国传统道德之中、寓于中华传统文化之中。中国传统核心价值观的萌芽、形成、演变与发展，是伴随中国传统道德和中华传统文化的产生、形成、演变而形成和发展的。一方面，中国传统核心价值观以中国传统道德和中华传统文化为基础，蕴含在中国传统道德和中华传统文化之中；另一方面，中国传统核心价值观又是中国传统道德和中华传统文化的总纲，规定着中国传统道德和中华传统文化的逻辑展开和道德体系。中华传统道德和中华传统文化是中华民族赖以生存、延续和发展的深厚道德根基和文化支撑，也是中国传统核心价值观的深厚基础。我们今天继承和弘扬中华优秀传统文化和传统美德，必须深入研究和揭示中国传统核心价值观寓于中华优秀传统文化和中华传统美德之中的表现形态、重要特点和传播规律等。

中国的优秀传统文化博大精深，内容非常丰富，既包括思想、道德、艺术、科学，也包括经济、政治、文化、科技、教育、军事、医学等，我们可以用“思想上有大智、伦理上有大善、艺术上有大美、科学上有大真”这样四根柱子，来归纳中华优秀传统文化的主要内容和思想价值，支撑中华优秀传统文化这座大厦，增强中华民族的文化自信、道德自信和民族自信。

一是思想上有大智。中华文明发展五千多年，思想流派众多，最突出的表现是在春秋战国时期的“百家争鸣”。当时，三教九流，各种思想，绝大多数在中国都曾有过萌芽。“三教”即指儒教、道教、佛教三大传统宗教；所谓“九流”，是指将天下学说分为儒家、道家、墨家、法家、名家、杂家、农家、纵横家、阴阳家，在“九流”以外加上“小说家”，称为“九流十家”。即使在后来两千多年的封建社会里，儒家思想尽管独树一帜，独尊儒术，但道教、佛教等其他思想都不曾灭绝。

再比如，我们说社会主义思想是从西方传到中国的。事实上，中国古代很早就产生了“大同”思想，这与社会主义思想有相通之处，这也是社会主义思想之所以能够在中国生根、开花、结果的重要原因。“大同”理想代表着人类对未来社会的美好憧憬，是中国古代追求的一种最终可能达到的理想世界，具体表现为人人友爱互助，家家安居乐业，没有差异，没有战争。这种状态称为“大同世界”，又称“世界大同”。现代社会又加入了全球范围内的政治、经济、科技、文化、生态融合的思想。“大同”思想尽管为中国古代的思想，但西方的乌托邦，以及马克思所预设的共产主义社会、地球村这些思想，与“大同”思想在许多地方有着极大的相似之处。

马克思在《共产党宣言》开篇就说：“一个幽灵，共产主义的幽灵在欧洲徘徊。”这个“幽灵”在欧洲上空“徘徊”为什么一直落不了地呢？一个很重要的原因，就是欧洲没有这种深厚的文化土壤，飘到俄国和中国才最终落了地。为什么在中国能够落地呢？一个很重要的原因，就是因为中国有“大同”思想的基因，与社会主义这个“幽灵”具有相通的社会理想基因、思想基因和文化基因。再比如，我们说西方有萨特的虚无主义、叔本华的意志主义、尼采的存在主义，中国古代则有道家的“有无之境”，有魏晋玄学，有王阳明的“心学”，等等。

二是伦理上有大善。中华民族历来重道德、重精神、重人文，始终贯穿着自强不息、厚德载物的崇德尚善向上的精神追求，形成了比世界上其他民族更为丰富、更具民族特色和举世公认的中华传统美德，素以“礼义之邦”“文明古国”“崇尚道德”著称于世。传说早在尧舜时代，在氏族部落就出现了父义、母慈、兄友、弟恭、子孝等一些初具道德色彩的概念。西周初期，周公提出了“修德配命”“以德配天”“敬德保民”“明德慎罚”

的道德意识，并强调道德的社会作用，制作礼乐。春秋时期，已经提出了君义、臣行、父慈、子孝、兄爱、弟敬的做人“六顺”。战国时期，社会剧烈变革，动荡不安。代表各阶级、各阶层政治力量的思想家、理论家，对宇宙、对社会、对万事万物作出解释，纷纷提出各种主张，都试图代表本阶级、本阶层的利益和要求，出现了诸子蜂起、百家争鸣的局面。当时的儒、道、法、墨等学派对道德本源、道德作用、道德准则、道德德目、道德评价、道德修养等问题都作了比较深入的探讨，形成了不同的道德思想。

儒家道德思想是春秋战国时期最具代表性的道德思想，孔子、孟子是儒家道德思想中两个最关键的人物。以孔子、孟子为代表的儒家道德思想，对后世中华传统美德的发展产生了深远影响。

首先，对先前历史上零散、庞杂的中华道德进行了系统化改进。儒家道德思想确立了一个以“仁”为核心的道德规范体系，极大地丰富了中华传统道德，如提出了中庸、智仁勇、忠孝仁爱、礼义廉耻、智勇信敬、恕悌友善、和逊正庄、温良恭俭让、恭宽信敏惠等一系列德目。孔子突出“智仁勇”或“仁”与“礼”，孟子强调“仁义礼智”或“仁”与“义”，以之统领其他德目，即核心价值观，既突显了传统道德的核心，又易于为人们所把握。其次，把道德建设与国家治理、社会治理紧密联系起来。他们反复阐述“以德治天下”“道之以德，齐之以礼”的道理，推行伦理政治化、政治伦理化。再次，高度重视道德教化，注重广泛传播自己的思想。儒家道德思想，把道德视为保障国家安定、维护社会和谐、完善人格追求、促进社会发展的重要力量，受到后来中国封建社会统治阶级和士阶层的高度重视，成为中国历史上的“显学”。这一时期，除了儒家，其他学派也为中华传统道德的发展作出了重要贡献。例如，道家强调人与自然的和谐相处，提倡“道法自然”“自然无为”；墨家主张“兼爱”，把“兴天下之利，除天下之害”看成道德原则，提倡过节俭的生活，提出“俭节则昌、淫佚则亡”；法家倡导“为公去私”“明于公私之分”。这些思想，对后世都有一定的影响。

三是艺术上有大美。我们今天都知道西方有绘画、雕塑、建筑、文学艺术等，画家用各种色彩创作出美丽的图画。事实上，在中国绘画史上有重要地位的水墨画，就不是用七色而是仅用黑色这种基本色，就调配出了最美的图画，成为世界上的艺术瑰宝。中国古代对艺术简称“琴棋书画”，有神话艺术、青铜艺术、绘画艺术、书法艺术、音乐艺术、戏曲艺术、舞蹈艺术、建筑艺术、园林艺术、陶瓷艺术、雕塑艺术、文学艺术、宗教艺术、民间艺术等。

这些艺术品种中又包括许多二级品类，比如文学艺术又包括诗经、楚辞、汉赋、唐诗、宋词、元曲、明清小说等。按照制作技艺的不同，民间艺术又分为剪刻类、塑作类、编织类、织绣类（包括印染类）、雕镌类、绘画类、扎糊类、表演类、装饰陈设类，以及民间音乐、民间舞蹈、民间戏曲、民间工艺美术、民间玩具等多种艺术形式。还有许多非物质文化遗产，都是艺术上的大美。

与西方艺术相比，中国古代艺术一点都不逊色，只是在表现形式、审美观念、审美标准上有所不同而已。例如人物画，西方注重本真的美，西方的人物画无论是男人还是女人，普遍追求形象的逼真；中国古代比较注重含蓄的朦胧美，中国古代的人物画比起追求形似更追求神似，讲究人物的气韵生动。

四是科学上有大真。近代以来，在很长一段时间，西方甚至中国自己都认为，中国自古以来在自然科学上远远落后于西方，没有什么发言权。但事实上并非如此。中国古代科学技术在很长时期都领先于世界，可谓丰富多彩，异彩纷呈。除了最具代表性意义的“四大发明”，即造纸术、指南针、火药及印刷术传播到世界各地，极大地推动了人类科技的发展和社会进步，还有天文历法、数学成就、物理成就、医学技术、农业技术、冶金技术、航海技术、地理技术、建筑技术、水利技术、文官制度等。

比如在科学技术著作方面，在农学上，北朝时期贾思勰撰著的《齐民要术》，系统总结了6世纪以前我国黄河中下游地区农牧业生产的经验、食品加工与贮藏、野生植物的利用等；北宋科学家沈括撰著的《梦溪笔谈》，总结了我国古代主要是北宋时期的许多科技成就，在我国和世界科技史上有重要地位，英国科学家李约瑟称沈括是“中国科技史上最卓越的人物”，《梦溪笔谈》是“中国科学史的里程碑”；明朝时期徐光启撰著的《农政全书》，建立了比较完整的农学体系，综合介绍了我国传统农学的成就，书中还引入了《泰西水法》，介绍了欧洲先进的水利技术和工具，全书60卷，分12门。比如在手工业著作方面，有战国时期的《考工记》，记述了齐国官营手工业各个工种的设计规范和制造工艺，在当时世界上是独一无二的。在生产技术综合著作方面，明代宋应星撰著的《天工开物》，系统总结了明代农业、手工业的生产技术，还收录了一些国外传来的技术，国外称它为“中国17世纪的工艺百科全书”。

在近代以前，西方的许多科学技术都是从我国传入的。英国科学家李约瑟博士著的《中国科学技术史》一书，通过大量的史料，论证、说明了中国在近代以前完全称得上是自然科学大国、强国。只是在进入近代，西方发生工业革命、建立了实验科学之后，在科学技术上中国才开始落后于西方。也就是说，在人类社会五千多年的文明发展史上，中国在科学技术方面事实上领先了四千多年。所以，我们也完全有理由说“科学上有大真”。

2. 中华传统文化是中华民族的精神家园

中华优秀传统文化是中华儿女共有的精神家园，是中华民族的根。中华优秀传统文化体现了中华民族在五千多年历史长河中开展的物质和精神的创造活动、理性思维和感性思维所形成的文明成果，蕴含着独特的思想观念、人文精神和道德规范，是中华民族五千多年来在尊时守位、知常达变、开物成务、修齐治平、建功立业的过程中的实践智慧结晶，是中华民族的哲学思想、信念理念、人文精神、道德规范和生活方式、情感样式、风俗习惯的集中表达，是中华民族根本的精神基因和独特的精神标识，在世界文明史上独树一帜，是中华民族历经磨难而依旧巍然屹立于世界民族之林的精神支撑，也是在当今世界文化激荡中卓然屹立的不竭动力。

中华优秀传统文化从根本上决定着中华民族认识世界和改造世界的世界观和方法论，决定着中华民族的性格禀赋、民族特性和思维方式，决定着我们中国人的世界观人生观价值观，架构起中华儿女的心灵空间。比如“道法自然、天人合一”的整体观念，“五行相生、太虚即气”的朴素思想，“阴阳相对、阳生阴长”的辩证思维，“民惟邦本、惠民安民”的治国思想，“革故鼎新、与时俱进”的进步观念，“尚和合、求大同”的价值理念，“民胞物与，念兹在兹”的道德观念，“实事求是、知行合一”的实践观点等，已经深入中华儿女的思想意识深处。

中华优秀传统文化展现了中华民族生活世界的丰富性多样性独特性，极大地激发了中华民族的创新创造活力。崇尚仁爱、坚守正义的为人之道，求同存异、和而不同的处世方法，修齐治平、兼济天下的理想抱负，自强不息、厚德载物的进取精神，脚踏实地、实事求是的思想作风，文以载道、以文化人的教化观念，兼收并蓄、开放包容的博大胸怀，形神兼备、情景交融的美学追求，俭约自守、中和泰和的生活理念，等等，滋养了中华民族独特丰富的文学艺术、科学技术、人文学术，为人类文明史增添了厚重的中国色彩和中国气质。

中华优秀传统文化维系着千百年来中华民族的团结统一，维系着泱泱大国的社会秩序，维系着中华儿女的共同情感。在中华民族的道德规范体系中，蕴含着丰富的价值理念和道德规范，体现着评判是非曲直的价值标准，潜移默化地影响着中国人的行为方式。例如，天下兴亡、匹夫有责的担当意识，舍生取义、精忠报国的爱国情怀，崇德向善、见贤思齐的社会风尚，孝悌忠信、礼义廉耻的荣辱观念，敬业乐群、诚实守信的职业操守，扶危济困、见义勇为的公德意识，孝老爱亲、夫妻恩爱的家庭美德，等等，标注着中华优秀传统文化的鲜明底色，为今天培育和践行社会主义核心价值观提供了丰富的思想道德资源。

中华民族独特的思想观念、人文精神和道德规范相互贯通、互为支撑、相辅相成，共同构成了中华优秀传统文化的有机统一整体。新时代传承弘扬中国传统文化，应当在这些主要内容上下功夫，用中华优秀传统文化的思想精华和道德精髓滋养当代中国人的精神世界，用中华优秀传统文化的深厚底蕴和博大智慧提振当代中国人的精神力量，增强中华儿女做中国人的志气、骨气和底气。

二　中国传统核心价值观融于中华传统道德体系

中华优秀传统文化是中华民族的突出优势和最深厚的文化软实力。中华传统美德是中华优秀传统文化的精髓，“正心诚意、格物致知、修身齐家、治国平天下”把中国传统道德贯穿到每一个中国人的自身、家庭、社会、国家等各个方面，是中华传统道德的显著特征。中华传统道德的核心范畴就是“仁义礼智信”的中华传统核心价值观，它贯穿于中华传统道德的整个发展历程，贯穿于中国传统道德体系之中。中华传统美德和中国传统核心价值观重视整体利益价值的追求，重视道德规范的践行，重视个人道德品质的锤炼，形成了自己独特而完整的价值体系和规范体系。

1.区分“传统道德”与“传统美德”

我们今天讲中华传统美德，首先要注意区分“传统美德”和“传统道德”这两个概念。我们说祖先给我们留下的东西，并不都是好的。在“传统道德”当中，既有精华，也有糟粕。精华，就是我们所说的传统美德，是应该继承和弘扬的；糟粕，就是那些落后、过时的道德遗产，是应该批判和抛弃的。

比如，“忠孝节义”是中国古代社会倡导的四大道德准则，“所主人间忠臣、孝子、义夫、节妇事也”，认为“民知有忠孝节义，不知妄作邪为”，但其中的精华与糟粕，就是非常明显的，需要我们辩证分析。比如说“忠”这一传统道德。在中华传统文化和传统道德中，“忠”这一道德范畴具有十分重要的地位，中国古代典籍《忠经》说：“天下至德，莫大乎忠”“忠也者，一其心之谓也”。所谓“忠”，是指人对天地、真理、信仰、职守、国家及他人等都至公无私、始终如一、尽心竭力的道德要求，常指尽心竭力、严肃认真、出自内心、诚挚无私等。中国传统核心价值观和传统道德对“忠义”极力赞美，自《汉书》后，历朝史书都设有《忠义传》，认为要从“忠、信、贞”这三个方面为君主谋划，危难时刻捍卫国家利益，这是忠心；面对困难不放弃职守，这是诚信；为国家大局而舍生忘死，这是坚贞。“忠、信、贞”就是“道义”。

谈起“忠”，我们会想到历史上忠于国家、萦怀民族大义、心系百姓安危以天下为己任的许多名臣、清官和爱国将士，如屈原、霍去病、张骞、苏武、诸葛亮、魏徵、杜甫、白居易、陆游、范仲淹、包拯、岳飞、文天祥、于谦、林则徐等，一直为后人所传颂。但我国古代讲“愚忠”，这就过犹不及了。比如所谓的“君为臣纲”“忠臣不事二主”“君叫臣死，臣不得不死”，不仅成为臣子不得不执行的命令，而且还要臣子心甘情愿、感激涕零地去死。“愚忠”就是愚昧的忠实，不计后果，不想原因，不衡量利弊，只知道按照命令去做某事，没有自己的想法。

再比如说“孝”这一传统道德。中国古代儒家经典如《孝经》等高度肯定“孝”是上天所定的道德规范，认为“孝”是“天之经也，地之义也，人之行也”，并根据不同人的身份规定了行“孝”的不同内容。如说天子是“受命之君”，所以才称“天子”，天子应该把“上天”当作父亲，以“孝”道侍奉天，应率民事天行“孝”。因此，天子之“孝”被认为是“天意之所予”，要求“爱敬尽于其事亲，而德教加于百姓，刑于四海”。诸侯之“孝”则要求“在上不骄，高而不危；制节谨度，满而不溢”。卿大夫之“孝”要求是“非法不言，非道不行；口无择言，身无择行”。百姓之“孝”要求“用天之道，分地之利，谨身节用，以养父母”。君主可以用“孝”治理国家，诸侯、卿大夫和老百姓能够用“孝”立身理家。中国传统道德十分重视做人儿女要“孝顺”，这是对的，但是中国古代《孝经》甚至讲“不孝有三，无后为大”，“父叫子亡，子不得不亡”，“身体发肤，受之父母，不敢毁伤，孝之始也。立身行道，扬名后世，以显父母，孝之终也”。《二十四孝图》甚至主张“埋儿奉母”等，中国古代父母甚至把子女当成私有财产，卖儿卖女等，显然又有不少封建糟粕的东西。

再比如“节”这一传统道德。在中国宋代以前，“节”这一道德，主要指一个人的节性（节制性情）、节矜（节制约束而又刚毅坚强）、节义（节操与义行）、节敬（节仪）、节孝牌坊（古时经官府奏准为表扬节妇孝女而立的牌坊）、节介（志节操守）、节概（志节气概）等，指气节、节操、节制、节约、节俭和礼节等。但在宋代以后，“节”这一道德又过于强调妇女的贞节、守节、节妇问题，甚至要求非常年轻的妇女夫死不改嫁而终生守节，要求“嫁鸡随鸡，嫁狗随狗”“三从四德”“从一而终”“一女不侍二夫”，认为“饿死事小，失节事大”，寡妇改嫁就是失节。为夫殉节的烈女，据《新唐书》记载和统计在唐代仅有47人，据《宋史》记载和统计在宋代仅为43人，然而到明代据《明史·烈女传》记载和统计则上升到276人，而且还只是“存其什一”，未入传者不可胜计，至于“著于实录及郡邑志者”更是“不下万余人”。至清代，妇女殉节的风气更是达到登峰造极的地步，据《山西通志》的不完全统计，该志的“烈女录”记载该省贞烈之女在元代以前仅有几人，元代增至25人，明代则增至677人，清代（从顺治到光绪）更是上升到1830人。据另一部地方志《福建通志》不完全统计，该志的“列女传”记载该省唐至宋殉节者只有26人，元代为12人，明代则猛增至679人，清代更是高达5603人。越来越多的妇女成为封建礼教的牺牲品。

再比如说“义”这一传统道德。在中国传统文化中，“义”是一个含义极广的道德范畴，本指公正、合理而应当做的，谓天下“合宜之理”。先秦思想家管子把“义”放在十分重要的道德位置，看作是“国之四维”——“礼义廉耻”之一，“何谓四维？一曰礼，二曰义，三曰廉，四曰耻”，认为“四维不张，国乃灭亡”。“义”的本义是指“适宜”，即合宜的行为与语言，又表示合乎正义、道理、公正、公平等。然而，在中国传统文化中，“义”德又被推至朋友、人与人之间的行为，如“义重如山”“哥们义气”“情深义重”等，乃至包括劫富济贫、打家劫舍、有仇必报、拜把子等含义和行为。“哥们义气”强调“有福同享，有难同当”，和对方称兄道弟，为朋友“两肋插刀”，“士为知己者死”，“不求同年同月同日生，但求同年同月同日死”。比如我国历史上的许多农民起义，组织者大都离不开一个“义”字。在中国历史上，以“义”为纽带的组织，反映“义”字的事件、人物，可以说是充满史册。“义”既可以是民族大义、国家道义、革命大义，也可以是人伦之义、兄弟之义、朋友之义等。为大义者当一往无前、不计生死，为小义者要分清是非，选择最稳妥的办法解决。显然，我们今天应该辩证分析，有扬有弃。

在中华传统美德中，包含着大量积淀着中华民族深厚精神追求的道德规范，包含着许多符合人类社会道德发展要求的道德精髓，与人类社会道德发展的方向相一致，符合新时代公民道德建设的基本要求，具有超越时空、跨越国度的永恒魅力，是中华民族的标志性特征和传家宝。

2. 中华传统道德的结构体系

中华传统道德内容非常丰富，博大精深。同时，中华传统美德有一个最大特点，就是注重整体性、整体利益对个体、个人提出的道德价值和道德要求。从这一特点出发，我们可以从家庭、社会、国家、世界、自然等方面来概括、提炼中华传统美德的丰富内容。中华传统道德主要从“修身”“齐家”“治国”等几个方面强调道德的重要作用和建构道德规范体系，认为从“修身”“齐家”到“治国”乃至“平天下”，是一个一脉相承、相辅相成、层层递进的道德发展过程，“修身”的目的是“齐家”，“齐家”的目的又在于“治国”。儒家经典《大学》说：“身修而后家齐，家齐而后国治。”所谓“修身”，是指通过个人的道德修养而形成的个人应该具备的道德品质和应该遵循的道德规范。

在个人修身方面，中华传统道德的一个重要特点，就是要求把关于“齐家”“治国”的道德原则和道德规范落实到个人的道德品质和理想人格上，通过修身为本、践履躬行，使之内化于心，外化于行。例如，在个人道德品德方面，强调志向高远，追求君子人格、圣贤人格，崇尚“仁者爱人”“见利思义”“见贤思齐”“浩然之气”“朝闻道，夕死可矣”，主张刚正不阿、自强不息、重德贵义、律己修身，等等；在理想人格方面，强调追求至善至圣、刚健有为、内圣外王，崇尚“既仁且智”“从善如流”“知行合一”“穷则独善其身，达则兼济天下”，等等。

在家庭道德方面，中华传统文化把家庭看作是社会的基本细胞，提出了一系列以“齐家”为指向的家庭道德规范，如父慈子孝、长幼有序、尊老爱幼、夫妻和睦、兄友弟恭、男尊女卑、夫唱妇随、勤俭持家、邻里和谐，崇尚“百善孝为先”“家和万事兴”等。

在“治国”道德方面，用古话说就是为人处世之道，用今天的话说就是包括公共道德、职业道德、国际道德、生态道德等。在公共道德方面，强调诚实守信、互助友爱、与人为善、见义勇为、助人为乐、成人之美、礼貌谦让、社会和谐，崇尚“己欲立而立人，己欲达而达人”“己所不欲，勿施于人”“老吾老以及人之老，幼吾幼以及人之幼”等；在职业道德方面，强调勤政爱民、秉公执法、讲求公正、公平交易、尊师重教、勤劳敬业、救死扶伤、精益求精等，尤其重视职业道德在国家道德规范的要求上，强调国家和民族大义，为政要清正廉洁、亲民爱民，崇尚“天下为公”“为政以德”“精忠报国”“天下兴亡，匹夫有责”等；在国际道德方面，强调民族之间要以德服人、爱好和平、睦邻友好，注重民族气节，崇尚“天下一家”“协和万邦”“讲信修睦”“和为贵”“世界大同”等；在生态道德方面，强调敬畏自然、无为而为、道法自然、向自然学习、与自然和谐相处，崇尚“天人合一”“民胞物与”“仁民爱物”，等等。

从上述这些道德规范和要求中，可以看到中华传统美德的内容是非常丰富的，包括方方面面。中国历史悠久，有着丰富的传统道德遗产，世界上没有哪一个国家能够相媲美。传说早在尧舜时代就有了道德“五教”，据《尚书·尧典》记载，考虑到当时“百姓不亲，五品不逊”，舜任命契担任司徒，要求契“敬敷五教”。所谓“五教”，就是后人所解释的“父义、母慈、兄友、弟恭、子孝”。道德的功用是教人如何做人，即约束人、塑造人，做完美的人。我国先民处在农耕宗法型社会，人们考虑最多的，就是如何做人，如何处理个人与社会的关系。

从《左传》看，春秋时就已经提出了做人的“六顺六逆”。“六顺”是指君义、臣行、父慈、子孝、兄爱、弟敬；“六逆”则指“贱妨贵，少陵长，远间亲，新间旧，小加大，淫破义”。当时还提出了规范社会伦理关系的一些道德范畴。据记载：“君令而不违，臣共而不贰；父慈而教，子孝而箴；兄爱而友，弟敬而顺；夫和而义，妻柔而正；姑慈而从，妇听而婉。”（《左传·昭公二十六年》）也就是说，在当时就提出了正确处理君臣、父子、兄弟、夫妇和姑嫂之间关系的一系列道德要求和行为规范，即“君懿臣恭、父慈子孝、兄爱弟敬、夫和妻柔、姑慈妇听”，指明了不同身份的人要遵守不同的道德原则和道德规范。

儒家、墨家、法家都对中华传统道德的发展作出了重要贡献。以孔子、孟子为代表的儒家学派建构了一套完整的伦理道德规范体系。孔子是春秋末期著名思想家、教育家，儒家学派创始人，他的《论语》，是一部讲做人的百科全书，提出了智仁勇、仁义礼智、智勇忠信、忠恕孝悌、恭宽信敏惠、温良恭俭让等一系列道德观念，此外，还包括中庸、敬、爱、友、善、勇、廉、耻、聪等许多道德范畴。墨家的墨子也对如何处理好君臣、父子、兄弟等关系提出了相应道德规范。如“为人君必惠，为人臣必忠；为人父必慈，为人子必孝；为人兄必友，为人弟必悌”（《墨子·兼爱下》）。法家代表人物管仲则提出了“四维七体”的道德规范体系，所谓“四维”指“礼义廉耻”国之四维，“礼不逾节，义不自进，廉不蔽恶，耻不从枉”（《管子·牧民》）；所谓“七体”是指孝悌慈惠、恭敬忠信、中正比宜、整齐撙诎、纤啬省用、敦蒙纯固、和协辑睦等七组道德范畴，这七个方面涉及非常广泛的内容，如果人人这样做，家庭一定和睦，社会一定安定。

汉朝学者贾谊对中国古代道德范畴作了比较全面的归纳。他在《新书·道术》中提出了56对道德范畴：慈嚚、孝孽、忠倍、惠困、友虐、悌敖、恭媟、敬嫚、贞伪、信慢、端趽、平险、清浊、廉贪、公私、正邪、度妄、恕荒、慈忍、洁汰、德怨、行污、退伐、让冒、仁戾、义懵、和乖、调盭、宽阨、裕褊、煴鸷、良啮、轨易、道辟、俭侈、节靡、慎怠、戒傲、知愚、慧童、礼滥、仪诡、顺逆、比错、僩野、雅陋、辩讷、察旄、威圂、严软、任欺、节罢、勇怯、敢掩、诚殆、必怛。

贾谊在《新书·道术》中有一条对"德行"有较长、较集中的论述，是很有代表性的。他在列出"善"的正面德行之后，也列出了相反的"恶"的负面德行，正反相对、排列组合，形成了一整套道德范畴体系，如"兼覆无私谓之公，反公为私；方直不曲谓之正，反正为邪"等。其文如下：

曰："请问品善之体何如？"对曰："亲爱利子谓之慈，反慈为嚚。子爱利亲谓之孝，反孝为孽。爱利出中谓之忠，反忠为倍。心省恤人谓之惠，反惠为困。兄敬爱弟谓之友，反友为虐。弟敬爱兄谓之悌，反悌为敖。接遇慎容谓之恭，反恭为媟。接遇肃正谓之敬，反敬为嫚。言行抱一谓之贞，反贞为伪。期果言当谓之信，反信为慢。衷理不辟谓之端，反端为趽。据当不倾谓之平，反平为险。行善决衷谓之清，反清为浊。辞利刻谦谓之廉，反廉为贪。兼覆无私谓之公，反公为私。方直不曲谓之正，反正为邪。以人自观谓之度，反度为妄。以己量人谓之恕，反恕为荒。恻隐怜人谓之慈，反慈为忍。厚志隐行谓之洁，反洁为汰。施行得理谓之德，反德为怨。放理洁静谓之行，反行为污。功遂自却谓之退，反退为伐。厚人自薄谓之让，反让为冒。心兼爱人谓之仁，反仁为戾。行充其宜谓之义，反义为懵。刚柔得适谓之和，反和为乖。合得密周谓之调，反调为盭。优贤不逮谓之宽，反宽为阨。包众容易谓之裕，反裕为褊。欣熏可安谓之煴，反煴为鸷。安柔不苛谓之良，反良为啮。缘法循理谓之轨，反轨为易。袭常缘道谓之道，反道为辟。广较自敛谓之俭，反俭为侈。费弗过适谓之节，反节为靡。僶勉就善谓之慎，反慎为怠。忠恶勿道谓之戒，反戒为傲。深知祸福谓之知，反知为愚。亟见窕察谓之慧，反慧为童。动有文体谓之礼，反礼为滥。容服有义谓之仪，反仪为诡。行归而过谓之顺，反顺为逆。动静摄次谓之比，反比为错。容志审道谓之僩，反僩为野。辞令就得谓之雅，反雅为陋。论物明辩谓之辩，反辩为讷。纤微皆审谓之察，反察为旄。诚动可畏谓之威，反威为圂。临制不犯谓之严，反严为软。仁义修立谓之任，反任为欺。伏义诚必谓之节，反节为罢。持节不恐谓之勇，反勇为怯。信理遂惔谓之敢，反敢为掩。志操精果谓之诚，反诚为殆。克行遂节谓之必，反必为怛。凡此品也，善之体也，所谓道也。故守道者谓之士，乐道者谓之君子，知道者谓之明，行道者谓之贤。且明且贤，此谓圣人。”（《新书·道术》）

3.中华传统道德的核心范畴

贾谊《新书·道术》对我国古代道德范畴的阐发，可能是自先秦以来最详细的一份德目表，共列举了56项善恶、正负德行。这56对范畴基本包括了当时人们所认识到的美德和恶德，其中，这些美德德目对人们的道德认识、道德行为、道德品质所应具备的规范作出了详尽规定。这份德目表中比较重要的是：亲爱利子谓之慈，子爱利亲谓之孝，爱利出中谓之忠，期果言当谓之信，心兼爱人谓之仁，行充其宜谓之义，动有文体谓之礼，深知祸福谓之知，志操精果谓之诚。其中，最为重要的是“仁义礼信知”。

除了“仁义礼信知”外，在这些德目的基础上，后来也有人把它们综合如下。

“四维”：礼、义、廉、平。“五常”：仁、义、礼、智、信。“六行”：孝、友、睦、婣、任、恤。“六德”：知、仁、圣、义、中、和。“八德”有两个说法：一是朱熹提出的“朱子八德”，即孝悌忠信礼义廉耻；二是孙中山先生提出的“新八德”，即忠孝仁爱信义和平。

汉武帝时期，随着中国古代自然经济的深入发展和封建君主专制政治的逐步发展，汉武帝总结历史经验教训，高度重视道德的社会作用，采纳了董仲舒提出的“罢黜百家，独尊儒术”的治国之策。董仲舒通过对仁义礼智、仁义忠信、孝悌忠信等德目进行综合创新，提出了“仁义礼智信五常之道”，以推行教化、美善习俗、醇正民风。在公元79年的白虎观会议上，“五常”被确定为中国封建社会的意识形态。从此，董仲舒提出的“三纲”（君为臣纲、父为子纲、夫为妻纲）“五常”（仁、义、礼、智、信），就成为中国古代不可动摇的金科玉律。汉代《礼记》提出了“三从四德”观念。所谓“三从”，就是妇人“在家从父，适人从夫，夫死从子”；所谓“四德”，就是妇女在未嫁之前要学会妇德、妇言、妇容、妇功。妇德指贞顺，妇言指辞令，妇容指仪态，妇功指女工。用今天的眼光来看，“三从”观念有它巨大的时代局限性，“四德”观念有一定的合理性。

中国古代还非常注重“十义”，这在一定意义上也可以说是人们遵循的核心价值观。中国传统社会十分注重人伦关系，“十义”被认为是“五伦”，双方调节“五伦”关系都要遵从不可疏忽的道德准则和行为规范。所谓“十义”，就是指君敬臣忠、父慈子孝、夫和妇从、兄友弟恭、朋谊友信等十种道德要求。《礼记·礼运》中提出了“十义”的具体规定：“父慈子孝、兄良弟悌、夫义妇听、长惠幼顺、君仁臣忠。”《三字经》中也有种对“十义”的说法：“父子恩，夫妇从，兄则友，弟则恭，长幼序，友与朋，君则敬，臣则忠，此十义，人所同”。就是说父子之间要注重慈爱与孝顺、夫妻之间要和睦相处、兄长必须友爱弟弟、弟弟应该恭敬兄长和尊敬兄长、交往的时候一定要注意长幼尊卑次序、朋友相处应该相互讲究信义、君主要尊重臣子、臣子应该忠于君主等十组重要道德规范。

晚清大臣曾国藩也提出了一套道德规范体系，主张用传统道德维护社会秩序，阐发对忠、诚、恕、敬、廉、勤、俭、信、谦、慎等道德规范。

可见，尽管中国传统美德内容非常广泛，但基本上是对“仁义礼智信”五个德目的延伸或扩展。“仁义礼智信”五个德目源远流长、内涵丰富、自成体系、高度概括、简洁明了，是中华传统美德的核心价值理念。从内容上看，它用五个字浓缩了人们普遍认同的道德原则、道德规范和道德要求，易于得到广泛认可；它既有一般性的、适用于所有人的基本道德要求，又包含着较高层次的道德追求，便于人们身体力行。从形式上看，这五个字易记、易懂、易传，便于普遍推广。

当然，在今天看来这些德目良莠并存，其中不少德目的规范要求包含着封建落后的、腐朽的糟粕，并不都是中华民族的传统美德，而是有不少过时的东西，新时代必须加以具体分析和批判。所谓“中华传统美德”，主要是指中华民族发展史上具有跨越时空、超越国度、富有永恒魅力、具有当代价值的那些道德规范和价值追求，在现代仍具有积极作用的那些德目。列宁曾说，即使在对抗的阶级社会里，也存在着“数百年来人们就知道的、数千年来在一切处世格言上反复谈到的起码的公共生活规则”。对待中华传统道德，我们既要看到其阶级性的一面，又要看到其公共性的一面，要适应社会发展的变化和时代精神的进步，去其糟粕，取其精华，进行创造性转化和创新性发展，赋予其新的时代内涵，做到“古为今用”、“推陈出新”。

三　中华传统道德的重要特点

中华优秀传统文化博大精深、源远流长，至今仍然保留着完整的独立精神和完整形态，为中华民族生生不息提供了丰厚滋养。天下为公、世界大同，自强不息、厚德载物，以民为本、仁者爱人，天人合一、道法自然，革故鼎新、与时俱进，实事求是、经世致用，清廉从政、勤勉奉公，和而不同、和谐万邦等，中华优秀传统文化蕴含着丰富的哲学思想、人文精神、教化思想、道德理念，这些具有恒久价值的思想精华和道德精髓，深深地渗入了中华民族的灵魂深处，今天依然是民族复兴的精神动力。一般来说，中华传统道德是指以中国古代儒家道德为主体，并包括道家、墨家、法家、佛家等传统道德思想，既包括具有永恒性价值的精华又包含封建性过时的糟粕，中华传统美德主要指中国传统道德的“精华”部分。在2000多年的历史发展过程中，儒、道、墨、法等各家伦理思想以及佛学传到我国后的心性之说，相互影响、相互吸收、相互融合，形成了中华民族特有的道德传统和道德精神，具有不同于世界上其他民族传统道德的一些重要特点。

1.重视整体至上

在中国传统伦理规范的道德结构中，重视为民族、为整体、为国家的整体主义精神，强调整体利益至上、为民族为国家为整体的大局利益是最为突出的特点。

在儒家思想中，孔子所说的“仁”与孟子所说的“义”，在一定意义上都指向整体利益。如孔子曰：“无求生以害仁，有杀身以成仁”，孟子曰：“生，亦我所欲也；义，亦我所欲也。二者不可得兼，舍生而取义者也。”（《孟子·滕文公上》）

墨子所说的“兴天下人民之大利”（《墨子·经上》），则直接道明了我国传统道德的最高指向，这是最大的“义”，高度体现了“克己奉公”的社会责任感和使命感。坚持这一道德原则和道德要求，以此规范人的行为，一切皆服从于这一道德准则，乃是“仁人志士”的崇高体现和所追求的道德境界。

在我国古代历史上，众多思想家、政治家、文学家和民族英雄都一直倡导这种人生价值观和道德境界。比如范仲淹主张“先天下之忧而忧，后天下之乐而乐”“居庙堂之高则忧其民，处江湖之远则忧其君”；杜甫则咏叹“安得广厦千万间，大庇天下寒士俱欢颜，风雨不动安如山”；岳飞咏志“壮志饥餐胡虏肉，笑谈渴饮匈奴血。待从头、收拾旧山河，朝天阙”；文天祥高唱“人生自古谁无死，留取丹心照汗青”；顾炎武讲“天下兴亡，匹夫有责”；龚自珍高呼“我劝天公重抖擞，不拘一格降人才”；林则徐铭志“苟利国家生死以，岂因祸福避趋之”；等等。

这些道德境界和价值追求，都坚持从民族利益、国家利益和整体利益至上的道德原则出发，要求在个人对待他人、对待社会、对待群体和对待民族、国家整体利益的关系上追求“义以为上”“先义后利”“舍生取义”的崇高道德价值。在考虑个人利益时应不违背道德原则和道德规范，不伤害他人、社会尤其是民族和国家整体利益，所谓“义然后取”“不义而富且贵，于我如浮云”。

2. 主张仁爱兼利

在处理中国传统伦理关系的道德结构中，特别重视和强调对人的尊重、关心和“人之为人”的道德规定，主张遵循人际关系和谐的伦理原则和道德规范，提倡人和人之间相互尊重、相互关心、相互爱护和相互帮助，力图构建亲善友好的和谐气氛。

孔子和孟子构建了一整套以“仁”为核心的伦理道德规范体系，试图将“仁”同“爱人”相联系，把“爱人”作为“仁”的根本要求。他们提出“仁者爱人”“亲亲而仁民，仁民而爱物”“己欲立而立人，己欲达而达人”，主张人与人相和，就是要从自己的欲望、情感、意志和利益的切身感受出发，为他人设身处地着想，站在对方的立场上增强理解，以心换心，彼此相互体贴照顾，给予对方以便利，特别是对有困难者应予以帮助和救济。

墨子则从人与人之间朴素的相互尊重原则和“互利”原则出发，提出了“兼相爱，交相利”的伦理原则和道德规范，认为人与人之间的矛盾、纠纷都是由于“亏人而自利”的自私利己思想，即“不相爱”，人与人之间如果能“爱人若爱其身”，而“爱人”和“被人爱”是相互联系的。墨子认为，“爱人者，人必从而爱之；利人者，人必从而利之”。墨子提出的这种人与人之间“兼相爱”的道德原则和道德规范，不仅表现在心理上的同情与关心，更表现在实际生活中的互利互惠，使人得到实际利益，即“交相利”。墨子的“兼爱”思想以天志为源头，引导出了“天爱万物，养万物，包容万物”的思想，得出人也该爱万物，养万物，包容万物的观点。

墨子还以“兼爱”为出发点，提出了尚贤、尚同、节用、节葬、非攻等主张。墨家主张的“兼和爱”而“交相利”的道德思想还提倡“兼以易别”，平等互利，从而冲破了儒家主张的“爱有等差”的等级观念，表现了对“功利”的重视，并主张“广施周遍”“广达四海”。

3.追求自强不息

中华民族的道德精神和民族性格中，始终贯穿着“自强不息”的道德品质。这一重要特点可以追溯到中国文化最早的代表作《尚书》《诗经》和古代神话、小说中。中国古代文化里始终充满着勤勉稳健、勇猛深沉、积极进取、艰苦奋斗的前进气息。如《尧典》中充满着对先王“克明峻德以亲九族”“历象日月星辰敬授人时”等功业的高度颂扬，《无逸》中充满着对成王“尽忠尽职”的谆谆告诫，《公刘》《生民》等篇中描写了周部落诞生之初的创业艰难等。再如古代神话“夸父逐日”“女娲补天”“精卫填海”“后羿射日”等，无不展现了中华民族先人“自强不息”的精神。

《易经·易大传》最早提出“自强不息”“刚健有为”的道德原则和道德精神，曰：“天行健，君子以自强不息”“刚健而不陷，其义不困穷矣”。《孔子家语·五仪解》曰“笃行信道，自强不息”，《周书·武帝纪下》曰“劳谦接下，自强不息”。“自强不息”“刚健有为”从而成为中华民族和中华儿女发愤图强、励精图治、刚强不屈、积极进取的民族性格和道德精神的鲜活描绘，历来被历代思想家所崇尚，成为人们激励斗志、克服困难的精神支柱。

所谓“天行健，君子以自强不息”，本意是说“天”（自然）有着自己运行刚健强劲、生生不息、不可逆转的客观规律，君子应该像天宇一样刚毅坚卓、发愤图强、积极进取、运行不息。

“自强不息”以天体运行无休无止、永远向上的客观规律做榜样，要求人们勇于进取、积极有为、奋斗不止。孔子曾这样描述“自强不息”，曰："发愤忘食，乐以忘忧，不知老之将至云尔。""逝者如斯夫，不舍昼夜。"顾炎武诗云："苍龙日暮还行雨，老树春深更著花"，认为"有一日未死之身，则有一日未闻之道"。这种"自强不息、刚健有为"的道德精神和行为特质，体现在中华民族生活和发展史的方方面面，是中华民族一种奋发进取、积极向上、不断前进的精神动力和文化性格。

"自强不息、刚健有为"的道德精神还体现在革故鼎新、勇于创新的改革精神。《易传》曰："天地革而四时成，汤武革命，顺乎天而应乎人。革之时，大矣哉。"《礼记·大学》曰："苟日新，日日新，又日新。"

也有人认为，在中华传统文化中有着一种与"自强不息、刚健有为"的道德精神和行为特质相对的行为取向和道德追求，就是"主静尚柔、涵虚无为"。如老子曰"致虚极，守静笃"，"不敢为天下先"；庄子曰"齐物我，齐生死，齐大小，齐是非，齐贵贱"，主张"清静无为"等。道家的这种道德追求和主张对中国传统文化也产生了广泛而深远影响，与儒家的积极有为主张交错纠缠，以至在两千多年的我国古代社会里，主刚与主柔、主动与主静、进取与无为的价值选择交相辉映，尤其是在中国古代知识分子身上表现得非常明显。

在中华传统文化中，关于"自强不息、刚健有为"的道德精神和行为追求的格言警句，处处存于历史典籍和生活故事、人生事迹之中。如孔子曰"言必信，行必果""当仁不让于师""君子欲讷于言而敏于行"；孟子曰"天将降大任于是人也，必先苦其心志，劳其筋骨，饿其体肤，空乏其身，行拂乱其所为，所以动心忍性，曾益其所不能"，"生于忧患而死于安乐"；《周易》曰"君子藏器于身待时而动"，"二人同心，其利断金；同心之言，其臭如兰"；荀子曰"修身自强，则名配尧禹"；屈原曰"路漫漫其修远兮，吾将上下而求索"等。

在中国历史上有许多"自强不息、刚健有为"的鲜活典型。孔子不仅极力提倡"自强不息、刚健有为"，并且身体力行，他试图以"周礼"匡扶乱世，"明知其不可为而为之"，一生奔波，认为君子应当是"食无求饱，居无求安，敏于事而慎于言，就有道而正焉”，而蔑视“饱食终曰，无所用心”的人生态度。司马迁因李陵之祸遭受宫刑，但忍辱负重，自强不息，最终写成《史记》，流芳千古。《史记》写道：盖文王拘而演《周易》，仲尼厄而作《春秋》；屈原放逐，乃赋《离骚》；左丘失明，厥有《国语》；孙子膑脚，《兵法》修列；不韦迁蜀，世传《吕览》；韩非囚秦，《说难》《孤愤》；《诗》三百篇，大抵贤圣发愤之所为作也。这些历史人物也都是“自强不息、刚健有为”的典型例子。王夫之垂暮之年疾病卧床，还克服各种困难勤奋著书，《船山公年谱》说他：“迄暮年，体羸多病，腕不胜砚，指不胜笔，犹时置楮墨于卧榻之旁，力疾而纂注。”

4. 注重厚德载物

“厚德载物”常与“自强不息”一块连用，是中华优秀传统文化所孕育的人文精神和道德情怀，是实现“自强不息、刚健有为”道德精神和行为特质的现实途径。《易经·象传》曰：“地势坤，君子以厚德载物”，意为大地厚实和顺，君子应像大地一样增厚美德，以博大胸怀，孕育、承载与包纳万事万物。中国传统文化以“天地”为至尊，没有“天地”便没有一切，认为“天地合而万物生焉，四时行焉”（《周易》），天高行健，地厚载物，并从对天和地的解释中引申出人生哲学思想、人文精神、道德原则和人生哲理。这是我国古代朴素唯物主义的宇宙观。

在我国历史上对“厚德载物”虽有不同理解，但认为作为人要做一个有道德的人，应该像大地那样宽广厚实、载育万物，是比较受认可的解释。所谓“厚德”即拥有博大、高尚的道德情怀，所谓“厚德载物”即指以博大、高尚的道德情怀化育“人”和“物”，也就是说若要“载物”必先“厚德”，就是要不断提高自身的道德修养和道德情怀，具有强烈的责任感和使命感以及博大高尚的道德境界。这里的“物”既指万物也包括“人”，认为“人”源于“天地”，是“天地”的派生物，因此“天地之道”就是“人生之道”，应该“天人合一”，“自强不息”就是要人们效法“天”那样刚毅进取，“厚德载物”就是要人们效法“地”那样厚重宽广。

几千年来，“厚德载物”的人文精神和道德情怀孕育着中华民族的仁爱之心，使人们克制人欲、减轻自私自利之心，培育爱他人、爱社会、爱人类、爱万物、爱自然的博大胸襟。在《论语》中，多处强调“厚德载物”的道德情怀和行为特质，如“毋意毋必毋固毋我”“君子求诸己，小人求诸人”“三人行必有我师焉，择其善者而从之，其不善者而改之”“君子坦荡荡，小人长戚戚”“人不知而不愠，不亦君子乎”等，《尚书》曰：“满招损，谦受益。”我国传统文化要求人们广博爱心、乐善好施，要有道义感、见义勇为，正确处理“义”与“利”的关系，讲诚信、重操守，勇于担当、不畏艰难等。

5.强调修身自律

注重修身自律、践履躬行，不断提升个人道德品质和道德境界，是中华民族独具特色的人文精神和道德传统，在这方面可资传承弘扬的历史遗产和传统文化也最为丰富最为系统。

中国古代关于道德修身修养的阐发可谓数不胜数，自古以来就为人们构画出了一整套“三纲八目”的道德修养体系和修养方法，《礼记·大学》在一开篇就提出了“大学之道，在明明德，在亲民，在止于至善”的“三纲”修身目标和“修身八目”：“古之欲明明德于天下者，先治其国；欲治其国者，先齐其家；欲齐其家者，先修其身；欲修其身者，先正其心；欲正其心者，先诚其意；欲诚其意者，先致其知，致知在格物。”可以说“修身八目”详细规定了道德品质修养的八个阶段，并把道德修养看作是人的立身之本：“自天子以至于庶人，壹是皆以修身为本”。此外，中国传统文化还形成了一整套具体可行的道德修养方法，诸如“立志”“克己”“学习”“躬行”“内省”“慎独”等。

例如，关于“立志”。中华传统文化特别注重“立志”对道德修养的意义，认为“立志”是做人的开端，是成才的根基，如“君子以致命遂志”“志以发言，言以出信，信以立志，参以定之”“志不强者智不达”，王阳明说“志不立，天下无可成之事，虽百工技艺，未有不本于志者”

等。“立志”的核心是“志道”，即志向要远大，如“功崇惟志，业广惟勤”“三军可夺帅也，匹夫不可夺志也”“士志于道，而耻恶衣恶食者，未足与议也”“朝闻道，夕死可矣”“人皆可以为尧舜”“志安公，行安修，知通统类，如是则可谓大儒矣”“志当存高远”“立大事者，不惟有超世之才，亦必有坚忍不拔之志”“志大则才大、事业大”等。

例如，关于“克己”。所谓“克己”，就是说要约束自己。每个人都有私心、有贪求、有欲望、有杂念，一个人要达到崇高道德境界就必须克制私欲与主观偏见，使自己的情感与行为符合道德要求和道德规范。儒家创始人孔子认为，“克己”是实行“忠恕之道”的先决条件，也是“爱人”的先决条件，他还把“克己”作为“复礼”的条件，曰：“克己复礼为仁。一日克己复礼，天下归仁焉。为仁由己，而由人乎哉?”中华传统文化中充满着要求人们“克己”的谆谆告诫，“见善如不及，见不善如探汤”（《论语·季氏》）、“君子成人之美，不成人之恶。小人反是”（《论语·颜渊》）等。“克己”常与“内省”紧密联系，主张不断地反省、反思自己，明辨自己的过失、不足和错误，即时发现即时改正。孔子曰：“吾日三省吾身，为人谋而不忠乎？与朋友交而不信乎？传不习乎?”明代心学集大成者王阳明总结出了“省察克治”的修善内省方法，他说：“如去盗贼，不要予他出路，不要予他方便，务必使其扫除净尽”；“又如猫之捕鼠，一眼盯着，斩钉截铁，务必将其消灭净尽，廓然大公，方始为快”。人们只有经常把自己的好利好货等私欲认真反思、自省，按照圣贤的道德原则和道德境界予以批判，将之消灭干净，才能成为道德高尚的人。“克己”也常与“慎独”相联系，“君子戒慎乎其所不睹，恐惧乎其所不闻。莫见乎隐，莫显乎微，故君子慎其独也”（《礼记·中庸》）。“慎独”是我国传统道德思想中强调的一种重要道德修养方法和崇高道德境界，认为一个高尚的人即使在独处、无人监督时也能够坚守道德信念、坚持道德原则和遵守道德规范，言行谨慎，防微杜渐，高度体现一个人言行一致、表里如一的优秀道德品质和崇高道德境界。

再如，关于“学习”。我国传统文化把“学习”看作是道德品质形成和道德修养的基本方法，是对道德认知、道德规范、道德情感和道德意志的学习、培育和养成的重要途径。孔子曰：“吾日三省吾身，为人谋而不忠乎？与朋友交而不信乎？传不习乎？”“学而时习之，不亦说乎？”孔子将道德学习概括为“学”“问”“思”“辨”“行”五个阶段，即“博学之，审问之，慎思之，明辨之，笃行之”“学而不思则罔，思而不学则殆”“知之为知之，不知为不知，是知也”，深刻地揭示了道德学习和养成的规律。“道德学习”不仅指学习道德经典和道德规范，而且还指要向道德先进、道德典型学习，孔子曰：“三人行，必有我师焉。择其善者而从之，其不善者而改之”“多闻，择其善者而从之，多见而识之”“知之者不如好之者，好之者不如乐之者”“见贤思齐，见不贤而内自省也”等。强调“道德学习”要与“道德躬行”紧密联系在一起，所谓“躬行”即指知行合一、身体力行、亲身践行。孔子曰：“躬行君子，则吾未之有得。”陆游诗云：“古人学问无遗力，少壮工夫老始成。纸上得来终觉浅，绝知此事要躬行。”中华传统文化把人的道德修养和道德品质与日常行为、社会实践密切联系起来，认为一个人只有在日常社会生活中践行学习到的道德原则和道德规范，在与他人、与集体、与社会的各种利益关系中清楚地认识哪些是道德的行为、哪些是不道德的行为，做到知行统一、知行合一。“躬自厚而薄责于人，则远怨矣”“不积跬步，无以至千里，不积小流，无以成江海”“勿以恶小而为之，勿以善小而不为”等，“躬行践履”被认为是完善道德修养的重要方式。

四　正确分析中华传统文化和道德的历史影响

传承弘扬中华传统文化及其核心价值理念，从微观上讲涉及如何看待我国传统道德和价值体系中的一些具体道德概念、道德范畴、道德规范、价值理念和价值取向等问题，例如除了“仁义礼智信”五常之外，还有“智仁勇”（天下通行的美德）、“孝悌忠信”、“礼义廉耻”、“恭宽信敏惠”、“温良恭俭让”等道德概念、道德范畴和道德规范；从宏观上讲涉及如何对待我国传统思想文化的思想精华、道德精髓与思想糟粕、过时道德等问题，这实际上也是自近代以来我国思想文化界一直争论不休的问题。因此，传承弘扬中华传统文化中的核心理念，既离不开对我国传统道德规范体系中一些具体道德观念、道德规范、价值理念和价值取向的具体分析，更离不开对我国传统思想文化产生、形成和发展的经济、政治和社会背景的宏观分析，离不开对中华传统文化中存在的精华与糟粕的宏观把握。

1.“中华文明优越论”与“中华文明威胁论”

思想观念、价值理念、道德原则和规范等在人文精神和文化中乃至世界文明中的存在，是以不同民族、国家和区域来分布的，具有不同的民族性、地域性特点。不同民族、不同国家和不同地域的思想、道德和文化，由于产生、形成和发展的自然环境、历史条件、社会背景和风俗习惯等的不同，因而具有不同的表现形态和特色。这种人文精神、价值理念、道德观念与文化传统的民族性、地域性，是民族自识和民族间相互识别的重要标志，世界上各个民族、国家和地区正是以不同的人文精神、价值理念、道德观念和文化传统相互区别开来，其中尤以核心价值观为根本标识。

世界文化和人类文明的形成、发展和传承，都是以各民族、各国家、各地区各具特色的民族文化、人文精神、价值理念和道德观念作为载体和基础的，人类共同文明成果与文化财富的积淀、发展和进步，与各民族、各国家和各地区的人文精神、价值理念、道德观念和文化传统的发展并行不悖，相辅相成，人类的共同价值正是在各民族、各国家、各地区各具特色的民族文化、人文精神、价值理念和道德观念的基础上而逐渐形成的。

在人类漫长的历史发展过程中，每个民族、每个国家都在延续着、创造着自己的文明。不论是中华文明，还是世界上存在的其他文明，都是人类文明创造的成果。作为人类不同民族、不同国家和不同地域的实践智慧结晶，“每一个国家和民族的文明都扎根于本国本民族的土壤之中，都有自己的本色、长处、优点”[①]。每一种文明都具有独特的人文精神、价值理念和道德规范，既具有独特的内在价值、内涵特征，也具有独特的表现形式，具有同其他文明进行文明交流互鉴的内在动力。人类社会多样文明的发展与共存，使人类文明的百花园丰富多彩，争奇斗艳，获得了源源不断的生机活力和发展动力。一个国家和民族的人文精神、价值理念、道德规范和文化传统，是该民族在长期的生产实践、共同生活与历史发展中创造、传承和积淀起来的。

中华民族是一个具有五千多年文明历史的伟大民族和文明古国，如何对待中华民族的人文精神、价值理念、道德规范和文化传统，尤其是中国传统核心价值观，在当今世界经济全球化、政治多极化、社会信息化的历史背景下和新时代中国特色社会主义的伟大进程中，又成为一个重新提上议事日程的非常重要而迫切的时代课题。

自我国进入近代从而进入全球化的世界历史以来，在如何对待中华传统文化问题上，不仅在我国存在许多重大争议，而且在世界上也存在不同认识和看法，其中甚至存在两种截然不同的态度。例如在20世纪，英国的阿诺德·约瑟夫·汤因比和美国的塞缪尔·亨廷顿都曾把目光聚焦在中国传统文化及其人文精神、价值理念、道德规范和文化特质上，高度关注中华文明在世界文明中的独特价值及其对世界未来的重大影响，可以作为两个典型代表。

英国著名历史学家阿诺德·约瑟夫·汤因比建立了自己的一套“文化形态史观”，他从这一角度认为中华文明的复兴代表了21世纪世界文明未来发展的正确走向，是世界和平、发展、繁荣的希望。汤因比认为中华文明内在地具有一种优越性，主张一种“中华文明优越论”，他说西方自近代以来的文明优势很有可能被中国自古以来混和而统一的传统文化所取

---

① 习近平：《在纪念孔子诞辰2565周年国际学术研讨会暨国际儒学联合会第五届会员大会开幕会上的讲话》（2014年9月24日），《光明日报》2014年9月25日。

代，如果西方文化的活力有可能同中国文化的稳定性恰当地结合起来，那么将会产生一种新的全人类的生活方式。汤因比甚至预言，19世纪是英国人的世纪，20世纪是美国人的世纪，而21世纪就是中国人的世纪。汤因比认为，以中华文化为主的东方文化与西方文化相结合，将是人类最美好和永恒的文化，人类要想解决21世纪面临的全球性、世界性问题，必须到中国的孔子思想和大乘佛法中去汲取智慧。

美国当代著名国际政治理论家塞缪尔·亨廷顿则从“文明冲突论”的另一角度把中华文明看作是世界文明冲突的根源之一，主张一种“中华文明威胁论”。亨廷顿认为，在21世纪将会发生一场以“一个文明的核心国家（美国）干预另一个文明的核心国家（中国）与该文明成员国之间的争端”为起因的全球战争，他系统地提出了“文明冲突论”，认为冷战结束后的世界冲突的基本根源已经不再是意识形态，而主要是文化差异，主宰全球秩序的将是“文明的冲突”。亨廷顿把冷战结束后世界格局的决定因素概括为七大或八大文明，即中华文明、伊斯兰文明、西方文明、东正教文明、日本文明、印度文明、拉美文明，再加上可能存在的非洲文明，而把中华文明同伊斯兰文明一道列为21世纪对西方文明构成严重挑战的两种文明，即西方文明、中华文明、伊斯兰文明又是引起“世界文明冲突”的三大文明形态。亨廷顿非常明确地将中华文明列为未来文明冲突中最可能“惹麻烦”的文明，言明中华文明将对世界构成严重挑战。

2.对待中华传统文化和道德的两种极端思潮

马克思曾说：“人们自己创造自己的历史，但是他们并不是随心所欲地创造，并不是在他们选定的条件下创造，而是在直接碰到的、既定的、从过去承继下来的条件下创造。”[①]中华传统文化正是在今天新时代发展社会主义先进文化、建设中国特色社会主义文化强国“直接碰到的、既定的、从过去承继下来的条件”。在人类文明发展到全球化、信息化、智能

① 《马克思恩格斯选集》第1卷，人民出版社1995年版，第585页。

化的当今时代如何看待和评估这种“条件”，在中国特色社会主义新时代如何结合新时代要求传承弘扬中华传统文化及其核心价值理念，是新时代创造中华文化新辉煌首先碰到并需要正确面对的问题。

在我国近代以来尤其是“新文化运动”和“五四”时期乃至20世纪30年代，在关于中国传统文化和中国社会性质的大讨论中，曾出现两种极端的观点：一种是主张“全盘西化”，直至新中国成立后也曾出现过一种全盘否定一切传统文化的倾向，曾出现过一股“蓝色文明”的“西方化”思潮，这种观点以一种“全盘否定”的极端态度来对待中华传统文化这一“直接碰到的、既定的、从过去承继下来的条件”的存在价值，表现出一种民族虚无主义、历史虚无主义、文化虚无主义；另一种主张“全盘复古”，认为凡是祖先承传下来的东西都是神圣不可侵犯的，把中华传统文化看作是完美无缺的“国粹”，因而应该原封不动地予以“全面复古”，这种观点以一种“全盘肯定”的极端态度来对待中国传统文化这一“直接碰到的、既定的、从过去承继下来的条件”的存在价值，表现出一种国粹主义、复古主义、复兴主义。

民族虚无主义、历史虚无主义、文化虚无主义主张“全盘否定”，断绝了民族与世界、时代与历史、创新与传承的内在联系，对一个民族、一个国家的人文精神、价值理念、道德规范和文化传统予以全盘否定，尤其是对其中的思想精华、道德精髓和核心价值理念予以全盘否定，把传统与时代截然对立起来，否定历史的传承性、连续性；国粹主义、复古主义、复兴主义主张“全面复古”，实质上也是断绝了民族与世界、时代与历史、传承与创新的内在联系，认为现代社会面临的理想信念缺失、价值观念扭曲、道德意识薄弱、个人主义拜金主义享乐主义现象大量存在，都是丢失中国传统文化的结果，从而主张全面恢复一个民族、一个国家的人文精神、价值理念、道德规范和文化传统。显然，无论是民族虚无主义、历史虚无主义、文化虚无主义还是国粹主义、复古主义、复兴主义，都是以一种要么“全盘否定”要么“全盘肯定”的极端态度来对待我国传统文化，都不是正确的科学的应有的态度。

在我国历史上，以长期占统治地位的儒家思想为代表的中华传统文化为规范、平衡和维护以“尊卑贵贱”等级制度为基础的封建社会政治关系和人际关系找到了价值理念、道德原则和礼教制度。封建皇权专制统治以“三纲五常”为总纲，民间亦以“三纲五常”和“忠孝节义”作为维系宗法人际关系、社会关系等的价值理念和道德准则，历代都以官方版刻经籍、社会启蒙读本以及民间乡约村规、家训家谱予以广泛、深入的传播，被普及到社会各个阶层、各个角落，取得了明显成效，新时代传承弘扬中华传统文化需要取其精华、去其糟粕。例如，尊卑贵贱、男尊女卑等“三纲”不可取，但对于在两千多年来的发展过程中，对维护团结统一、多元一体中华民族共同体意识的伟大创造精神、奋斗精神、团结精神和梦想精神，对于促进我国传统社会利益和社会关系总体和谐平衡的人文精神、价值理念和道德规范，仍需大力挖掘和弘扬，进行创造性转化和创新性发展，做到古为今用。

近代以来，中华民族经历了史无前例的外来冲击、民族危机与磨难考验，饱受西方帝国主义列强的侵略、欺凌和宰割，虽然沦为半殖民地半封建社会，但是为什么始终没有亡国灭种，没有被侵略者完全吞并成为殖民地？为什么中华民族能够始终进行自救活动？从“洋务运动”到“戊戌变法”，从“辛亥革命”到“新文化运动”，从中国共产党成立到中华人民共和国建立，中华民族和中国人民终于又重新站立起来了。中华民族这种顽强抗争、坚忍不拔、自强不息的精神力量来自何处？中华民族这种不怕牺牲、奋发图强、革命到底的精神动力源于何处？人们普遍认为是中华优秀传统文化的重要滋养作用，它始终激励着中华儿女反抗外来侵略、维护民族独立，追求国家富强和人民幸福，不断推动中国社会发展进步。

习近平总书记指出：在几千年历史长河中，中国人民始终团结一心、同舟共济，建立了统一的多民族国家，发展了56个民族多元一体、交织交融的融洽民族关系，形成了守望相助的中华民族大家庭。特别是近代以后，在外来侵略寇急祸重的严峻形势下，我国各族人民手挽着手、肩并着肩，英勇奋斗，浴血奋战，打败了一切穷凶极恶的侵略者，捍卫了民族独立和自由，共同书写了中华民族保卫祖国、抵御外侮的壮丽史诗。今天，中国取得的令世人瞩目的发展成就，更是全国各族人民同心同德、同心同向努力的结果。①

3. 儒家思想对欧洲文明的重要影响

从世界史来看，儒家思想作为世界文化的一个重要源流，对世界文明尤其是欧洲文明的发展进步也作出了重要贡献。早在18世纪，欧洲启蒙思想家伏尔泰、保尔·昂利·霍尔巴赫、德尼·狄德罗、弗朗斯瓦·魁奈、戈特弗里德·威廉·莱布尼茨等都受过儒家思想和中华传统文化的深刻影响。

法国哲学家、启蒙运动的领袖和导师伏尔泰对孔子与儒家思想推崇备至，把孔子的画像挂在自己的家里朝夕膜拜。伏尔泰以我国儒家思想文化为武器抨击西方的基督教专制制度，认为儒家伦理道德协调人世间的事务和人际关系具有明显的进步意义。伏尔泰认为，在中国社会中儒教、道教、佛教、喇嘛教等众多宗教信仰都可以自由传道，相安无事，政府只管社会风化而不会规定民间宗教信仰，真正体现了信仰自由。伏尔泰把孔子看作与西方古代贤哲一样，认为孔子提出的“己所不欲，勿施于人”、“己欲立而立人，己欲达而达人”等道德信条和提倡的“不念旧恶、不忘善行、友爱谦恭”等价值取向是非常宝贵的思想财富和精神财富，他甚至认为中国是地球上人口最多、管理得最好而且最优秀、最古老也是最广博的王国，在道德上欧洲人应当成为中国人的徒弟。伏尔泰从儒家思想和中华传统文化中为法国的启蒙运动汲取了丰富的思想营养。

法国唯物主义哲学家的杰出代表、“大百科全书派”领导人物之一的霍尔巴赫，认为中国文化在世界各民族文化中是至上的优秀文化，他赞叹

① 习近平：《在第十三届全国人民代表大会第一次会议上的讲话》（2018年3月20日），《人民日报》2018年3月21日。

孔子的儒家思想和中国的儒教只需要以“理性”便可“修身齐家治国平天下”，促进社会和谐，维护国家稳定，其意在于讽刺基督教的“神道设教”不如中国文化。霍尔巴赫是一个崇尚以道德治理国家和社会的思想家，认为中国是世界上唯一的能够将政治与道德相结合并取得良好成效的国家，是一个以道德为基础、以德治国的“德治”政府或“德治”国家，他说中国悠久的历史就使其他国家的一切统治者都明白了“要使国家繁荣，必须仰赖道德”。他甚至还提出欧洲的各国政府必须以中国为模范，以儒家的道德代替基督教的道德，主张以“道德理性”取代宗教信仰、管理国家政治、进行社会治理，体现的就是我国儒家思想重视“道德治理”的重要特征。

“大百科全书派”的著名学者狄德罗也十分赞赏我国儒家思想，高度赞扬孔子和“四书”“五经”等儒家经典，高度评价中国传统社会，认为中华民族的悠久历史、文化、艺术、智慧、政治、哲学趣味无不在世界上的其他所有民族之上。狄德罗把孔子看作是极其重视政治统治哲学的圣哲，认为儒家哲学实际上就是政治哲学，纯粹是伦理学与政治学的有机结合，是一种理性宗教和实用哲学。他称赞孔子不谈奇迹和启示，称赞《论语》中的道德警句和格言所体现的价值理念、道德观念要比其他超验哲学和经验哲学高明得多，认为中国的儒教做到了“只须以‘理性’或‘真理’就可以治国平天下”。

法国“重农学派”创始人弗朗斯瓦·魁奈潜心研究孔子及儒家学说，以及中国历史和政治经济制度，被称为“欧洲的孔子”。魁奈关注建立一个“良好政府相一致的自然原理”，从中国的农耕文明和“重农”经济方式中受到启发，逐渐形成了“重农主义”经济学理论，他声称“重农主义”经济学理论只是对中国学说的系统说明，而中国的学说值得所有国家采用为楷模。魁奈提出的以自然秩序为人类所有政治、经济及社会行动的最高准则的观点，被认为来源于《中庸》所说的“天命之谓性，率性之谓道，修道之谓教”，他说自然法则为人类立法的基础和人类行为的最高准则，这种制度是政府的基础，但除中国之外的所有的国家忽视了这种制度的必要性。魁奈还评价儒家哲学是高于希腊哲学的，认为儒家哲学讨论的都是善政、道德及美事，《论语》满载原理及德行之言，胜过于希腊七圣之语。

德国古典哲学先驱、启蒙思想家莱布尼茨是第一个提出中国思想文化对欧洲发展具有重大意义的代表人物。莱布尼茨勤于潜心研究中华传统文化，年轻时就阅读了大量法文版的孔子传记、儒家典籍和研究文集，后来又从来华传教士手中获得大量第一手中华传统文化的资料，对中华传统文化有深入了解和研究。莱布尼茨盛赞中华传统文化，认为如果说西方在手工艺技能上与我国相比不分上下，而在思辨科学方面要略胜一筹的话，那么在实践哲学方面，即在生活与人类实际生活方面的伦理以及治国学说方面则实在是相形见绌。他说："我们从前谁也不信在这个世界上，还有比我们伦理更完善的立身处世之道，更进步的民族存在，现在从东方的中国，竟使我们觉醒了。"[①]莱布尼茨大力主张学习借鉴中国的思想文化，用以来发展欧洲文化和德国文化，并身体力行。他从研究中国古代的《易经》中获得重大启示，创制了二进制算法，西方学者对此予以了充分肯定："莱布尼茨成为符号逻辑或数理逻辑的前辈，对其观念的刺激，公认来自中国特殊的表意符号的性质。"[②]

因此，有学者认为是儒家思想和中国传统思想文化推动了欧洲近代的思想启蒙运动，许多西方近代启蒙先驱都吸取了我国孔孟学说和传统文化中的思想元素，把它作为思想武器打破欧洲中世纪的封建世袭和神学政治统治制度，催生发展了近代以来西方的理性观、自由观、平等观、民主观、人权观、博爱观和无神论，促生了西方近现代思想观念、价值理念和道德精神，促进了经济、政治、社会、人文、科学等方面学说和制度的发展。

① 转引自沈福伟：《中西文化交流史》，上海人民出版社1985年版，第449页。

② 转引自李约瑟：《中国科学技术史》第二卷，科学出版社1978年版，第497页。

当然，我们应该看到，西方近代启蒙先驱学习借鉴的主要是我国儒家思想和传统文化中的思想精华和道德精髓。我国儒家思想和传统文化是在中华民族特定的历史条件下产生和发展的，不可避免受到自然环境、历史条件、认识水平和社会制度等的制约和影响，不可避免地存在着地域性、民族性特征和陈旧过时、糟粕元素，这也正是近代以来中华民族遭遇重大挑战和冲击，不能从根本上挽救积贫积弱的历史危局的重要原因。

在新时代的历史背景下，中华优秀传统文化要获得新的生命活力，更好地延续发展下去，必须顺应时代发展潮流和历史发展趋势，坚持以马克思主义为指导，坚守中华文化立场，立足当代中国实践，结合时代条件要求传承弘扬，并以开放包容的世界胸襟大胆吸收人类优秀文明成果，发展民族的科学的大众的和面向现代化面向世界面向未来的社会主义先进文化，在保持中华文化特质和优点的同时，突破自身局限和不足，摒弃那些已经过时、不合时宜甚至已成为糟粕的元素，不断实现中华文化的现代化和创造中华文化的新辉煌。

五　中国传统核心价值观的主要理念

中国传统核心价值观是中华传统文化中人文精神、价值理念和道德规范的集中体现和灵魂总纲，既是中华民族在五千多年历史进程中社会发展进步的价值标尺、价值原则的稳定器，又是中华儿女为人处事、安身立命、事业成就的价值标准、品德基础和精神支柱。

中华传统文化和传统道德有一个重要特点，就是重视民族和国家整体利益的价值取向，重视道德修养的作用、道德规范的践行和道德品质的锤炼，逐渐形成了以“三纲五常”和“名教”观念为主要内容的核心价值理念范畴，集中反映了中华民族的传统核心价值观。所谓“三纲”，即指君为臣纲，父为子纲，夫为妻纲；所谓“五常”，即指“仁义礼智信”五个德目；所谓“名教”观念，就是把符合封建君主专制政治统治利益、以“三纲五常”为核心内容的思想观念、价值理念、道德规范等。“立为名分，定为名目，号为名节，制为功名”，称为“以名为教”，简称“名教”，通于天下，对天下百姓进行教化。

“三纲五常”成为中国古代的核心价值观经历了一个不断形成、发展和完善的过程。

“三纲五常”一词，源于西汉董仲舒的《春秋繁露》一书，“三纲”意为“妻者君之合，子者父之合，臣者君之合”，但其思想内涵可上溯至先秦时期儒家思想的创立者孔子提出的“君君、臣臣、父父、子子”等伦理观念。儒家思想的另一位重要代表人物孟子则把“仁义礼智”四个德目作为母德，在“君君、臣臣、父父、子子”的基础上，把它扩展为“五伦十教”，提出了“父子有亲，君臣有义，夫妇有别，长幼有序，朋友有信”等“五伦”及其道德规范。儒家经典《中庸》还提出了“三达德”的方法即依靠“智、仁、勇”三大品德来调节君臣、父子、夫妇、兄弟以及朋友这五种基本伦理关系，以求达到“君惠臣忠，父慈子孝，兄友弟恭，夫义妇顺，朋友有信”的理想道德境界。法家代表人物管仲也提出了所谓“四维七体”的伦理道德规范体系。法家另一位代表人物韩非子也提出了“臣事君，子事父，妻事夫，三者顺则天下治，三者逆则天下乱。此天下之常道也”的道德规范体系等。

在这些价值理念、道德原则和道德规范的基础上，汉代董仲舒根据“贵阳而贱阴”的“阳尊阴卑”理论对“五伦”观念进一步发展，提出了所谓的“三纲”原理和“五常”之道。

所谓的“三纲”原理，是指在人伦关系中“君臣、父子、夫妇”三对人伦关系是天定的、永恒不变的、最主要的人伦关系，这三对关系中又天定地存在着尊卑、主从的秩序：君为主臣为从、父为主子为从、夫为主妻为从，即“君为臣纲，父为子纲，夫为妻纲”。

“三纲”的尊卑和主从秩序皆取于“阴阳之道”，“阳”永远处于主宰、尊贵的地位，“阴”永远处于服从、卑贱的地位。因为“君、父、夫”体现的是“天”的“阳”面，故为尊、为主；“臣、子、妻”体现的是“天”的“阴”面，故为卑、为从。董仲舒以所谓的天定的尊卑、主从关系的“三纲”原理来确立君权、父权、夫权在社会中的统治地位，从而把封建等级制度、政治秩序、尊卑贵贱顺序神圣化为社会的道德法则。

可以看到，董仲舒的“三纲”原理是由孟子的“五伦”发展而来的，它抓住“父子有亲，君臣有义，夫妇有别”——“五伦”中最重要的三对人伦关系，把它作为人伦关系的根本和基础。孟子提出的“五伦”关系及其道德规范是一种双向的相对关系，而董仲舒确立的“三纲”原理则把它转换成了一种单向的绝对关系，以人身依附和服从为绝对原则；孟子提出的“五伦”及其道德规范虽然也强调封建宗法等级秩序，但它以“君臣、父子、夫妇”等的互惠互动及其在上者的率先垂范为前提，而董仲舒提出的“三纲”原理则把“君臣、父子、夫妇”三对伦理关系中的尊卑、主从地位和身份更加直观化、简单化。

“五常”，“常”有恒常、永远不变的意味。孟子是中国古代最早把“仁义礼智”四德作为一个整体而提出来的思想家。“仁义礼智”最初是指每个人都应该遵循和必须具有的道德规范，董仲舒在“仁义礼智”四个德目的基础上加上了“信”这一道德规范，把“仁义礼智信”五个德目称为“五常”。

在“三纲”原理和“五常”之道的基础上，董仲舒建立了一整套的“三纲五常”学说，并把它作为主要内容提出了“罢黜百家，独尊儒术”的治国之策，为汉武帝所采纳和实施，经汉章帝时的“白虎观会议”，正式确认了“神权、君权、族权、夫权”的神圣不可侵犯性和基本的社会伦理体系。汉章帝采纳了董仲舒以“仁义礼智信”作为“五常”这一提法，并通过“白虎观会议”和《白虎通义》作出了新解释，曰：“仁者，不忍也，施生爱人也；义者，宜也，断决得中也。礼者，履也，履道成文也；智者，知也，独见前闻，不惑于事，见微知著也。信者，诚也，专一不移也。”

从此之后，“三纲五常”的伦理纲常便成为中国封建社会千年不倒、世代遵循的社会伦理道德规范，成为我国古代封建社会伦理道德规范不可动摇的“金科玉律”，中国封建社会的君主专制政治统治者把“三纲五常”作为封建社会的根本思想、核心价值观念和最高道德原则，称作是“救世俗，致祯祥，为万姓获福于皇天者也”的治世法器，著书立说，办学兴教，用以分设官职、用以取士选官、用以奖励名节、用以教化天下百姓；作为伦理纲常写进家训家教、家谱族规之中，转化为法律制度、风俗习惯和民间文化渗透到社会生活方方面面，从而起到规范、禁锢、教化人的思想行为的重要作用。

中国封建社会核心价值观的理论结构

理论结构	基本含义
“三纲”	君为臣纲，父为子纲，夫为妻纲。 “三纲”规定了封建社会中君臣、父子、夫妇之间的特殊社会关系和社会等级秩序。 为臣、为子、为妻，必须绝对服从于君、于父、于夫。 为君、为父、为夫，要为臣、为子、为妻作出表率。
“五常”	仁、义、礼、智、信，是用以调整、规范君臣、父子、兄弟、夫妻、朋友等人伦关系的行为价值准则和伦理道德规范。 “仁者，不忍也，施生爱人也；义者，宜也，断决得中也。礼者，履也，履道成文也；智者，知也，独见前闻，不惑于事，见微知著也。信者，诚也，专一不移也。”
“名教”观念	“名”，即名分；“教”，即教化。 所谓“名教”，即指通过上定“名分”来“教化”天下，以维护封建社会的伦理纲常、等级制度。

“名教”观念始于孔子。“名”即指名分，“教”即指教化，所谓“名教”即指通过上定“名分”来“教化”天下，以维护国家的伦理纲常、等级制度和社会秩序。孔子主张以等级、名分来教化天下、维护社会秩序，他最早提出“正名”这一概念，认为“为政”首先要“正名”，做到“君君、臣臣、父父、子子”，使每个人都明确自己的身份地位，做自己应该

做的事，而不能不顾“名分”胡乱行为，社会才有秩序而稳定。他说：“名不正则言不顺，言不顺则事不成。事不成，则礼乐不兴。”“必也正名乎！”荀子高度赞扬孔子的“正名”思想，说“故王者之制名，名定而实辨，道行而志通，则慎率民则一焉”，并专作“正名”篇。《吕氏春秋》亦言：“名正则治，名丧则乱。”

董仲舒继承和弘扬了孔子、荀子的“正名”思想，倡导“审察名号，教化万民”，以正视听，规范行为。汉武帝把符合“大一统”专制政治统治利益的政治观念、价值理念和道德规范等确立为“名分”、定为“名目”、号为“名节”、制为“功名”，用以教化天下百姓，规范社会行为，号称“以名为教”。虽然至魏晋时期才正式形成“名教”这一概念，用以指以孔子“正名”思想为主要内容的封建礼教，但在董仲舒的“三纲五常”学说中已经鲜明地体现了“名教”的性质，形成了一整套为维护和加强封建专制政治制度而建立起来的规范人们思想行为的“名教”观念体系。

魏晋时期围绕“自然”与“名教”的关系展开了思想论辩，王弼把老庄思想与儒家思想杂糅在一起，认为“名教”出于自然，把“自然”看作是“无”、是“本”、是“体”，“名教”则是“有”、是“末”、是“用”；嵇康提出了“越名教而任自然”的思想，主张道法自然，顺应人性的自由发展，借自然以法定“名教”；郭象则认为“名教”即自然。

至宋明清时期，“名教”观念则被看作是“天理”，成为禁锢人们思想言行的精神桎梏，成为“封建礼教”的重要内容，如果违犯伦理纲常即被视为“名教罪人”。

“三纲五常”和“名教”观念等一整套思想道德规范体系为封建君主专制政治统治和社会等级秩序的神圣性、合法性和正当性作论证作辩护，为历代封建统治阶级所大力维护、提倡和实践，对我国两千多年来的封建社会发展产生了重大而深远的历史影响。“三纲五常”和“名教”观念规范了社会人伦关系，维护了我国两千多年的封建君主专制政治统治，极大地巩固了封建主义社会制度，即使处在动乱不已的历史时期，政变频繁，但君主政治秩序大体稳定。可以看到，我国封建社会农民起义、王朝更替、社会动荡其实并不少见，之所以能回归封建统治秩序，就在于维护封建君主专制政治统治的伦理纲常——“三纲五常”和“名教”观念作为核心价值观具有相对稳定性和一贯性，在思想上、道德上、精神上和行为上发挥着统领、规范和调整作用。

一是具有基础性和系统性。“三纲五常”和“名教”观念明确规定了封建社会中“君臣、父子、夫妇”三对最重要的伦理关系及其道德规范，“仁义礼智信”五个德目被认为是五种永恒不变的用以规范、维护和调整“君臣、父子、兄弟、夫妇、朋友”等五对重要人伦关系的价值理念、道德规范和行为准则，“名教”观念则把这些价值理念、道德规范和行为准则通过在上者定“名分”来教化天下。

二是具有根源性和主导性。“三纲五常”和“名教”观念牵动整个社会关系，“三纲”统摄着整个社会关系结构体系，真正体现了“牵一发而动全身”；“五常”真正起到了核心价值理念和核心道德规范的统领作用，其他价值理念、道德观念和道德规范都可以从它引申、推论而来，成为我国古代社会价值体系和道德规范体系的逻辑起点；“名教”观念推动着整个社会的价值导向和道德教化，在历史上对维护社会发展、塑造国民性格、培育传统文化发挥了十分重要的作用。

三是具有简洁性和可普及性。“三纲五常”和“名教”观念作为我国封建社会的传统核心价值观，既高度概括、简洁明了又自成体系、内涵丰富，易懂易记易传，非常便于普及推广。

当然，新时代我们也应该充分看到，“三纲五常”和“名教”观念既包含丰富的思想精华和道德精髓，也掺杂着过时落后的思想糟粕和道德糟粕，把它作为积极培育和践行社会主义核心价值观的重要源泉和价值资源，并不能不加分析不加批判地全盘吸收，必须有批判地继承，取其精华、去其糟粕，有扬有弃，尤其是要结合新时代要求进行创造性转化和创新性发展。

具体看，在以“三纲五常”和“名教”观念为主要内容的我国传统核心价值观中，“三纲”和“名教”观念因源于宗法人伦观念和等级制度，具有较多的封建糟粕，“仁义礼智信”虽受制于“三纲”的“天定”道德原则，但也源于对自然、社会、人性的理性认识，因而具有更多更丰富的精华元素。

因此，为便于传承弘扬以“三纲五常”和“名教”观念为主要内容的我国传统核心价值观和论述的简洁性，我们就把它简称为“仁义礼智信”的中国传统核心价值观。新时代要顺应人类文明发展进步的潮流和全面建设中国特色社会主义现代化强国的实践需要，剔除其封建糟粕，汲取其精华元素，赋予其以新的时代内涵，使其与社会主义市场经济相适应，与人类文明发展方向相一致相承接，与社会主义法治体系相协调，与社会主义先进文化相融合，创造中华文化的新辉煌。

第三章

中国传统核心价值观在新时代的定位

党的十八大以来，以习近平同志为核心的党中央从深入推进新时代中国特色社会主义伟大事业的高度，提出了要加快构建充分反映中国特色、民族特性、时代特征的价值体系，努力抢占价值体系的制高点的社会主义核心价值体系建设战略任务。结合新的时代要求传承弘扬中华传统文化，对其进行创造性转化和创新性发展，其目的是为建设社会主义先进文化、建设社会主义文化强国、铸就中华文化新辉煌、坚定社会主义文化自信奠定深厚的文化根基和重要源泉。中国传统核心价值观是中华传统文化的总纲和灵魂，这就既需要深化研究中国传统核心价值观寓于中华传统文化之中的表现形态、主要内容、重要特点和重要启示等一系列重要问题，又要站在新时代全面建设社会主义现代化强国和社会主义先进文化的战略高度，正确分析中华传统文化和传统核心价值观在新时代的定位、重要意义。积极培育和践行社会主义核心价值观、铸就中华新文化，既要与中国传统核心价值观和中华优秀传统文化相传承，充分展现其基础性、民族性和传承性，又要与社会主义市场经济基础相适应、与人类文明发展趋势相一致、与社会主义价值本质相融合，充分体现社会主义核心价值观的先进性、前瞻性和引领性，充分展现其站在人类先进、进步的价值体系制高点的道义力量和实践力量。

一 中国传统核心价值观是中国人的基本价值观

以“三纲五常”为主要内容的中国传统核心价值观，是中华传统文化的核心价值理念和精神要义，也是中国传统社会伦理道德规范体系中最重要的五种价值理念和道德规范。

从“五常”的道德性质上看，“仁义礼智信”是人们应该普遍遵循的基本的、主要的价值理念和道德规范，而不是从属的、次要的价值理念和道德规范，被认为是五种天定的、永恒的价值理念和道德规范；从“五常”与其他道德规范的关系看，“仁义礼智信”具有根源性、决定性和主导性，其他许多价值理念和道德规范都是从“五常”引申而来的；从“五常”的历史影响看，“仁义礼智信”牵动着中国古代社会的整个道德规范体系，推动着整个社会的道德教化，决定着整个社会的道德水准，对维护封建专制政治统治、协调人际关系、保持社会稳定、改善社会风气、培育民族精神和锤炼民族性格，都发挥了重要历史作用。

在“仁义礼智信”的中国传统核心价值观中，“仁”“义”“礼”的主导性虽然分别被强调凸显，但在中国传统核心价值观和中华传统美德中，“仁”与“义”始终居于第一层面，占据主导地位，尤其是“仁”德的核心地位更加凸显。“仁”被认为是各种德性的源泉，“义”被认为是所有规范的原则，“仁”与“义”二者的统一意味着“德性”与“规范”的有机统一，意味着“德性”与“规范”的内在融合。

在中华传统文化和传统价值体系中，“仁”被认为是价值基点和道德本性，它所表现出的“爱”虽然来源于血缘情感的联系，但被看作是驻留在家庭、家族、宗族、社会、国家乃至“天下”万事万物的生活世界里，这种“爱”既不断激发人类生生不息的文化创造活动，又承受着人类及其生活世界的灾难与沉重。也就是说，“仁”表达了这样一种文化意识：要获得人类生生不息的文化创造动力，就要主动承受人类文化创造活动之重，这是道德人的自然选择和自由选择。孔子曰：“仁远乎哉？我欲仁，斯仁至矣。”“义”这一德目所表现出来的“正义”，则被认为是捍卫“仁”德的最高价值判断、道德信念和道德准则。

“五常”作为一个整体，“仁义礼智信”五个德目构成了中国传统文化中社会适应力很强的价值体系和价值系统。“仁义礼智信”五个德目是一套完备的德性系统和规范体系，它们之间相互诠释、相互调节，并且衍生出其他适应不同社会关系、不同人生境遇的价值理念和道德规范。如“仁”对应着“诚恕慈宽”等具体价值理念和道德规范，“义”对应着“公志勇刚”等具体价值理念和道德规范，“礼”对应着“让恭孝俭惠”等具体价值理念和道德规范，“智”对应着“和敏”等具体价值理念和道德规范，“信”对应着“忠毅”等具体价值理念和道德规范。因此，“仁义礼智信”在现代社会的发展应该也是整体的，仅仅裁取其中的一项，则会失去美德的系统性、完整性，从而只能成为现代道德需求的某种代名词，也就失去了现代道德建设所需要的文化源泉和道德资源。

确定“仁义礼智信”作为中国传统核心价值观和中华传统美德的核心价值范畴，有利于传承弘扬中华传统美德和中华优秀传统文化。

有研究者把中华传统美德概括为这样十个层面：仁爱孝悌、谦和好礼、诚信知报、精忠报国、克己奉公、修己慎独、见利思义、勤俭廉正、笃实宽厚、勇毅立行。

也有学者把中华传统美德概括为十二个要点：献身祖国，尽忠为国；廉洁奉公，清正廉明；扶危济困，见义勇为；尊老爱幼，乐群贵和；谦恭礼让，宽以待人；艰苦创业，勤劳勇敢；自强不息，勇于开拓；立志自强，崇尚理想；注重气节，威武不屈；家庭和睦，重义尊道；诚实守信，言行一致；严于律己，省察克治。

这样的划分虽然简洁易懂，条理清楚，合于常识，也包含了“仁义礼智信”的道德内涵，但是不利于解决道德认知层面的问题，也无法把握中华传统美德之间的联系和中华传统美德的核心价值观，因而容易导致人们对中华传统美德与现代价值关系问题的反思力度不够，难以理性地认识、理解和把握中华传统美德。

从“仁义礼智信”对现代中国社会道德问题的适应能力与解决能力看，它们比其他的传统价值理念和传统美德更有效，它们在中华传统美德中的核心地位不可动摇。

“仁义礼智信”的中国传统核心价值观作为中国传统社会普遍遵循的价值理念、道德准则和行为规范，深深地熔铸在中华传统文化和中华民族精神之中，千百年来一直是支撑中华民族持续发展进步的重要精神动力。民族精神是一个民族赖以生存、发展、进步的精神血脉和不竭动力。民族道德作为民族精神的重要基础和组成部分，是一个民族立于民族之林、民族成员安身立命的力量源泉。

一个人的成败、一个家庭的盛衰、一个民族和国家的兴亡，无不与一个民族的人文精神、价值理念和道德规范息息相关。“仁义礼智信”的中国传统核心价值观，在我国传统社会中发挥了强大的凝聚整合功能、激励创造功能和规范调整功能，促进了中国传统社会的价值认同，增强了民族信念，激发了进取精神和创造活力，最大限度地把全民族全社会的智慧和力量凝聚统合起来，为实现民族理想和国家目标而奋斗。

中华民族的祖先共同创造的优秀传统文化是我们民族凝聚力的灵魂和安身立命的精神家园，我国历史上形成的传统核心价值观就是中华民族的传统核心价值观，就是我们今天中国人的基本价值观。

在两千多年的历史进程中，“仁义礼智信”是中国传统价值体系和传统道德规范体系之总纲，牵动、辐射和影响了中国古代社会的整个价值体系和道德规范体系，体现了全体民族成员在价值理念、价值取向、道德规范、行为方式上的共同性和普遍性。正是这一核心价值观发挥的重要作用，中华民族才能在多灾多难中始终奋进不止，衰而复兴，长存不亡。新时代的中国正处于全面建成小康社会和全面建设社会主义现代化强国的关键时期，各种思想文化、价值理念和道德观念相互激荡，中外文化相互交流交锋交融，一些人在如何对待民族精神、民族道德、民族文化方面陷入困惑，甚至迷失方向，需要我们站在时代发展潮流和社会发展进步的前沿，汲取中华优秀传统文化和传统核心价值观的有益成分，使其实现创造性转化和创新性发展，为其注入蓬勃生机和旺盛活力，使中华传统美德得以传承、优秀传统文化得以新生，从而为培育和弘扬社会主义核心价值观提供重要源泉和重要滋养。

传承弘扬“仁义礼智信”的中国传统核心价值观，有利于形成民族共同体意识、促进民族认同和祖国统一的共同心理基础和文化基础。对一个民族和国家的认同，最重要的是价值认同、精神心理认同和文化记忆认同。在“一国两制”的制度设计背景下，“仁义礼智信”的中国传统核心价值观和中华优秀传统文化是完成“祖国和平统一”大业、维系海内外华夏儿女和港澳台三地最牢固的文化基础和精神纽带。

“仁义礼智信”的中国传统核心价值观和中华优秀传统文化对中华民族全体成员有着内在的感召力，催生和强化着民族向心力和民族认同感。当前，有人认为中华文化的“根”不在大陆而在台湾，甚至已移至东亚、东南亚国家，认为台湾同胞和海外华人对中华民族的认同已经没有心理基础和文化基础。应当清醒地看到，目前“台独”“港独”“疆独”“藏独”等分裂势力活动不断加剧，台湾当局大力推行“去中国化”的渐进式“文化台独”活动，妄图在文化上割断台湾同胞与祖国大陆的联系。传承弘扬“仁义礼智信”的中国传统核心价值观，有利于增强台湾同胞对中华民族和一个中国原则的认同，增强海外华人对中华民族的归属感，最大限度地把海内外中华儿女紧紧团结在一起，共同促进祖国的和平统一。

孙中山先生曾指出：“有道德始有国家，有道德始成世界。”[①]历史发展表明，一个国家不能没有核心道德尤其是核心价值观，因为它是治国安

---

① 《孙中山全集》第四卷，中华书局1986年版，第123页。

邦之总纲和灵魂。我们有理由以“仁义礼智信”的中国传统核心价值观为基础，对其进行创造性转化和创新性发展，建构符合时代要求和未来发展趋势，并为全体人民普遍遵循的中华民族共同价值观。

“仁义礼智信”的中国传统核心价值观作为一种德性品质和德性修养，应当成为中华儿女普遍遵循的基本价值准则、道德原则和行为规范，成为社会主义核心价值体系的重要价值基础。传承弘扬“仁义礼智信”的中国传统核心价值观，有利于把中华传统美德的广泛性要求和社会主义道德的先进性要求紧密结合起来，允许人们在道德观念、道德行为和价值取向上存在着多样性、差异性、层次性，以中国传统核心价值观作为人们的基本价值观，以中华传统美德作为人们的基本道德规范，以社会主义核心价值观和价值体系建立在深厚的、坚实的历史根基之上，提升人们的精神境界和道德水平。同时，坚持把“仁义礼智信”的中国传统核心价值观作为社会主义核心价值体系的基础性内容这个定位，避免在弘扬过程中把中国传统核心价值观和中华传统美德的作用进行夸张和过分夸大放大，特别是应当注意防止以中国传统核心价值观和中华传统美德替代社会主义核心价值观和价值体系的“复古”倾向。

二　与社会主义市场经济相适应

作为一种上层建筑，“仁义礼智信”的中国传统核心价值观是适应中国封建社会的经济基础、生产方式而产生的上层建筑和社会意识形态。随着社会主义市场经济体制的建立和逐步完善，中国经济社会各方面发生了深刻的社会变革和变化，社会的经济基础、生产方式已发生了根本变化。传承弘扬“仁义礼智信”的中国传统核心价值观，应适应社会主义市场经济条件下确立起来的新型经济关系、思想观念、价值标准和道德要求，摒弃不符合社会主义市场经济的价值理念、道德观念，注入适应社会主义市场经济发展的新价值观念和道德要素。

譬如，中国传统核心价值观讲的“仁”，包含着受封建宗法等级所限制的差等之爱；“礼”包含着直接反映封建宗法等级制度、等级次序的行为规范，这些都应当予以摒弃。“信”在中国传统核心价值观中主要强调的是熟人之间的道德信用和守诺，在社会主义市场经济条件下则应从熟人之间扩展到陌生人之间的契约信用、法律信用和制度信用，赋予“信”以新的时代内涵并加以弘扬。在适应我国社会主义市场经济体制发展要求的同时，也应注意发挥好“仁义礼智信”的中国传统核心价值观对社会主义市场经济条件下人们行为的引导作用。

中国传统核心价值观对人生价值、道德价值的尊重，对人的内在精神和生命意义的肯定，对道德要求的内化和对职责本分的恪守，对于市场经济条件下追求经济效益而可能忽视社会效益的功利价值、工具价值有一定的抑制作用，对所缺乏的人文精神、价值理念和道德规范具有一定弥补作用。

譬如，“仁义礼智信”中的“重仁崇义”核心价值理念可以整合各种复杂的利益诉求，抑制极端利己主义、见利思义、先义后利的价值取向，强调遵纪守法、遵守规则和契约精神，使人们在规范化、法治化、程序化的轨道上和在更加高尚精神的指引下追求正当、合理的物质利益；“诚信”的价值取向则有助于优化经济环境、整顿商业秩序等，从而促进社会主义市场经济的健康发展。

三　与社会主义法律规范相协调

现代社会是法治社会，法律规范是对人们行为最基本的外在约束。传承弘扬“仁义礼智信”的中国传统核心价值观，其核心原则、基本要求和主要内容均应反映社会主义法律规范的基本精神，在价值原则和调控方向上，应与法律规范保持一致。

譬如，中国传统核心价值观中的“义”，并非完全遵从理性精神，有时是一种建立在个人好恶和情感发泄基础上的感情用事，如所谓的“劫富济贫”“有仇必报”等，表面上似乎符合“义”的标准，但同时往往已超越了个人的合法权限范围，冲破了法律底线。

传统道德中的“礼”，也包含着一些禁锢人的本性、漠视人的尊严、违背法治精神的消极成分。

再比如，中国传统核心价值观中的“信”主要是一种道德诚信，而在社会主义市场经济条件下的经济交往和社会交往，尤其是经济交易范围急剧扩大，仅仅依靠熟人间口头承诺的古代道德诚信是远远不够的，在陌生人之间对人的行为约束力将不再具有传统社会那样的强势地位和作用力。现代市场经济意义上的“诚信”主要是一种建立在“道德诚信”基础上的法律诚信和制度诚信。因此，面对社会主义市场经济的新形势、新环境和新挑战，我们不能盲目沉溺于有深厚历史积淀的诚信道德传统，而是需要认真思索如何将传统的诚信美德与市场经济所要求的法律诚信、信用体制有机地结合起来，勇于创新，构建与社会主义市场经济体制相适应的诚信规范体系。没有严格的社会信用制度，没有与之相适应的制度上的诚信规范体系，市场经济就不可能健康、高效地运行。

此外，传承弘扬中国传统核心价值观一定要注意发挥社会主义法律规范的保障作用，使道德的劝导力与法律的强制力有机结合起来。在立法时，要充分考虑弘扬中国传统核心价值观和中华传统美德的因素，把其永恒的价值理念、伦理精神体现到法治理念中，甚至直接上升为法律规范。例如，随着老龄化社会的到来，敬老、孝老已成为一种社会焦虑，人们对这方面的期盼不仅仅停留在道德层面，也呼唤法律的硬约束。新修订的《中华人民共和国老年人权益保障法》，新增了与老年人分开居住的家庭成员，应当经常看望或者问候老年人的明确规定，就产生了很好的社会反响。

因此，对于中国传统核心价值观中的这些不符合社会主义法律规范的部分，尤其是与今天的法律评判标准格格不入的内容，应毫不犹豫地坚决予以摒弃。中华传统文化主张“德本法用”“贵德轻法”。传承弘扬“仁义礼智信”的中国传统核心价值观，既要体现中华传统文化中这种“贵德”的原义，又要凸显“法治”的时代价值，赋予中国传统核心价值观以“法治”的时代内涵，强调守法是公民最基本的道德品质。应当明确，传承弘扬“仁义礼智信”的中国传统核心价值观并不是要动摇“法治”在现代社会中的基础地位，“法治”依然是调整现代社会关系的基本方略和基本精神，并应有效维护而不是削弱“法治”的权威。

四　与人类文明发展趋势相一致

从社会主义先进文化和核心价值观建设发展的规律看，其基本途径主要包括：

一是积极探索体现社会主义价值本质和价值理想、代表社会主义先进文化发展方向的核心价值观，积极创新社会主义核心价值观，创造中华文化新辉煌；二是传承弘扬中国传统文化和中国传统核心价值观的思想精华和道德精髓，变“古为今用”；三是大胆地吸收借鉴人类文明和世界文化尤其是价值观念发展进程中所取得的一切有益成果，“洋为中用”。中国传统核心价值观和中华传统文化是人类社会文明发展的重要组成部分，是在人类的交流互鉴中发展进步的，新时代传承弘扬中华传统文化及其核心价值理念，也必须以宽广的世界眼光和博大的文明胸怀放眼世界，积极吸纳人类文明发展的一切有益成果，大胆借鉴世界各个民族或国家核心价值观建设的有益元素，丰富和发展我国传统核心价值观的时代内涵和基本精神。

在传承弘扬“仁义礼智信”的中国传统核心价值观时，应以世界视野、未来视角和发展眼光来审视人类文明的共同成果，既应坚决摒弃中国传统核心价值观中落后于时代的内容，又应注意把真正反映人类发展需求的、先进的价值理念吸收进来。人类文明的多样性和世界各国文化的民族性、丰富性是人类社会文明发展的重要特征，也是人类文明和世界文化发展进步的动力。多样性的人类文明和世界文化在交汇交流交锋中相互融合，在相互激荡中取长补短，在求同存异中共同发展，长期共存，从而构成人类文明和世界文化的百花园。传承弘扬以“仁义礼智信”为价值内核的中国传统核心价值观，必然要科学对待人类文明发展进程中的一切有益成果，这是人类共同价值观进步的基本规律，也是各民族各国核心价值观进步的基本规律。

例如，在人文精神、价值理念和道德规范的发展史上，西方文化和中国文化就表现出了很大不同。以对人的德性价值和规范价值的认识为例，西方文化更加强调培养人的德性价值，强调要使人成为一个肉体与心灵和谐统一的道德上完善的人，古希腊道德哲学提倡“智慧、勇敢、节制、正义”四大美德，认为“知识就是美德”，强调知识与美德相统一。

在《欧洲伦理生活史》一书中，英国学者莱基将人的“德性价值”概括为四大类：一是严肃的德性，包括庄敬、虔诚、贞操、刚正等德性价值；二是壮烈的德性，包括勇敢、牺牲、忠烈、义侠、坚毅等德性价值；三是温和的德性，包括仁慈、谦虚、礼貌、宽和等德性价值；四是实用的德性，包括勤劳、节俭、信用、坚韧、谦和等德性价值，其对德性价值的认识前提是人与人的平等——“上帝面前人人平等”。近现代以来西方资本主义核心价值观和法治规范体系的建立均以“公民品德”为基点，以个体为本，强调个体的公共意志，以契约精神为道德基础，以契约关系为纽带，强调法治化和程序化，从而与资本主义所谓的民主政治与法治社会相适应。

我国传统价值观和道德规范则更加强调培养人的规范价值，凸显的是建立在所谓天定的血缘人伦宗法关系基础上的道德规范价值，所谓“君君、臣臣、父父、子子”“三纲五常”“三从四德”，提出智仁勇、忠孝廉耻、仁义礼智信、恭宽信敏惠、温良恭俭让等道德概念和范畴，其对规范价值的认识前提是人与人的等级——阳尊阴卑、男尊女卑——天定的人间秩序。我国传统道德对个人品德的重视，是一种臣民品德的规范传统，是人与人的等级，以社会为本，强调社会对个体的外在规范，与自给自足的自然经济和君主专制政治统治相适应。

此外，西方价值理念中的一些概念和范畴，含义明确清晰，人们容易理解、接受和践行，如“智慧、勇敢、节制、正义”的四大美德，资本主义核心价值观倡导的自由、平等、民主、法治、人权、博爱，法国哲学家安德烈·孔特-斯蓬维尔所著的《小爱大德》把礼貌、忠诚、明智、节制、勇气、正义、慷慨、怜悯、仁慈、感激、谦虚、单纯、温和、真诚、幽默、爱情等作为人类的美德。

我国传统价值观念中的一些道德概念和道德范畴，含义则比较模糊、多义乃至有歧义，其内涵较难以理解和把握。这种差别与现代法治所要求的含义明晰、规则明确的适应性及其对人类社会发展和文明进步的作用具有很大不同，需要相互借鉴，取长补短。

中华民族历来是一个主张和重视兼容并蓄、海纳百川、胸怀博大的民族，在漫长的历史进程中善于学习借鉴人类文明发展的有益成果，从而使博大精深的中华优秀传统文化成为人类文明的重要组成部分。只有在同世界各种文明的相互比较中，才能更加深刻、更加准确地概括其民族特色；只有在同世界各种文明的相互学习中，才能实现综合创新，推陈出新。

新时代传承弘扬中华传统文化必须正确对待人类的文明成果，必须放眼世界，以开放、包容、博大的胸怀，以发展的视角审视人类文明发展的共同成果、积极成果，一定要相互借鉴，取长补短，把真正反映人类发展需求的、先进的价值理念吸纳进来，积极进行价值观创新，丰富和发展社会主义价值体系，做到与人类文明发展趋势相一致。要科学对待西方文明中的优秀成果，积极吸纳其中的有益养分，丰富和发展中国传统核心价值观念。例如，传承弘扬“仁义礼智信”的中国传统核心价值观应积极吸收、借鉴西方道德文明中的人本理念和公民精神，同时把人类文明中的自由、民主、平等、博爱、合作、发展、和平等思想也充分吸收进来，取长补短，求同存异，使之更好地适应现代社会，并发挥其促进社会发展和文明进步的积极作用。

当然，在学习借鉴人类文明发展一切有益成果的过程中，要始终坚持文化的民族性主体性，坚持精神的独立性主动性，而不能不加区分、盲目地成为西方文化尤其是西方价值观念的应声虫，要坚决防止和抵制西方价值观对我国传统核心价值观尤其是对社会主义核心价值观的侵蚀和消解。如果没有中华文化自己的民族性主体性和中华民族精神的独立性主动性，我国在经济、政治、思想、文化、道德、制度等方面形成的独立性主体性就会被釜底抽薪，中国特色社会主义道路自信、理论自信、制度自信和文化自信就会缺乏历史根基和精神支撑。尤其是要避免把西方社会的糟粕吸收进来，避免“全盘西化”，特别要注意避免迷失价值观的方向，丧失对中国传统核心价值观和中华优秀传统文化的信心。

同时，传承弘扬“仁义礼智信”的中国传统核心价值观更要体现人类文明的发展趋势和共同价值追求，增强中国传统核心价值观在世界文明中的吸引力和影响力。一方面，我们应以开放的胸襟、创新的勇气对待中国传统核心价值观，推动其创造性转化，促进其创新性发展，面向世界、面向未来、面向现代化，使之符合世界文明发展方向，体现人类的共同价值追求；另一方面，应当珍视中国传统核心价值观这一历史遗产，在历史与现实、时代与未来的结合上，找到中国传统核心价值观深层的精神定位和文化根基，把它看作是强有力地影响当代人类文明的价值理念和道德因素，看作是社会主义核心价值观的重要源泉和历史根基，确立中国传统核心价值观在人类文明发展中的世界意义，在中国特色社会主义事业发展中的时代定位，使之站在世界文明发展的前列，引领世界文明发展的潮流。

五　科学区别中国传统核心价值观的原义、他义和今义

中华民族已经具有五千多年的文明发展历史，“仁义礼智信”的中国传统核心价值观的产生、形成和发展也历经了几千年，其结构、内容和功能随着历史发展和时代不同也屡有变化，可以说在不同的时代都有所不同。尽管对“仁义礼智信”的理解都遵循大体一致的逻辑起点、理论框架和论证结构，有着相似甚至相同的经济基础、上层建筑、问题意识以及思维方式，其人文精神、价值理念和道德规范在理论根源上彼此认同，但是在漫长的历史发展过程中难免发生许多变异。

新时代传承弘扬“仁义礼智信”的中国传统核心价值观必须结合新的时代要求，进行谨慎而细致的辨析工作，研究、分析、评估和创新其应有的时代价值，赋予其以新的时代内涵。例如，仅就“仁义礼智信”五个具体德目而言，就要明确“仁义礼智信”本来意义上的具体含义是什么，在漫长的历史发展进程中又发生了什么变异。如在先秦、在汉代、在宋明理学中是如何发展变化的？如何用新时代视野去观照“仁义礼智信”的时代含义？也就是要辨析中国传统核心价值观的原义、他义和今义。

所谓“原义”，就是指由我国先秦时期甚至上溯西周时期由周公、孔孟建立起来的，由董仲舒改造发展的，体现在儒家经典著作中的“仁义礼智信”的中国传统核心价值观的原始含义、本来意义和基本理论形态。

所谓“他义”，就是指在我国两千多年来的历史发展进程中，“仁义礼智信”的中国传统核心价值观由于对原义的修正、衍生乃至附会，其内涵、原则、规范在思想、政治和社会诸层面都发生了不同于原义的变化，

思想内涵和理论形态也有了变化。

所谓“今义”，就是指要以新时代新要求去观照我国历史上“仁义礼智信”的中国传统核心价值观的原义与他义，把历史与时代、民族与世界、现实与理想连接起来，对其进行创造性转化和创新性发展，赋予其一种包含时代意义、未来意义甚至世界意义的新诠释新内涵。

第四章

中国传统核心价值观的创造性转化

“仁义礼智信”作为我国传统核心价值观，虽然是与自给自足的自然经济相适应、为维护君主专制政治统治和社会等级秩序服务的，其精神实质包含了大量落后、过时、腐朽的封建糟粕，但其中也包含着人类文明中许多共同性、一般性、普遍性的有益成分和永恒价值，反映了人类价值认识中的许多价值共识，构成“仁义礼智信”的思想精华和道德精髓，完全可以在批判的基础上，根据新时代新要求予以传承弘扬，使之成为培育社会主义核心价值观的重要源泉，完全可以站在人类文明发展进步的时代前沿，从中国特色社会主义实践需要出发，把历史与时代、中国与世界连接起来，赋予其符合时代要求的新内涵新诠释，建构既与中国传统核心价值观相传承，为中华儿女所普遍认同和遵循，高度体现中国特色、中国风格和中国气派，又与社会主义价值本质相统一、与人类文明发展趋势相一致的社会主义价值体系。

一　传统“仁”德及其创造性转化

在“仁义礼智信”的中国传统核心价值观中，“仁”始终居于核心主导地位。孔子、孟子建立了一套以“仁”为核心的道德规范体系，董仲舒把“仁”置于“仁义礼智信”五常之首，朱熹则说，“百行万善总于五常，五常又总于仁”。“戊戌变法”六君子之一的谭嗣同认为“仁”是构成世界的“本体”和“原质”，并站在“仁爱”立场把“仁”和“礼”从“三纲五常”中剥离开来，又以“以太”为基础，熔儒、墨、道、佛、耶之学和西学于一炉重新阐释“仁”，既探索了“仁”的“古今贯通”问题，又探索了“仁”的“中外融合”问题，提出了著名的“仁学”。蔡元培先生则把“仁”看作是“统摄诸德完成人格之名”，把“仁”看作是一个统摄诸种价值观念和传统美德的总体性范畴。以“仁”为核心的中国传统价值观念体系和道德规范体系，对中国人的价值取向、价值理念、道德规范和道德人格，对中华民族的人文精神、思想意识、民族精神、民族心理与民族性格，都产生了深远影响。

（一）“仁”德的由来与发展

“仁”这一价值理念和道德规范，是由孔子和孟子等人在继承前人伦理道德思想的基础上提出来的。孔子继承和发展了唐尧、虞舜、夏禹、商汤、文武周公等关于亲亲、爱亲、爱人、仁民、以德配天、敬德保民、忠厚等“仁爱”思想，为处理好人与人之间的伦理关系而概括提升出来了“仁”这一道德概念，它是一个具有普遍意义的价值理念和价值原则，是先秦儒家思想的最高道德范畴。

1.“仁”德的根源

“仁”这一德目最早出自《尚书》，曰：“克宽克仁，彰信兆民。”意思是说商汤用宽恕仁爱之德，明信于天下百姓。《六经》上所讲的“仁”也就开始于此。所谓“仁”是指一种美好的品德，“予仁若考”。相传尧“克明俊德，以亲九族”。尧禅位后，舜为了改变“百姓不亲，五品不逊”的社会道德状况，命令契“敬敷五教”，“五教”之首为父子关系，要求“父子有亲”。也就是说尧和舜都以“爱亲”为“仁”的根本，“亲”乃为“仁德”之根源。商汤是契的后裔，也效法古圣先贤，在德行上以“仁”为体，以“宽”为用。《说文解字》将“亲”与“仁”二字互训，“亲，仁也”，“仁，亲也”。

春秋时期，孔子对“仁”这一德目作了深入系统阐述，把“仁”看作人生道德追求的一种最高境界，要求“志士仁人，无求生以害仁，有杀身以成仁”。他的学生有若指出，“仁”的根本在于“孝、悌”，曰：“孝悌也者，其为仁之本与。”孔子及其弟子将孔子“一以贯之”的“忠恕”之道体现于《孝经》中，“仁”德也是《孝经》道德思想的核心。在为《大学》作传时，曾子写道“一家仁，一国兴仁”，并认为“仁”指的就是忠、恕、孝、悌、慈、爱，包含“孝亲”的内容。

2.先儒论“仁”

在孔子之前，“仁”德或“仁爱”思想的提出是与氏族血缘宗族关系联系在一起的，谓“爱亲之谓仁”，“言仁必及人”“爱人能仁”。孔子所说的“仁”乃是对以往“仁德”思想的总结和发展，相传公元前522年孔子三十而立，开始创办平民教育，收徒讲学，以扶正摇摇欲坠的殿堂，改变“礼崩乐坏”的现实。孔子主张“有教无类”的教育思想：不分贫富，不分贵贱，不分老少，不分国籍，兼收并蓄。孔子垒土筑坛，并移来银杏树栽在坛边，谓为杏坛。孔子坐在杏坛上弦歌讲学、教弟子读书。孔子把“爱亲”看作“仁”德的本始，认为“君子笃于亲，则民兴于仁”。孟子解释说：“亲亲，仁也。”“仁之实，事亲是也。”孟子认为，“仁”作为一种道德观念首先是指“爱亲之心”，血缘的“亲子之爱”乃是“仁”德的心理情感基础。

在“爱亲”的基础上，孔子进一步把“仁”德的内涵扩展为“爱人”，“爱人”的对象大大超出了“爱亲”的范围，从而使“仁”获得了“泛爱”的性质。“樊迟问仁。子曰：‘爱人’。”孔子将“仁”由血缘宗亲的“爱亲”推广到社会普遍的“爱人”，不仅体现了“爱”由亲而疏、由近及远的量及范围的变化，而且体现了“仁德”的一种质的飞跃，这种“质”的变化就是表现为从“爱亲”到“泛爱众”，把由家庭的“仁爱”产生的血缘爱亲、家庭和谐扩大到血缘宗亲之外的人与人之间的社会“仁爱”、社会和谐。因此，孔子要求必须行“仁德”于天下，并且将“仁德”细化为“恭宽信敏惠”等具体道德规范。孔子认为，“仁者爱人”适用于“治民”就是“养民也惠”。“惠”德是“仁”德的五个具体德目之一，《说文解字》

训曰："惠，仁也。""仁惠"包括"富之""教之""因民之所利而利之""敛从其薄""使民以时"等。孔子谓子产曰："有君子之道四焉：其行己也恭，其事上也敬，其养民也惠，其使民也义。"（《论语·公冶长》）

孔子的"仁民""惠民"伦理思想是对周公"敬德保民""以德配天"仁德思想的重大发展，是孔子的"为政以德"政治思想的主要内容，并被孟子所继承，为孟子的"保民而王""发政施仁"的"仁德"思想提供了伦理基础。"仁"作为普遍的伦理道德原则体现了包含多层次的"爱"即"泛众爱"的道德要求。孔子用"爱人"定义"仁"德的内涵，进而又将"忠恕"作为实行"仁者爱人"原则的根本途径，也就是所谓的"仁之方"和所谓的"将心比心"。"仁者爱人"将"孝悌"与"忠恕"相统一，构成了孔子"仁德"思想的基本内容。孔子还提出要实行"爱人"的"仁德"必须"克己复礼"。"颜渊问'仁'。子曰：'克己复礼为仁。一日克己复礼，天下归仁焉。'"所谓"礼"即"理"，乃"固理之不可易者"，即正当性、合理性，所谓"复礼"就是恢复正当化、合理化，"为仁由己，而由人乎哉?'颜渊曰：'请问其目?'子曰：'非礼勿视，非礼勿听，非礼勿言，非礼勿动。'"孔子将"仁"德与"礼"德统一起来，目的是培养能够承担历史使命的"仁德"君子，要求君子不仅有"仁"而且有"智"、有"勇"。《中庸》曰："知、仁、勇三者，天下之达德也。"孔子则曰："知者不惑，仁者不忧，勇者不惧。"在孔子看来，"知"德比"勇"德更为重要，多以"仁、知"并举，曰："未知，焉得仁?"孟子则曰："择不处仁，焉得智?"后人也多以"仁且智""必仁且智"来赞誉孔子。孟子引子贡的话说："学不厌，智也；教不倦，仁也。仁且智，夫子既圣矣。"荀子曰："孔子仁知且不蔽……故德与周公齐，名与三王并。"《淮南子·主术训》曰："凡人之性，莫贵于仁，莫急于智。仁以为质，智以行之。"西汉董仲舒则在《春秋繁露》中直接以"必仁且智"为篇名作专题分析。

3.“仁”德的发展

汉代董仲舒在继承孔孟道德修养之道，折中荀子、韩非的治国方略基础上，以天人感应为依托，提出并系统地论证了作为我国传统社会核心价值观的“三纲五常”学说和“名教”观念，并把“仁义礼智信”作为道德总原则，宣称人间的道德规范来自天意，曰：“王道之三纲，可求于天。”并将“仁”居于首位，定义为“天心”。他说“霸王之道，皆本于仁，仁，天心，故次之以天心。爱人之大者，莫大于思患而豫防之”，主张“夫仁人者，正其谊不谋其利，明其道不计其功”。

唐代的韩愈则用“博爱”来界定“仁”，认为自孟子之后人们都曲解了“仁”的原义，而他对“仁义道德”的理解则与孔孟一脉相承。他说：“夫所谓先王之教者，何也？博爱之谓仁，行而宜之之谓义，由是而之焉之谓道，足乎己无待于外之谓德。”韩愈认为，“一视同仁”的“博爱”原则才是对孟子“亲亲而仁民，仁民而爱物”思想的准确表达。他不仅要求把“仁爱”施于中原诸国，而且还应该惠及于夷狄。但是，韩愈提出的“博爱”的道德原则并不像墨家那样主张“爱无等差”，而是必须以“亲亲而尊尊”为基本前提，他说：“圣人一视而同仁，笃近而举远。”韩愈在孟子提出的“仁民爱物”“仁者以天地万物为一体”思想基础上，用“博爱”来界定“仁”的内涵，对张载提出的“民吾同胞，物吾与也”，程颢提出的“人与天地一物也”“仁者以天地万物为一体”“仁者浑然与物同体”，朱熹的“理一分殊”说都产生了重要影响。

北宋理学的开山鼻祖周敦颐则以“阴阳”作为“立天之道”，以“柔刚”作为“立地之道”，以“仁义”作为“立人之道”，他在《周子通书》中说“立天之道，曰阴与阳。立地之道，曰柔与刚。立人之道，曰仁与义”，并创造性地以“生”释“仁”，以“成”释“义”，曰：“天以阳生万物，以阴成万物。生，仁也；成，义也。阴阳，以气言；仁义，以道言。”周敦颐把“仁”看作是“天”的功能与特性，认为“人极”之中的“仁”则是“天生化万物”的德性在人际伦常生活中的必然反映，“天之仁”就是“人之仁”，从而为“仁”建立了“无极”的本体论基础。他认为“仁”是人的内在本体之性，提出“以仁育万物，以义正万民”，他说：“故圣人在上，以仁育万物，以义正万民。所谓定之以仁义。天道行而万物顺，圣德修而万民化。大顺大化，不见其迹，莫知其然之谓神。天地圣人，其道一也。故天下之众，本在一人。道岂远乎哉！术岂多乎哉！”（《周子通书·顺化》）周敦颐还把“仁”看作是人的一种“爱之德性”，曰：“爱曰仁”，“君子悉有众善，无弗爱且敬焉”。

北宋著名改革家王安石以“仁义”为道德，认为“仁”与“义”是有机统一的，但是以“仁”为主导，他说：“道之在我者为德，德可据也。以德爱者为仁，仁譬则左也，义譬则右也。德以仁为主，故君子在仁义之间，所当依者仁而已。”在王安石看来，所谓道德就是“仁义”，在社会伦理范围内就是“仁义礼智信五常之全体”，他说：“不知仁义之无异于道德，此为不知道德也。”“仁义道德”的核心是“爱”，人们只能通过学习、修养去把握它，才能使它转化为人的内在德性，也就是学而心有所得，这就是“德”，这就是“爱”，也就是王安石所讲的“仁”。在阐发孔子的“志于道，据于德，依于仁”时，他说：“语道之全，则无不在也，无不为也，学者所不能据也，而不可以不心存焉。”王安石还试图从总体上把“仁”与“义”以及“礼智信”有机统一起来，建立起“仁义”及其“五常”体系，曰：“礼，体此者也；智，知此者也；信，信此者也。”（《临川先生文集·答韩求仁书》）王安石对“仁义礼智信”的阐发虽然并没有超越儒家伦理道德的基本范围，但是他在阐释“仁义”的具体内涵时则引发了一种功利主义的新义，进一步发展了“仁义”的道德内涵，从而使他对“仁义”的理解具有独特的思想个性和道德进步意义。

在阐发道德与物质利益即“义”与“利”的关系时，王安石提出了“政事所以理财，理财乃所谓义也”的观点，从而赋予了“义”以一种新的功利主义价值取向。在阐发“为己”与“为人”的关系时，王安石也给“仁”与“义”赋予了一种新的价值取向，认为如果只是像杨朱所说的

“拔一毛而利天下，不为也”的“为己”“利己”则是“不义”，如果只是像墨子所说的“摩顶放踵以利天下”的“为人”“利他”则是“不仁”，在他看来这是两种极端，是“得圣人之一而废其百者也”，都不是圣人的“仁义之道”。王安石明确提出“义”当为“利”服务的“义利观”，曰：“利者义之和，义固所为利也。”“由杨子之道则不义，由墨子之道则不仁，于仁义之道无所遗而用之不失其所者，其唯圣人之徒欤？”王安石以一种“天变不足畏，祖宗不足法，人言不足恤”的坚决态度表达了一位改革家顶住一切压力、排除一切阻力，坚定不移推行新法的无畏精神和坚强意志。

北宋理学家程颢、程颐在继承儒家“仁”德思想的基础上，以“理”释“仁”，以“道”解“仁”，把“仁”“理”“道”合为一体，初步奠定了理学的重要范畴——“仁”德，曰：“仁，理也。人，物也。以仁合在人身言之，乃是人之道也。”他们认为，所谓“仁”即“道”即“理”即“性”，“仁”“天道”“人道”不可拆分，“仁”与人的统一便形成“人道”，乃是人之为人、区别于动物性存在的根本。他们说：“仁即道也，百善之首也。苟能学道，则仁在其中矣。”他们一方面把儒家伦理道德抽象为宇宙的客观本体——“天理”，另一方面又将“天理”看作是儒家伦理道德的本原，进而用“天命之性”和“气禀之性”（“生之谓性”）的二重人性论以论证人的善、恶之根源。他们把“仁”看作是蕴涵着“善”的本体，是“善”的来源与发端，“善”是现象。一个人一旦领会了“道”就获得了“仁”，就自然会作出“善”的事情来。

程颢、程颐还以“生之性”“生意”“生理”释“仁”，认为“仁”来源于“天道”的“生生之理”，是人的本性，仁即性，性即理，从而把“仁”等同于“理”，“理”也不外于“仁”，从而将“仁”上升为心性本体。他们指出：“性即理也，所谓理，性是也。天下之理，原其所自，未有不善。喜怒哀乐未发，何尝不善？发而皆中节，则无往而不善。”他们要求人们“去人欲，存天理”，努力提升“格物致知”的修养功夫，才能保证“仁”德的实施。

在继承二程“仁”德思想的基础上，朱熹论“仁”既涉及“仁”之为“道”的一面，又涉及“仁”之为“德”的因素，“仁”的含义既指“天理”又指“天地生物之心”。他说：“仁者，人之所以为人之理也。然仁，理也；人，物也。以仁之理，合于人之身而言之，乃所谓道者也。”朱熹把“仁”看作是人之为人的本质规定。“仁”即“理”，即“天理”。在朱熹看来，“仁”又指“天地生物之心”，他说：“仁是天地之生气”，“生底意思是仁”，“仁恐是生生不已之意”，“人之所以为人，其理则天地之理，其气则天地之气。理无迹，不可见，故于气观之。要识仁之意思，是一个浑然、温和之气，其气则天地阳春之气，其理则天地生物之心”。他还深入阐发了“天理”与“仁义礼智”的关系，曰：“且所谓天理，复是何物？仁义礼智岂不是天理？君臣父子兄弟夫妇朋友岂不是天理？”“理便是仁义礼智。”

至我国近代，“戊戌变法”六君子之一的谭嗣同撰成《仁学》，借用物理学上的“以太”概念阐释“仁”，并融入西方资本主义的思想价值观念，赋予“仁”以“通”的含义。他说：“仁以通为第一义。以太也，电也，心力也，皆指出所以通之具。”谭嗣同还提出了“仁、不仁之辩，于其通与塞”，认为“通之象为平等”，所谓“平等”即“中外通”“上下通”“男女内外通”“人我通”，要求由“平等”达致一，“一则通”“通则仁”。

（二）“五常又总于仁”

宋代朱熹说：“百行万善总于五常，五常又总于仁。”这是朱熹对“仁义礼智信”的总体评价和概括。从“五常”在我国古代社会中的实际影响和社会作用来看，“仁义礼智信”是中华传统美德的核心价值观。“五常”之中，“仁”是核心。也有人以“仁义”为核心，但最后还是归于“仁”。

唐代韩愈提出“道统”说，认为儒家的伦理道德思想无非就是“仁义”二字。他说：“凡吾所谓道德云者，合仁与义言之也，天下之公言也。”北宋张载把“仁”看作是最高道德原则，认为“仁”的本质和核心内容是“泛爱”“不私己”，所谓“仁者爱人”，“视人如己”才是所谓真正的“爱人”。“仁”与“义礼智信”以及其他道德规范的关系是一种“体”与“用”的关系，“仁”为“体”，“义礼智信”为“用”，没有“仁”也就无所谓“义礼智信”，没有“义礼智信”，“仁”之本体也就失去了价值和意义。

王安石也用“仁义”二字来诠释道德，认为讲道德就是讲“仁义”，合乎“仁义”就是合乎道德、就是善，违反“仁义”就是违背道德、就是恶。在“仁”与“义”二者之间，王安石把“仁”居于主导和支配地位，认为“仁义”中又以“仁”为主，“德以仁为主”。对于“仁义礼智信”的关系，王安石认为“仁义”是体，“礼智信”都是“仁义”的表现，“仁”是“义”的基础，“义”是“仁爱”的适度，而“礼”则是“仁”的体现，“智”是对“仁”的认识，“信”是对“仁”的笃信不疑。人的道德从根本上受“仁”的制约，“仁”的具体化就是人的道德行为和道德品质。

总的来讲，在“仁义礼智信”的内在关系中，普遍认为“仁”总是起着统领、主导和支配的作用，“仁”是贯穿于所有道德规范以及道德规范体系的核心。

在中华传统文化中，关于道德的范畴有很多，如仁义礼智信、孝悌忠信、智勇信敬、礼义廉耻、智仁勇、恭宽信敏惠、温良恭俭让、慈孝友爱等。为什么在众多的道德概念和道德范畴中，唯独“仁义礼智信”被确定为“五常”而居于核心地位呢？在儒家看来，这五个道德范畴是最普遍的道德要求，其他道德标准虽然也很重要，但一般都只是针对某一方面的道德而言的，而“五常”是可以对所有人的。其中，“仁”是全德，可以与很多的道德范畴相配合，使“仁”的作用更为普遍和巨大。

在我国传统文化中，“仁”德本身的含义相当丰富，除“仁者爱人”这个基本含义之外，还兼有礼义勇、恭宽信敏惠、温良俭让等含义。这些道德概念虽然各具作用，但都是以“仁”这一最高道德原则为具体要素，也就是说“仁”为体，其他德目为用。要达到“仁”德的道德目标，首先必须符合其他礼仪道德的具体规范要求。

如“仁”与“义”，“义”是为了在实践中实现“仁”，“义”与“利”是相对立的两个道德范畴。孔子说：“君子喻于义，小人喻于利。”（《论语·里仁》）就是说有道德的人以“义”为先，而无德行的人则以利为先，儒家道德观认为，当“义”与“利”发生矛盾时，应以“利”服从“义”为原则，即个人利益服从于道义原则。

再比如“仁”与“礼”的关系，孔子一方面主张人们知礼守礼，但是另一方面，他又认为如果离开了“仁”就谈不上“礼”。他指出：“人而不仁，如礼何?”在孔子看来，“礼”只是“仁”的外在规定性，即行“仁”必须要求做到“非礼勿视，非礼勿听，非礼勿言，非礼勿动”，欲达到“仁”，就必须遵守社会道德规范，严格约束自己。

又如儒家思想把“温良恭俭让”看作是“仁人君子”为人处事的重要道德规范和道德规定，“恭宽信敏惠”五种美德是“仁人君子”的道德标准，认为为人庄重就不会受到侮辱，为人宽厚就会得到大众拥护，为人诚实就会受到别人信任和重用，为人勤敏就会工作效率高、贡献大，为人慈惠就能调动别人的积极性。孔子还非常喜欢刚强果断、直道而行的风格。他说：“刚、毅、木、讷近仁。”他反对巧言令色的作风，认为这很少包含“仁”的品德。

同时，依据儒家的道德观点，“仁”德落实到不同的人身上具有不同的道德要求，比如君之“仁”是“惠”，臣之“仁”是“忠”，父之“仁”是“慈”，子之“仁”是“孝”，“仁”体现在“君臣父子”身上的具体道德标准就是“惠忠慈孝”。因此，《礼记·礼运》曰：“父慈、子孝、兄良、弟悌、夫义、妇听、长惠、幼顺、君仁、臣忠。”“仁”在不同的人身上所表现出来的这些道德标准和要求，说明“仁”与其他各种道德都有着联系，而且“仁”是这些种种具体的道德标准中居主导地位的核心道德。

（三）赋予“仁”以新的时代内涵

“仁”作为中国传统核心价值观中一个统领性、主导性和支配性的价值理念，是中华民族传统价值体系和道德规范体系的逻辑起点。从孔子提出的“仁者爱人”“泛众爱”到孟子提出的“仁民”“爱物”，从谭嗣同主张的“仁为天地万物之源”到孙中山提出的“博爱”，直到中国共产党人提出的我国社会主义道德建设的核心“为人民服务”，从邓小平提出“三个有利于”、江泽民提出“始终代表中国最广大人民的根本利益”、胡锦涛提出“以人为本”、习近平提出“以人民为中心”的发展理念，我们能找寻到贯穿于其中的一条“仁”的主线，即大仁大爱、爱人民的深刻思想内涵。可以说，“仁”德所蕴含的仁爱和谐的宽广情怀，是中国传统核心价值观留给中华民族宝贵的价值资源和精神财富，是新时代培育和践行社会主义核心价值观的重要源泉与历史依托。

“仁”德在中国传统核心价值观和中国传统道德规范体系中居于统领地位。结合新时代要求讲“仁”，应以共同发展、社会和谐、生态文明为目标，在全社会大力提倡对他人、对社会、对自然的爱，大力提倡人与人之间的平等相待、友好相处、团结互助，大力提倡人道主义精神和慈善精神。其主要内涵包括仁爱宽容、平等人道、和谐合作，核心思想应该是“仁爱慈善”。

1.仁爱宽容

我国传统文化中的“仁”德将宇宙看作是一个整体，将“天、地、人”看作是有机的统一体，主张善待其中的一切事物，其中最主要的内涵是包含着人对同类生命的同情和关怀。任何时代提倡“仁”德中所具有的“仁爱宽容”精神，都有利于融洽社会成员之间的关系，增进人与人之间的亲善，维护社会和谐。所谓“仁爱宽容”，就是对他人、对事物怀有一种“仁爱”之心，在家庭关系、人际关系、社会关系中彼此友爱、相互关怀、相互体谅甚至体贴，将自己与他人、与社会紧密联系在一起，即做到我国传统道德规范所要求的“宽”，做到待人宽厚、严己宽人、胸怀宽广，不念旧恶、不苛求他人。习近平总书记提出的人类命运共同体意识、中华民族共同体意识，都体现了这种博大的“仁爱”精神。“仁爱宽容”是

“仁”的基本内涵，是仁爱慈善的原始含义的扩展。它包括了仁者爱人与宽容他人两个方面的含义。

（1）仁者爱人

仁者爱人包含两个方面的基本内容：一是仁爱亲亲，二是仁爱他人。“仁”的最初含义就是“亲亲”，所谓“亲亲为仁”，曰：“仁者，人也，亲亲为大。”孟子说：“亲亲，仁也。”“仁之实，事亲是也。”我国古代最初之所以把“亲亲”作为“仁”的基础含义，是因为在我国历史上以“亲亲”为基础的血缘关系一直是人的一生中最基本的关系。以家庭和血缘为主导的内亲与衍生的外戚的爱，也就成了“仁”的原初含义。“亲亲”不仅是“仁”最基础的含义，也是“仁”得以实践的内在心理依据。古人认为，爱亲是爱人的基础，如果离开了爱亲，“仁”就成了无源之水、无本之木。只有能够爱亲，即孝父母、敬兄弟、抚子女，才有可能做到慈爱他人。把“仁”建立在爱亲的基础之上，实际上也就是把爱人建立在一种自然的情感基础之上，这样就使“仁”具有了一种天生的亲和力，为仁者爱人奠定了心理基础与可能性。

“仁爱他人”则意味着仁从“爱亲”走向了“爱众”，从家庭走向了社会。“仁者爱人”的思想首先是经过孔子而得到阐释的，孔子把“爱人”看作是“仁”的核心内容，也是最高道德原则，“仁”的意思就是要爱他人，这里的他人已不仅仅是亲人，还包括邻居、朋友，甚至是陌生人。从人的血缘“亲亲”情感出发，孔子推导出“仁者爱人”的结论，从而使“仁”的内涵超出了血缘宗族关系的有限性和局限性，把“仁者爱人”的范围从“仁爱亲亲”扩大到“仁爱他人”，即“泛爱众”，由血缘、家庭、家族、宗法关系中的“爱亲”走向社会关系中的“爱众”。这种由“爱亲”到“爱众”范围的扩大与实践，大大拓展了“仁”德的含义。此外，孔子说的“仁者爱人”还包括能“恶人”的内涵。孔子并不主张无原则地爱一切人，而是倡导“爱人”的同时也能“恶人”。他认为，只有具备仁德的仁人，才能够喜爱应该喜爱的人，厌恶应该厌恶的人。厌恶不“仁”德的人，他本人是行“仁”德的，只是不使不“仁”德的东西加之于自己身上罢了。孔子的这种“仁者爱人”思想即使在今天也具有十分重要的现实意义。

孔子阐发的“仁者爱人”的道德命题，使社会伦理关系进入了广阔的社会领域，突破了血缘宗族的狭隘家族领域，使家庭伦理转变成社会伦理。孔子采用“仁”德的道德原则和道德方法对待一切人的道德思想，奠定了我国传统“仁道”的思想基础。“仁者爱人”所包含的“爱亲”和“爱众”的思想，经过汉唐儒学的发展以及宋明理学的深化，获得了更加广泛的含义。“仁”所要求的爱，被推广到爱邻邦、万物，甚至爱宇宙整体，使“行仁”成为一种至高的精神境界。中华民族所具有的“天人合一”“民胞物与”“协和万邦”“睦邻友好”等价值理念都与“仁”相联系。一般而言，作为一个普通常人，要把这种由“仁”所生的爱施之于亲，施之于父母兄弟妻子，也许不是一件很困难的事情，但是要把这种爱无条件地给予他人，甚至是陌生的他者，要把这种爱施之于宇宙万物、芸芸众生、花鸟草虫、飞禽走兽，其难度则是可想而知的。那么，我们怎样才能使自己成为一个行仁施爱的仁者呢？

儒家认为，最根本的就是要提高自己的道德修养和道德品味。为“仁”必须由己。要行仁施爱，最根本的就是要先从自己做起。如果自己不能去仁爱他人，又怎么能指望他人对自己仁慈呢？只有自己具有一个仁爱慈善之心，关爱他人，心中有他人，才有可能在关键时刻得到他人的帮助。孔子认为，一个人能否成为有“仁”德的人，关键是自己能否努力去实现“仁”，他说：“为仁由己，而由人乎哉？”“君子求诸己，小人求诸人。”孔子还对一个人成就“仁道”作了一个现象比喻，他说一个人的“仁德”修养就好比用土平地，即使才倒下一筐，如果要前进那是自己要前进的；也像积土成山，本来只差一筐土就堆成了，如果停下来那是自己停下来的，换言之，就是“行百里者半九十”。孔子还对冉求说，假若是力量不足也得走到半路再停下来。因此，要想有好的“仁”德修养，必须要靠自己的坚持。由此出发，孔子强调提高道德修养与仁爱慈善之心，要靠个人发挥自己的主观能动性，主张严以律己，宽以待人。

在儒家看来，“克己修身”之所以是提高道德修养与自觉行仁施爱的第一要求，不仅仅是因为行“仁”必须从自己做起，更重要的是我们要控制与克服自我的欲望膨胀，否则就无法去行“仁”，无法去博施“仁爱”。因为人是有欲望的，这种欲望在一定的限度内是合理的，也是个人生存与发展的必要条件，如最基本的衣食住行。但是，由于人的欲望总是无限的，如果没有力量来控制自己，那么欲望就会不断地膨胀，永远也得不到满足，于是只能不断地去占有。在极端情况下，这种占有就可能去损害他人，去损公肥私，去贪污贿赂，最终不但没有施仁爱于他人，反而给他人、国家与社会带来了祸害。而要控制这种无限的欲望，除了用外在的法律制度与规范外，就是要挖掘个体内心的道德自觉，使个体在认识到这种无限欲望的危害后能够用理性来克制自己，用良心来战胜自己心中的恶念。

在中国历史上，很多先贤都是克己修身、反躬自省的典范。比如西晋时的周处，在年轻时因为自己体力过人和骑射超群，又纵情肆欲、横行乡里，被乡人视为巨大祸害。但是当一位德高望重的老者告诉他乡人把山上的猛兽、水里的蛟龙与他并称为“三大祸害”时，周处便反省自己以前的所作所为，从此注意克制自己，发奋好学，磨砺意志，树立讲仁义的志气，培育讲忠信的品格，并入山斩猛兽，下水擒蛟龙，痛改前非，终于建功立业。清代康熙年间的郭琇，在做吴江县令时，因为贪污而受到弹劾，此后他发誓改过自新，叫差役用水冲洗公堂内室以示决心，后来果然成为一名为官清廉、不畏权贵的好官，在任御史期间，曾参劾大学士明珠等人。

要做到克己修身、反躬自省，看起来很简单，但是要真正实践起来，却不是一件容易的事。孔子在总结自己一生求“仁道”、行“仁德”的历程时说：“吾十有五而志于学，三十而立，四十而不惑，五十而知天命，六十而耳顺，七十而从心所欲，不逾矩。”就是说，孔子十五岁就有志于学问；三十岁懂礼仪，说话做事都把握尺度；四十岁掌握各种知识，遇事而不致迷惑；五十岁得知天命；六十岁能听进逆耳之言，或者说听到别人言语便能分别真假、判明是非；七十岁说话办事不越出规矩，随心所欲。正是因为修身之路如此艰难，所以才需要不断地努力，不断地提升。可以说，人的一生是一个道德修养水平不断提升的过程，只有经过自己的主观努力，克己修身，反躬内省，并且不断地向他人学习，取长补短，才有可能真正达到道德修养的最高自由境界——“从心所欲，不逾矩”。

（2）宽容他人

“仁”德中关于宽容的思想，主要包括两个方面：

一是宽容他人，要求我们用宽容宽厚的精神来处理人际关系，它发轫于孔子仁学中关于“忠恕”之道的思想；二是要求治国者应该实行一种宽政，为政以仁，它主要发轫于孔孟关于“仁政”、德政的思想。

“忠恕”之道本来是孔子关于行仁施爱的方法论。所谓“忠恕”之道，一是指“己所不欲，勿施于人”，二是指“己欲立而立人，己欲达而达人”。在概括孔子一以贯之的“道”时，孔子的学生曾子说：“夫子之道，忠恕而已矣。”“己所不欲，勿施于人”作为“忠恕”之道的道德要求，提倡的是不要把自己的认识、想法与见解、观念强加给别人，能够站在他人的角度和立场思考问题，其内涵是平等待人、尊重他人，善于推己及人，体现的是一种“平等人道”精神；“己欲立而立人，己欲达而达人”作为“忠恕”之道的道德要求，提倡的是要关心人，善于成人之美，美美与共，体现的是一种“仁爱宽容”精神。用现在的话说，“忠恕”之道的核心思想，就是两种精神，一是“平等人道”的精神，二是“仁爱宽容”的精神。

孔子明确地把“恭宽信敏惠”作为行“仁”的五个德目，其中“宽”就是指一种宽容的精神与道德修养。在孔子之后，还有很多思想家对这种严以律己、宽以待人的宽容精神进行了阐释与发挥。

如《汉书·陈汤传》说："记人之功，忘人之过。"唐代韩愈说："古之君子，其责己也重以周，其待人也轻以约。"要求人们严格责己，宽厚待人。晚清重臣曾国藩也有"厚者，恕也，仁也"的话。这些思想的内核，都是要求仁者宽人。平等宽容精神是人与人之间交往的起码道德要求，它提倡人与人之间的互相尊重、宽容包容以及相互关心、友爱互助，在构建和谐社会中具有重要意义。

纵观中国历史，可以发现，很多成大事者，都是严以律己、宽以待人，自觉践行"恕道"的典范。三国时吴国丞相陆逊，胸襟开阔，能善待反对自己的人，被孙权视为长者。同时代的蜀国丞相蒋琬，为人处世讲究恕让，其宽宏的气量，一直传为美谈。

据《三国志》记载，督农官杨敏曾私下与人议论蒋琬，认为他做事糊涂，能力不如诸葛亮。蒋琬知道后，不仅没有恼怒，反而承认自己确实不如诸葛亮，并诚恳地表示自己要努力提高水平。后来杨敏因罪入狱，落到蒋琬手中，人们以为蒋琬会借机重惩杨敏，可是蒋琬却没有任何报私仇的举动，而是秉公办事，对杨敏的处罚合理公正，受到时人与后人的高度称颂。北宋文穆公吕蒙正，宽厚质朴，不计有人无端指责之过，也受到后人的称赞。他们所表现出的恕让精神和宽容精神，至今仍为人们津津乐道，成为处理人际关系的传世佳话。

"仁政"、德政的思想，也是"仁"德中关于仁爱宽容思想的重要内涵，同时也可以看成是宽容精神在政治领域的实际应用。孔子主张，治理国家应该"为政以德"，以德治政，宽厚地对待人民，反对苛政。"为政以德"主张实行仁政、德政，既是以孔子为代表的儒家思想的治国方略和为政原则，也是儒家对为政者道德境界的一种要求。孔子认为，用政治法律来训导、用严酷的刑罚来对待人民，人民只会暂时免于犯罪，却不会有廉耻之心；而运用道德礼教的办法来引导人民，不但会培育人的廉耻之心，而且还会人心归服。因此，只有宽厚地对待人民，才会得到人民拥护。他说："道之以政，齐之以刑，民免而无耻；道之以德，齐之以礼，有耻且格。”

孔子反对统治者一味地用杀戮的办法来维护统治，认为统治者用刑罚政令要特别谨慎，并且希望有朝一日，完全消灭诉讼之事。这实际上是抨击居上不宽、为政不仁的专制统治，提倡尊贤容众的宽厚态度。同时，要天下大治，执政者自身就要有表率万民之德。就是说，只有为政者具备了从政治国的良好形象，具备了优秀的品德和修养，才能担当起治国治世的神圣使命。这要求从政者要具有崇高的道德品质、道德人格和道德境界，亦即执政者要具有个人道德魅力。

在孔子之后，孟子对宽容精神在政治领域的运用进行了拓展，认为统治者应该实行一种宽容宽厚的政治，省刑罚，薄赋敛，不违民时，给人民以从事生产的时间与闲暇，使人民安心生活。例如善国的文公台，位于今山东省滕州市，为战国时滕文公所筑。滕文公曾问政于孟子，并按照孟子“政得在民”的主张，施善政、行仁义，政绩卓然于泗上十二诸侯之上，因此滕国被誉以“善国”美称。

在中华民族几千年历史中，有无数生动的事例从正反两方面说明了为政以仁和实行宽政、德政对于政治稳定和社会和谐的重要性。秦始皇以武力统一天下，第一次在中国历史上建立了大一统的帝国。但是，马上得天下，焉能马上治天下？由于统治过分残暴与严厉，以严刑峻法取代道德教化，最终秦王朝二世而亡。而为政以“仁”，实行德政、宽政，则保社会平安，国家富强。

据《史记》记载，西汉文帝刘恒在位期间，严于律己，以德化民，因此国家殷实，开创了中国历史上著名的“文景之治”。唐太宗李世民则以民为水，以己为舟，“去奢省费”；宋太祖“孝友节俭”，“不事矫饰”，都是中国历史上行仁爱民、以宽治国的光辉典范，被后人称为明君贤主。历史证明，政宽则民安，政严则民猛。一个国家、一个社会只有让人民有一个宽松、和谐、安逸的环境，才能保持稳定与长远发展。

2.平等人道

中国传统“仁”德主张人与人在人的生命价值上是平等的，同时又重视民意、民生和人民的重要作用。根据新时代新要求赋予“仁”德以“平等人道”的时代内涵，对自我与他人关系的和谐、人际关系和社会关系的和谐具有重要意义。所谓“平等人道”，就是主张人与人之间的平等，主张人的生命价值的平等，注重人文关怀，强调以人为本，提倡人人多为别人、为社会奉献爱心的“慈善”精神和“博爱”精神，建立一种人与人之间的人人平等、团结友爱、互相扶持、互相体谅的平等互助关系。“平等人道”包含三个方面的内容：

一是平等待人的平等精神；

二是以民为本的人道精神；

三是博爱天下的博爱精神。

（1）平等待人

在孔子的“忠恕”之道中，还体现了一种平等精神。“忠恕”之道主张的“己欲立而立人，己欲达而达人”和“己所不欲，勿施于人”，内含着一种尊重他人的平等态度，内在地承认人的一种平等性，承认人与人的生命价值是平等的，要求人们“推己及人”，把他人当作与自己相同的人看待，而不把自己的意志强加于人，做到“将心比心”。同时，它也肯定了人的某种同一性。“恕，如心也”，也就是说，人们的思维具有同一性，所谓人同此心，心同此理。

承认人与人之间具有同一性、平等性，是一个十分具有现代意义的思想观念。任何形式的平等主义主张都必须以人的同一性、平等性为先决条件，都必须以人的生命价值平等为前提，否则人的平等就没有理论与逻辑上的依据。长期以来，我们的文化传统中有一种忽视人的同一性和平等性的思想倾向，如关于“劳心劳力”的主张、“性品论”等。而“恕”所体现的人同此心、心同此理，实际上是对这种看法的否定，主张人的平等性，主张平等待人。

（2）以民为本

以民为本所体现的，是“仁”德思想中的人道精神。它主要是针对治国者所提出的一个政治主张。孟子认为，人民与土地一样，是一个国家的核心组成部分。国无民不立，如果一个国家没有了人口，就不能称其为国家。不仅如此，人民还是统治者衣食的来源，是统治者生命维系的根本保证，民心向背是统治能否得以维持的依据。我国古话讲“皇天无亲，唯德是辅”，“天听自我民听，天视自我民视”，认为只有得民心者方能得天下。“民为贵，社稷次之，君为轻。”孟子的“以民为本”思想，就是把人民放在第一位。

一个国家、一个政权，如果不以民为本，而视百姓如草芥，一味地盘剥压榨，最终都无法维系统治，必定会失败。“以民为本”的思想，虽然与今天我们所说的民主思想、以人为本思想还有一定的区别，但它所蕴含的重视民意、民生和人民作用的思想，以及它所体现的人文关怀，对今天构建和谐社会，建立人与人之间的团结友爱、互相扶持、互相体谅的平等互助关系具有现实意义。

（3）博爱天下

博爱精神是“仁”德中平等人道精神的重要内涵。唐代韩愈明确将“仁”德的道德内涵拓展为“博爱”。他说：“夫所谓先王之教者，何也？博爱之谓仁。”韩愈认为，这种“博爱”不仅仅是对同胞的热爱，还应该施之于夷狄与禽兽，从而把“仁”所蕴含的“爱”作了进一步的深化与推广。

韩愈之后，宋明理学的重要代表人物程颐对“仁”德中的博爱思想又作了进一步的发挥。他说“仁者，以天地万物为一体”，认为一个真正的仁者应该做到与天地万物为一体。同一时期的思想家张载则明确提出了“民吾同胞，物吾与也”的思想，把天下所有的人都看作是兄弟同胞，天下万物都是同伴朋友，把“仁”所包含的爱推广到宇宙万物苍生，而行仁者最后则达到一种与万物为一体的精神境界。这种把“仁”所蕴含的“爱”博施于宇宙苍生的观点，对今天具有重要启示意义。

当今时代讲社会和谐、讲可持续发展、讲生态道德和生态文明建设，就是要实现人与人、人与万物的和谐，对自然万物也要有一种仁爱关怀之情，持一种人道主义精神。这正是“仁爱”博施于万物的体现。

3.和谐合作

中国传统“仁”德还主张“和而不同”，认为对人的不同意见和不同群体的利益应予以承认和宽容，强调和平共处、共生共赢，这包含了一种“和谐合作”的积极价值观念。孔子曰：“君子和而不同，小人同而不和。”何晏解释说：“君子心和然其所见各异，故曰不同；小人所嗜好者同，然各争利，故曰不和。”所谓“和谐合作”，是指人与人之间要友爱互助也要合作发展，相互支持，人人为我、我为人人，以实现人与人、人与社会、人与自然之间的和谐共处和共同发展。儒家甚至把这种“和谐合作”的主张推广到国与国、民族与民族之间甚至整个“天下”、整个世界的共同价值目标。用今天的话说，就是要增强共同体意识、整体意识乃至全球意识。

当今世界，人与人之间、国与国之间、民族与民族之间虽然存在激烈竞争，但是人类社会要继续生存、共同发展下去，必须树立一种合作共赢、共同发展的共同价值理念。“和谐合作”作为“仁”德新的时代内涵，是与人类文明的和平发展、合作共赢趋势相一致的。无论是“仁”德中关于仁爱慈善、亲亲爱人的思想，还是“仁”德中关于“为政以仁”，以及“仁”即博爱的思想，都蕴含着和谐合作的意味。爱亲与爱人，意味着要把矛盾控制在一定的限度之内，不要使矛盾过于激烈而导致矛盾双方发生激烈的对立与冲突。

仁爱慈善、亲亲爱人，实际上就是一种追求和谐，追求家庭关系、邻里关系和睦的精神；为政以仁、以民为本，则在政治上更充分地体现了追求和谐与合作的精神。所谓为政以仁、以民为本，说到底，无非是要求治国者与人民达成和谐。从总体上看，“仁”德关于“和谐合作”的道德内涵主要体现在三个方面：一是追求家庭的和谐合作，二是追求社会的和谐合作，三是追求“天下”也就是全世界的和谐合作。

（1）和谐家庭

家庭是一个以血缘伦理关系为基础的实体，中国传统文化十分强调家庭在人的一生和社会中的重要作用，个人的成长发展和社会的发展稳定都依赖家庭。但是，在传统中国，家庭关系实际上又是一种十分不容易处理的关系，因为传统家庭是一个包含着父母、兄弟、姐妹、妯娌、叔伯以及姑嫂，甚至祖孙几代等在内的大家庭，要处理这样一个大家庭的关系，其复杂程度可想而知。正是因为这些关系复杂而难以处理，在中国古代，有相当一部分学问实际上就是处理这些关系的智慧，而且这些学问也往往被视为真正的学问。“仁”德的最初出现，正是处理这些关系的学问。这些学问中的核心，就是教导我们要追求家庭的和谐，最根本的就是要仁爱亲亲。

比如子女对父母要爱、要孝，而父母对子女要养、要教，这样父母和子女之间的关系就可以和谐了；兄弟之间，要恭要敬，这样兄弟之间的关系就可以和谐；至于妯娌、叔伯以及姑嫂之间，也是如此。“和谐家庭”最关键的就是要“亲亲”，要做到心中有亲人、有家人，行动中以礼来规约自己，不违背父母的意愿。如果对父母不养不爱，对兄弟不亲不恭，甚至处处算计，老而不养，贫而不交，家庭就不可能和谐。家庭如果不和谐，社会也就难以和谐。

（2）和谐社会

我国传统道德中的“仁”德不仅追求家庭伦理关系的和谐，更追求社会关系的和谐，它要求人与人之间尽量以处理家庭关系的准则来处理社会关系。正因为如此，传统中国也往往把一切社会关系复制成家庭关系。如把与父亲同辈的人称呼为叔叔或者伯伯，把比自己年龄稍大的人称呼为哥哥，即使这些人与自己没有任何血缘关系。“仁者爱人”正是着眼于处理人与人之间的社会关系，是为了构建和谐的社会。它要求即使是没有血缘关系的人之间，也应该做到互敬互爱，同时要求人与人之间应该尽量宽容宽厚，不走极端，不要把关系搞僵，要宽恕他人、体谅他人，这样就能使整个社会保持一种和谐状态。

今天的社会与传统社会虽然已经大不相同，但是，宽容他人的精神，关爱他人的品格，仍具有十分现实的意义。“和而不同”，可以说是一种典型的追求和谐与合作的思想。这种思想和智慧，肯定事物之间的差异性与独立性，但是，这种差异性与独立性不应成为合作的障碍，而是各种事物应该相互配合，协调发展，相互取长补短。

（3）和谐天下

我国传统道德中的“仁”德在追求人与人之间的和谐、追求家庭伦理关系的和谐和追求社会关系和谐的基础上，进一步扩展到追求国家与国家之间、民族与民族之间以及人与自然、天地万物之间的和谐。唐代的韩愈将“仁”拓展为“博爱”，使仁爱具有了一种广阔的视野与胸襟，成为一种真正意义上的“大仁”，即我们所说的和谐天下。

“和谐天下”首先是国家之间、民族之间的和谐。放眼当今世界，全球化的深入发展和信息社会的到来，使得不同国家、不同民族之间的交往和联系达到了前所未有的水平，同时，它们在经济、政治和文化等各个领域的竞争也日趋激烈。在现代社会新的国际关系背景下，人类要继续生存发展下去，要实现世界和谐，可以从中国传统核心价值观中充分吸取“仁”德的思想精华和道德精髓，形成和谐合作、博施济众和合作共赢、共谋发展的共同价值理念。新时代，我国在外交政策上始终坚持和平发展合作、反对霸权主义和强权政治，发展与世界上各个国家及其人民的友好合作关系，倡导构建“人类命运共同体”，这不仅是我国传统核心价值观中“仁”德的重要体现，也是与人类文明的发展趋势相一致的。

在现代意义上，“和谐天下”还包括人与自然之间的和谐。古人云：“仁者，以天地万物为一体。”在中华民族的价值理念中，自古以来就追求人与天地间万事万物的和谐相处，内含着人与自然和谐共处的价值追求，主张人类应该“道法自然”，尊重自然规律、爱护自然环境。

新时代，我国建设社会主义生态文明，其主要内容就是人与自然的和谐相处。我国提出要加快建设资源节约型、环境友好型社会，提出“既要金山银山又要绿水青山”，建设社会主义生态文明，就是要在全社会实现有利于环境保护的生产方式、生活方式和消费方式，建立起人与自然环境之间的良性互动关系，实现人与自然之间的和谐共处与人类社会的可持续发展。建设资源节约型、环境友好型社会，建设社会主义生态文明，不仅事关中国特色社会主义事业发展的全局，事关经济建设、政治建设、文化建设、社会建设和生态文明建设“五位一体”的总布局，而且还将对解决全球面临的共同的生态环境问题、构建人类命运共同体、维护人类社会的可持续发展作出巨大的贡献，具有重要现实意义和深远历史意义。这不仅是对我国传统“仁”德中“博爱”思想的现代阐释和发展，而且也将为人类文明宝库增加一笔宝贵财富。

二 传统“义”德及其创造性转化

在中国传统核心价值观中，“义”德与“仁”德一样起着重要的支撑作用。“义”德作为主导性的价值理念、道德观念和道德原则，深深地融入了中华民族的价值体系和道德规范体系，是我国传统社会中具有普遍而崇高道德意义的价值追求，成为选择人间正道的道德准则和道德规范。在中华民族几千年的文明历史发展过程中，人民群众不断地从生活实践中丰富和深化着“义”的价值内涵，无数仁人志士则更是把实现“义”的道德要求当作人生的最高道德境界，强调明大义、崇大义、行大义。正如诸葛亮所说：“孤不度德量力，欲信大义于天下。”在现代社会“义”代表着正义、公正、公平等丰富内涵。

（一）“义”德的由来与发展

“义”德作为我国传统核心价值观的一个重要价值理念和道德规范，

是由春秋战国时期的孔子、孟子、管子等人在继承和发展商周时期道德思想的基础上，概括提升发展而来的。

早在商周时期，我国就重视正义、公平、无私、尊贤、禁民为非等侧重于处理夫妇关系和君臣关系的价值标准和道德规范，目的在于维护和实践“仁”的最高价值理念和道德标准，因而往往“仁义”连用。

有一种解释说“义”最初是指男女婚姻关系中的“夫妇大义”：“《象》曰：女正位乎内，男正位乎外。男女正，天地之大义也。”也有一种解释说“义”德起源于人的仪表，“义，己之威仪也。从我从羊”。有人注释：“古者威仪字做义，今仁义字用之。仪者，度也，今威仪字用之。宜者，人所宜也。今情谊字用之。郑司农注《周礼·肆师》：‘古者书仪但为义，今时所谓义为谊。’……义之本训谓礼容各得其宜，礼容得宜则善矣。故《文王》、《我将》、《毛传》皆曰：‘义，善也。’”

“义”字“从羊”，意思是说“羊”在六畜中主给膳，羊肉为美食，羊的皮毛可制作为美服，羊性情温顺善良，象征着美好，因此我国的文字“美”“善”等均从羊，而“义”与“美”“善”同义；“义”字“从我”则意味着追求美好、善良之意，逐渐发展为人际交往的友谊和追求美好、善良的道德需要。

孟子继承了孔子的“贵仁”思想，但不再突出“礼”对“仁”的重要意义，而是格外凸显“义”德对“仁”德的重要意义，以“仁义”并举，赞美“舍生而取义”。孟子首先把“仁义”定义为“亲亲”“敬长”，曰：“亲亲，仁也；敬长，义也。”并说：“人人亲其亲，长其长，而天下平。”孟子把“义”解释为“人的路”，也就是人的“正道”“正路”，人们如果放弃“正路”“正道”不走，就会丧失良心，就不可能达到“仁”。他说：“仁，人心也；义，人路也。舍其路而弗由，放其心而不知求，哀哉！”“仁，人之安宅也；义，人之正路也。旷安宅而弗居，舍正路而不由，哀哉！”因此，孟子要求人们“居仁由义”“求其放心”，提出了以“仁义”为主体的“仁义礼智”四种德目相统一的价值体系和道德规范体系，并在孔子提出的“君君，臣臣，父父，子子”基础上进一步提出了“父子、君臣、夫妇、长幼、朋友”等五种道德关系来说明“人伦”范畴，也就是把“五伦”作为“仁义”之道的伦理前提。他说：“人之有道也，饱食、暖衣、逸居而无教，则近于禽兽。圣人有忧之，使契为司徒，教以人伦：父子有亲，君臣有义，夫妇有别，长幼有叙，朋友有信。”（《孟子·滕文公上》）

孟子认为，“仁义礼智”乃是所有人都应该具备的道德心理和道德要求，所谓“仁”就是“不忍人之心”或“恻隐之心”，他还给“仁”下了一个非常广泛的定义：“仁者爱人”；所谓“义”就是“人皆有所不为，达之于其所为”，或曰“羞恶之心”。他说：“恻隐之心，人皆有之；羞恶之心，人皆有之；恭敬之心，人皆有之；是非之心，人皆有之。恻隐之心，仁也；羞恶之心，义也；恭敬之心，礼也；是非之心，智也。”在与墨家论战的过程中，孟子强调应把“义”作为“爱人”的界限，要求人们对自己和他人的不当（非义）行为报之以羞耻和憎恶的态度，即“羞恶之心，义也”，目的在于区别他人与自我的行为是不是应当的，从而使“人皆有所不为，达之于其所为”，也就是达到“义”的要求。

荀子则认为：“义之所在，不倾于权，不顾其利，举国而与之不为改视，重死持义而不桡，是士君子之勇也。”即“义”是不为权势所屈服、不考虑自身利益的，虽死也要坚持的一种道德品质。

如果说儒家思想“贵仁”，那么可以说墨家思想不仅“贵兼”而且“贵义”。墨子明确提出了“贵义”的道德主张，并且最早在广泛意义上把“义”与“正”联系起来。他说：“万事莫贵于义。”“义者，正也。”把“义”看作是“天下之良宝也”。张岱年先生认为，孟子将“仁义”并举可能也受墨子思想的影响，墨子最崇尚义，孟子注重义，将义与仁并举，大概是受墨子的影响[①]。

---

① 张岱年：《中国哲学大纲》，中国社会科学出版社1982年版，第268页。

墨子把“义”作为评判人类行为是非对错的最高道德准则，认为“天下有义则生，无义则死；有义则富，无义则贫；有义则治，无义则乱”。那么“何以知义之为正也?”，他说：“天下有义则治，无义则乱，我以此知义之为正也。”墨子还赋予了“义”以“兼相爱、交相利”“爱无等差”等道德内容，进一步扩大了“爱人”的界限，把孟子“仁者爱人”引向了“兼相爱”，要求“爱一切人”。墨子还把“义”归结为两方面，一是“义行”，二是“义政”。

所谓“义行”，即评判人类行为善恶好坏的基本标准，墨子强调要尊重和爱护他人劳动果实，杜绝任何不劳而获、非法攫取的企图，同时作为个体还应积极履行所应承担的社会责任与义务，“有力者疾以助人，有财者勉以分人，有道者劝以教人”。

所谓“义政”，即用来评判人类行为是非对错的基本标准，曰：“且夫义者，政也。”墨子不仅提出了“义政”的概念，还提出了“善政”的概念，“义者，善政也。何以知义之为善政也？曰：天下有义则治，无义则乱，是以知义之为善政也”。他要求“为政”要“爱民”“利民”，想百姓之所想，急百姓之所急，“天下贫，则从事乎富之；人民寡，则从事乎众之；众而乱，则从事乎治之”。在墨子看来，“义政”和“善政”既是为政者的职责所系，也是判断其得失成败的标准。

可见，墨子不仅把“义”作为为人处世的价值选择和道德准绳，而且把“义”作为执政治国的价值理念和评价标准。墨子在“贵义”的同时也“重利”，重视天下之“公利”，“天下之利”，认为所谓“义”就是利人利天下，是“仁者”所追求的最高目的。墨子对“义”的阐释与他提出的“兼相爱、交相利”思想是相一致的，他以“兼爱”为核心价值观，以节用、尚贤为支点，诠释构建了自己的价值体系和道德规范体系。

汉代董仲舒对“义”的阐述与荀子有相同之处。他认为，人在生活中虽然有义与利的需要，但是人心贵于人体。“利”虽然能养人体，却不能养人心，人心由“义”来养，人心是支配人体的，它应该贵于人体，所以，“义”重于“利”。董仲舒首先把“义”与“仁”联系在一起，曰：“所以治人与我者，仁与义也，以仁安人，以义正我。故仁之为言，人也；义之为言，我也。”董仲舒认为“仁”与“义”二者是有区别的，“仁”是爱人不爱我，“义”是正我不正人。他说：“是故《春秋》为仁义法：仁之法在爱人，不在爱我；义之法在正我，不在正人。我不自正，虽能正人，不予为义；人不被其爱，虽厚自爱，不予为仁。”用现代的话说，就是严于律己、宽以待人的意思。董仲舒还认为，“爱人”为“仁”，“正我”为“义”。仅爱自己不能为“仁”，仅正人不能为“义”，爱人又爱己，正人又正己，“仁”与“义”结合，才能鼓励他人道德上的进步。

“义”作为我国传统核心价值观的一个重要价值范畴，其基本内涵从夫妇大义、威仪适宜、友谊情谊发展为正义、公平和评价善恶、是非的标准，具有尊兄敬长、敬上尊贤、善良美好、公平正义、禁民为非、公利无私、尊重和保护财产，反对侵凌兼并残民的不义战争甚至主张“侠义”等丰富内涵。《周易·系辞下》说：“理财正辞、禁民为非曰义。”《周易·文言》曰：“利者，义之和也”，“利物，足以和义”。《周易正义》谓：“利物为义。”《尚书·仲虺之诰》曰“以义制事”，就是说要以公平正义的标准裁制事理，则事得其宜。《礼记·礼运》曰：“义者，艺之分、仁之节也。协于艺，讲于仁，得之者强。”

孔子把“义”作为评判人们思想行为的道德准则，主张“君子义以为上”“君子义以为质”“行义以达其道”，反对“群居终日，言不及义”，还把“义”和“勇”联系起来，认为“君子有勇而无义为乱，小人有勇而无义为盗”，反对“见义不为”的“无勇”的行为。

在义利关系上，孔子主张用“义”来规范人的求“利”的行为，要求“见利思义”“见得思义”“义然后取”，坚决反对不符合“义”的求利行为，“不义而富且贵，于我如浮云”。

孟子把“义”看作是评判善恶是非的价值标准、评判统治者施政行“仁”的评价尺度、一般人立身修养做人做事的道德原则，认为在人生价值中“义”是最为重要的价值理念，主张一切唯义是从，重义轻利，反对唯利是图，“上下交征利，而国危矣”。

朱熹说：“义者，行事之宜。”朱熹所说的“宜”的标准为“仁”，凡是符合“仁”的行为即为“宜”，所以“义”就是符合“仁”的价值标准和道德规范，是符合正义或道德规范的行为。

宋代陈澔认为“义”的基本含义是“艺之分、仁之节”，一切都要用“义”的道德标准去裁判节制，老百姓就会信服钦佩。他在《礼记集说》中说：“艺以事言，仁以心言。事之处于外者，以义为分限之宜；心之发于内者，以义为品节之制。协于艺者，合其事理之宜也。讲于仁者，商度其爱心之亲疏厚薄，而协合乎行事之大小轻重，一以义为之裁制焉。上好义，则民莫敢不服，故得义者强。”

（二）中国古代民间社会中的“义”观念[①]

中国民间社会的庶民百姓，虽然不可能对“义”有专门的、深刻系统的论述，但却十分重视“义”的价值理念和价值观念，并且是真正地把重“义”落到实处。在中国古代民间社会的生活中，“义”无处不在。庶民百姓不仅用“义”把自身与他人联结在一起，而且用“义”来对人进行道德评判。这种评判很简单，就是看这个人是有义，还是无义；是仗义，还是不仗义；是讲义气，还是不讲义气；等等。

在“义”的观念上，中国古代民间社会体现出大众化的显著特点。庶民百姓虽然深受中国古代儒家教化自上而下的影响，但在对“义”的理解上仍然有着自身的特点。尤其是面临恶劣的生存环境时，生活没有保障、生存受到威胁、面对社会的不公平时，他们更崇尚那些能救他们于水火、直接为他们带来社会正义和公平的“义行”，但这并不意味着他们不明大义。事实证明，在大义面前，这些庶民百姓完全可以像仁人志士一样，敢于舍生取义，与仁人志士相比，他们一点也不逊色。不过，直接把“正

① 本部分参考了程继松所著《义——照亮历史的道德之光》（广西人民出版社1996年版）一书的相关内容，在此表示谢忱。

义”付诸行动的“侠义”精神和以实现共同生活理想为目的的“江湖道义”精神，更贴近他们的日常生活。许多侠义英雄、江湖豪杰本身就出自民间、生活在民间，在他们身上所体现出来的侠义精神、江湖道义更容易为民间所接受和认同，从而形成了民间社会的“义”观念。

1.侠义精神

“侠”是中国历史上富有鲜明个性特征的一个群体，在历史上又称游侠、侠士、侠客、剑客、刺客等。“侠”的出现，大约在春秋之际，而活跃于列强争霸的战国，此后历代都有侠士出现，西汉时尤为兴盛。春秋战国时期，中国社会发生了剧烈的变动。社会结构的变化导致部分贵族的没落，依附于贵族的士阶层开始解体，分化严重，他们纷纷以自己的一技之长，重新在社会中寻觅着自己的位置。有的成为儒士，专事学问；有的成为策士，以方略游说诸侯；有的则隐入山林，静观列国纷争，以待时机出山而有所作为；有的则成为游侠，在混乱不堪、诸侯无义战的时代里以行动直接捍卫他们所认为的正义。为在群雄逐鹿中赢得优势，统治者也开始养士以增强力量，其中侠士占有相当比例。如当时名闻天下的四公子孟尝君、平原君、信陵君、春申君等莫不门客数千，鸡鸣狗盗之徒亦罗入帐下。这些门客侠肝义胆，屡有惊心动魄之举，或救主于生死之际，或济国于存亡之时，或为报知遇之恩而赴汤蹈火。

“侠”自出现始即不见容于正统。法家代表人物韩非子极为愤慨地把“侠”等称为“暴侥之民”“当死之民”，将“侠”列为危害社会的五蠹之一，并认为包括“侠”在内的五蠹之民不除，则“海内虽有破亡之国，削灭之朝，亦勿怪矣”，“儒以文乱法，侠以武犯禁”，侠“聚徒属，立节操，以显其名，而犯五官之禁”。汉代班固虽然在《汉书》中为“侠”立传，但言词之间对“侠”十分反感，甚至指责司马迁“序游侠，则退处士而进奸雄”，把“侠”视为乱世之“奸雄”。汉末荀悦在《前汉纪》中称“侠”：“立气势作威福，结私交，以立行于世”，并且“伤道害德，败法惑世”。

然而，中国的老百姓却不以为然，在他们眼里，“侠”就是“义”的化身，“侠”与“义”几乎是同一个意思，“侠义”是一种被他们认可并受到尊重的精神品格。“侠”的这种道德品格得到司马迁的肯定。司马迁虽然认为“今游侠，其行虽不轨于正义”，但是充分肯定“游侠”的道德品质，曰：“然其言必信，其行必果，已诺必诚，不爱其躯，赴士之厄困。既已存亡死生矣，而不矜其能，羞伐其德，盖亦有足多者焉。”他在解释为游侠立传的原因时说：“救人于厄，振人不赡，仁者有乎；不既信，不倍言，义者有取焉。作游侠列传第六十四。”司马迁之所以为游侠列传，是因为他认为游侠在别人危难之际肯于救助，在别人穷困之时肯于周济，不失言于人，不背弃自己的诺言，有“仁”有“义”。他还说：“而布衣之徒，设取予然诺，千里诵义，为死不顾世，非苟而已也。”所以，“要立功见言信，侠客之义又曷少哉?”

司马迁看到平民之侠有信守然诺、自立取予的节操，言出必行，以至于千里传诵他们的义行，他们是不顾世俗的是非、为义而死的人，苟且偷生的人是做不到的，如果以有功于世和言必有信来看，侠客之义是不能没有的。司马迁哀叹那些耻笑游侠的人没有看清真正的事实。游侠虽然违犯法禁，“然其私义，廉洁退让，有足称者。名不虚立，士不虚附”。游侠并非浪得虚名，许多人依附他们也不是偶然的，因为他们为人讲道义，廉洁退让，有很多值得称道的品质，并且他们亦憎恶那些“朋党宗强比周，设财役贫，豪暴侵凌孤弱，恣欲自快”的豪强之侠。司马迁由此对真正的“侠义”精神给予了肯定，概括起来主要有下列几点：一是重然诺、守信用，言必信、行必果；二是救人于危难，舍身亦在所不惜；三是施恩义于人而不自矜，不图回报；四是仗义疏财、赈穷济困；五是重节操，爱惜名誉，敢于为义献身；六是保持独立人格，不结党营私，不尊强崇横，不施财役贫，不依附豪强欺凌孤弱。

游侠的这些“侠义”精神，司马迁认为，即使是反对“侠”的人也不得不承认。例如韩非子虽认为“侠以武犯禁”，但承认他们“立节操”；班固虽然认为游侠“以匹夫之细，窃杀生之权，其辠（同‘罪’）已不容于诛矣"，但认为"观其温良泛爱，振穷周急，谦退不伐，亦皆有绝异之姿"。

当代海外学者刘若愚先生认为，游侠是一些意志坚强、恪守信义，愿为自己的信念出生入死的人，而支配游侠行为的信念是公正、自由、忠于知己、勇敢诚实、爱惜名誉、助人为乐和慷慨轻财等。他在《中国之侠》一书中这样评价"侠义"精神：游侠，则直接地将正义付诸行动，只要认为有必要，就不在乎是否合法，就敢于用武力去纠错济贫扶难。他们的动机往往是利他的，并且勇于为了原则而战死。书中还指出了游侠身上所具有的一些严重缺点，如未免热衷殴斗，轻率行事，报复手段有时会极其过分；其正义感是要大打折扣的，因为游侠考虑问题只从个人出发，置整个社会于脑后，所以，尽管他们乐于助人，那也只有利于一部分人，无益于大众，尤其是无视法律，虽然替个别人申了冤，却因此加深了社会秩序的混乱。

当然，这些分析仍然存在可商榷之处，如中国古代游侠的正义感是否完全只从个人出发？他们乐于助人是否无益于大众？他们的侠义之举是否加深了社会秩序的混乱？

的确，深受中国老百姓喜爱的游侠，也并非是十全十美的人，由他们所体现出来的侠义精神，固然值得称道，但也须辩证地分析。如游侠们信奉"士为知己者死"的信条，但这种死是否都合乎大义，则值得思索。珍惜自己的生命和他人的生命是一种善，游侠仗剑行义于天下，血溅缁衣，不爱其躯，有时也不看对象而不惜他人之躯，的确有待评说。然而，由春秋战国时期侠士们所体现的侠义精神的主流，仍然是值得肯定的。

在一定的历史条件下，处于水深火热之中的老百姓，把他们寻求社会正义的理想，寄托在侠的身上，把侠视为正义的化身，充分说明了这一点，即使一些官僚、学士和文人对侠义精神也有所肯定。

如唐武宗时期的名相李德裕虽然坚定地反对"侠"，并写下《豪侠论》，但同时也认为："夫侠者，盖非常人也。虽然以诺许人，必以节义为本。义非侠不立，侠非义不成，难兼之矣！”他把“侠”视为异于常人的“非常之人”，认为“节义”是侠之为侠的根本品质和“侠义”精神之所在，从而肯定“义”非“侠”不能立，“非义”不成之为“侠”。这实际上同样是把“侠”看作是“义”的化身，“义”与“侠”同，“侠义”同在。

正是由于侠身上所具有的上述侠义精神，中国老百姓对侠的推崇和颂扬才长久不衰，以至今天虽无侠可寻，但人们对于侠的兴趣似乎有增无减，武侠小说热即是明证。

“侠”自东汉后不再进入正史，是因为统治者把侠视为天下之乱的缘由之一，并进行了残酷的镇压。中国之侠的命运，大多是悲惨壮烈的。但在中国的文学作品中，侠并没有受到冷遇，而且侠的形象大多英风豪气、义薄云天、光彩照人。

唐代诗人李嶷有一首诗《少年行》：“玉剑膝边横，金杯马上倾。朝游茂陵道，暮宿凤凰城。豪吏多猜忌，无劳问姓名。”游侠佩剑倾杯，英气逼人，致使那些为富不仁的豪吏心惊肉跳，疑心是不是冲着自己而来的。游侠身上体现了辅正压邪的侠义精神。

唐代诗人李白也有一首《少年行》，给我们描绘了“淮南少年游侠客”的形象。诗中言道：“好鞍好马乞与人，十千五千旋沽酒。赤心用尽为知己，黄金不惜栽桃李。”这是一个轻财豪饮，愿把整个身心献给知己的形象。

元稹在《侠客行》中写的侠客，更是豪壮无比：“侠客不怕死，怕在事不成。事成不可藏姓名，我非窃贼谁夜行？白日堂堂杀袁盎，九衢草草人面青。此客此心师海鲸，海鲸露背横沧溟，海波分作两处生。分海减海力，侠客有谋人不测，三尺铁蛇延二国。”描绘了侠客不怕死，只怕事情不能成功，行不更名，坐不改姓，白天堂堂地杀贼除暴，具有海鲸横沧溟的力量。这显然是作者赋予钟爱的侠义英雄以这种力量，期待他更多地去杀贼除暴，匡扶正义。

诗人贾岛在诗作《剑客》中写道：“十年磨一剑，霜刃未曾试。今日把示君，谁有不平事?”铲尽天下不平事，这正是侠义精神的精髓所在。

我国古代诗人更是用美好的语言对侠客及其“侠义”精神进行尽情的描绘和歌咏，从中不难看出他们对侠和侠义精神的态度。诗人们的咏侠诗可谓多矣。唐代诗人中还有杜甫、卢照邻、崔颢、王维、孟郊等，宋代诗人有陆游、晁冲之等，明代诗人有高启、李梦阳、何景明等，均不乏咏侠之作。诗人们之所以钟情于侠客，讴歌不已，显然是侠客身上有某种东西感动了他们，这就是司马迁所总结的侠义精神。而且，古代文人中不少人本身即好行侠，如东汉时的竹林七贤之一嵇康，性喜行侠；唐代大诗人李白也“喜纵横术。击剑，为任侠，轻财重施”。

这些都说明了“侠”在今天虽不再有，但“侠义”精神仍然是有其存在价值和存在理由的。谭嗣同曾写下“我自横刀向天笑，去留肝胆两昆仑”的豪迈诗章，并在探索救国之路的思想著作《仁学》中写道：“任侠，亦足以伸民气，倡勇敢之风，是亦拨乱之具也。”他认为国难当头，中国已到了“唯变法可以救之”的关键时刻，所有的有志之士、英雄豪杰都应发扬侠义精神和勇敢之风，以冲破束缚变法的重重网罗，挽救民族的危亡。

鉴湖女侠秋瑾则以身实践“侠义”精神，她虽是一个闺阁女子但以“拼将十万头颅血，须把乾坤力挽回”的勇气，自携书剑东渡日本寻求真理，踏上救国救民的征途，敢于舍生取义，义薄云天，成为民族的英雄。这些近代革命的勇士，正是从侠义精神中汲取了有益的东西，并激励自身为国家和民族而献身。可见，侠义精神并非只是庶民百姓的崇尚，也得到仁人志士的崇尚。

侠士虽已矣，今天是一个不需要侠士也不可能产生侠士的法治时代，但“侠义”精神中这些美好的东西是否也将如古之侠士一样尘封于历史，消逝于时间呢？陈山先生在《中国武侠史》一书中认为，中国古代的“侠义”传统已经融入中国文化精神之中，形成了“中国民间社会独具的完整的文化精神体系”，即对“社会公正、社会正义”的朴素政治愿望，以见义勇为、助人为乐、刚强义烈、看重骨气、恩怨分明、重节守操等“侠义”精神为核心的“民间社会道德体系”，以及“敢说敢为、敢作敢当、表里如一”的人格精神。

我国古代的“侠义”精神体现的是一种“道义”力量、人格力量，浸润于中华大地，不仅为不同阶层的人士在一定程度上给予了认可，更为重要的是为广大老百姓所自觉接受，因而不可能就此湮灭。武侠小说之所以一直流传，就是最好的说明。

2.江湖道义

“江湖”作为一个具有独特文化内涵的概念，是指寄生于正常社会而又有别于正常社会的一个笼罩着浓厚神秘色彩的“社会生活”领域。提起“江湖”，似乎人人都略知一二，但非不得已、不为某种情势所迫，没有人愿意去闯荡江湖。江湖之所以需要闯荡才行，本身即意味着江湖的险恶，那里波涛翻滚、暗流汹涌，没有风平浪静的时候。江湖之中，人物形形色色，三教九流无所不包，帮会团体五花八门，常人听起来更是莫名其妙，那是一个摸不透的奇异世界。在这个奇异世界里，江湖人四海为家，食无定处，住无定所，浪迹天涯，以一技之长去谋得生计和活路。

江湖人的争斗是人所共知的，给人的印象是动辄拳脚相加，白刀子进而红刀子出，永无宁日；但江湖人的团结也是声名在外的，当生存受到威胁时，当因某种需要时，登高而呼，可谓啸聚者众，一致对外，毫不含糊。江湖人中不乏行骗者，是许多人耳闻目睹的，有些人可能就受过骗，如买过假药，看过医道一窍不通的江湖郎中，但江湖人中亦不乏大丈夫，路见不平、拔刀相助的汉子也是大有人在。由此而论，江湖人虽良莠不齐，但江湖有义，江湖中有共同遵守的规矩，有大家都不能违犯的道德原则。正是这些规矩和原则，才把江湖中各式各样的人联结起来。而江湖义气更是使闯荡江湖的人，由陌生变得熟悉，由疏远变得亲近，由孤弱无依走向结帮结派，甚至作出惊天动地的事来。如晚清和近代社会中的江湖秘密社团的所作所为，正是江湖义气的生动写照。

江湖重义，由来已久。战国时的盗跖，认为“盗亦有道”，他把最后离去，掩护同伴撤退视为义。但这毕竟是窃盗之义，与真正的江湖道义精神相去甚远。一般人所谓的江湖义气，亦是如此，实质上就是今天所谓的“哥们义气”，其特点是不问动机目的，不管后果如何，为朋友什么都敢干。这是孟子所说的“非义之义”，应当“大人弗为”。这种江湖义气显然不能真正体现所谓的“江湖道义”精神。真正的“江湖道义”精神就像昔日江湖豪杰和有正义理想的江湖组织所效仿的“桃园结义”与“梁山聚义”等。

东汉末年刘备、关羽、张飞的“桃园结义”是中国老百姓家喻户晓的故事，虽然正史并无记载，但是由《三国演义》作者罗贯中依据民间传说和参考《三国志》创作而成的。《三国演义》第一回写的就是这个故事，述说当年刘备、关羽和张飞三位仁人志士为了“恢复汉室”这一目标，决心共同干一番大事业，三人意气相投，言行相依，在一个桃花绚烂的园林祭告天地，举酒结义。东汉末年，天下大乱，豪杰纷起，刘备、关羽、张飞虽天各一方，却偶然相逢于张飞所在的涿县，于招兵榜前相识。三人一个是汉室宗亲、中山靖王之后、汉景帝玄孙；一个是怒杀势豪、逃难江湖的汉子；一个是颇有资财，好结交天下豪杰的屠夫。虽身份不同，但三人一见如故，意气相投。于是，三人便到张飞庄后桃园之中，祭告天地，结为兄弟，以求协力同心，共图大事。他们设祭盟誓结“义”：念刘备、关羽、张飞，虽然异姓，既结为兄弟，则同心协力，救困扶危，上报国家，下安黎庶；不求同年同月同日生，只愿同年同月同日死。皇天后土，实鉴此心，背义忘恩，天人共戮！

清代毛宗岗读《三国演义》时评论道：“千古盟书，第一奇语。”的确如此，“救困扶危，上报国家，下安黎庶”，确实体现了江湖道义精神的最高境界。从此，他们为这一理想的实现跃马疆场，奔走南北，虽历经劫难，亦不改悔。这段誓词亦涵括了江湖道义的做人原则：结义兄弟，生死与共，永不背义忘恩。从此，这一盟誓遂成为他们一生共同遵守至死不渝的诺言，“义”被他们视为生命，视为高于一切的东西。并且，三人都身体力行，留下了许多人所共知的感人故事。

“桃园结义”以“救困扶危，上报国家，下安黎庶”为结盟宗旨，以“生死与共，不背义忘恩”为行为信守，并不是普通人所能企及的。明代思想家李贽在《题关公小像》一文中曾感叹：“古称三杰，吾不曰萧何、韩信、张良，而曰刘备、张飞、关公。古称三友，吾不曰直、谅与多闻，而曰桃园三结义。呜呼：唯义不朽，故天地同久。”

古人结义者多矣，李贽为何独钟情于刘、关、张桃园结义，实因其三人之结义是可与“天地同久”的不朽之“义”。桃园结义自此成为大众仰慕的典范，以至于结义、拜兄弟成为时尚。尤其是关羽的“忠义”为后世敬仰。关羽去世后被逐渐神化，《三国演义》尊关羽为蜀国“五虎上将”之首，毛宗岗称关羽为“《演义》三绝”之“义绝”，关羽在民间被尊为“关公”“美髯公”。历代朝廷对关羽多有褒封，至清代，关羽甚至被奉为“忠义神武灵佑仁勇威显关圣大帝”，被尊崇为“武圣”，与“文圣”孔子齐名。

清末徐珂在《清稗类钞》中这样叙述异姓结盟兄弟的根源：“俗谓异姓兄弟曰盟兄弟，一曰谱兄弟，又曰靶兄弟。……殆本于三国时之刘备、关羽、张飞三人兵中结义，弧矢设誓欤?”阿英在《晚清文学丛钞》中亦认为：“自《三国演义》出，而世慕为拜盟歃血之兄弟，斩木揭竿之师多。”桃园结义的故事深深地影响着中国民众，更是被江湖和秘密帮会奉为楷模。晚清的哥老会、三合会、蜀中会等，有人入会时往往设立刘、关、张的牌位，祭祀之后，便模仿桃园结义的方式，再盟誓，才能成为会中之人。

固然如李贽所说，“桃园结义”有其不朽的一面，其宗旨事实上也是有志之士追求的共同目标；生死与共、同甘共苦、不背义忘恩，也是志同道合者应有之“义”，而且在封建社会里，结义对于生活在社会底层的人们，也不失为团结起来、保护自己、反抗压迫的一种有益方式。但是，其中的消极因素也是明显的。冷静地分析，刘、关、张三人之“义”，在很大程度上源于个人私义。如刘备不顾江山社稷，要为关羽报仇，大军终遭彝陵之败，恢复汉室一统河山的理想破灭，不能不说是私义之害。关羽华容道义释曹操，也不能不说是个人恩怨所致。倡导这种“义”，容易导致以个人信义和个人恩怨代替国家利益、社会利益和共同的社会理想。如果以这种“义”作为社会组织的基础，往往会不自觉地为某些居心不良的个人和团体所利用，从而干出有背天下大义的事来。这些是我们要特别予以明确反对的。

施耐庵《水浒传》中描写的“梁山聚义”，无疑受到“桃园结义”的影响。一部《水浒传》，写的就是一百零八条好汉的聚义过程，“义”是《水浒传》高扬的主题。不过，与“桃园结义”不同，“梁山聚义”是以反抗的形式出现的。一百零八条好汉中的许多人，都是生活于社会底层而不甘压迫的血性男儿。他们或因义杀豪强，或因夺取不义之财，或因行侠仗义拔刀助孤弱，或为刀笔小吏、军中士卒犯上获罪等，逃难江湖，被迫起而反抗，最终被逼上梁山聚义。

王齐洲先生在《四大奇书与中国大众文化》一书中认为：“在《水浒传》里，‘义’更多地表现为路见不平、拔刀相助，矛头指向贪官污吏、邪佞权奸，具有强烈的政治色彩，表现了人民群众的反抗精神。”这一见解十分中肯。的确，被迫反抗、被逼上梁山的英雄们所聚之义，乃天下大义。晁盖在做了梁山首领后，即宣布“各人务要竭力同心，共聚大义”。他们要“和大宋皇帝做个对头”，与北宋王朝分庭抗礼。所以，他们由最初的路见不平、拔刀相助和劫富济贫、除暴锄奸的个人或小团体的义行，发展到“共聚大义”，与朝廷直接对抗，并扯起“替天行道”的大旗，以大义聚集天下英雄豪杰，壮大力量。“梁山聚义”之义，由此得到升华。

梁山英雄，或本身即是江湖中人，如阮氏兄弟、刘唐、朱贵、时迁等，或被迫闯荡江湖，如宋江、林冲、鲁智深等，宋江还是江湖上名闻遐迩的大义士，绰号“及时雨”。所以，“梁山聚义”在江湖社会中影响深远。梁山英雄的义举，江湖人纷纷效仿，“替天行道”亦被奉为江湖道义的根本，与“桃园结义”盟誓中的“救困扶危，上报国家，下安黎庶”一样，一些江湖组织将其视为活动的宗旨。这种至高的江湖道义精神固然为江湖所遵从，而梁山好汉那种八方共域、异姓一家、不分贵贱的一律平等，论秤分金银的财富共享，英雄排座次的政治共荣，英雄相惜、患难与共的生死交情，人与人之间的忠诚信义等，也同样视为江湖应有的道义原则而为江湖人所信守。

《水浒传》描写了一幅令人羡慕的江湖图画：“八方共域，异姓一家。天地显罡煞之精，人境合杰灵之美。千里面朝夕相见，一寸心死生可同。相貌语言，南北东西虽各别；心情肝胆，忠诚信义并无差。其人有帝子神孙，富豪将吏，并三教九流，乃至猎户渔夫、屠儿刽子，都一般儿哥弟称呼，不分贵贱；且又有同胞手足，捉对夫妻，与叔侄郎舅，以及跟随主仆，争斗冤仇，皆一样的酒筵欢乐，无问亲疏。或精灵，或粗鲁，或村朴，或风流，何尝相碍，果然识性同居；或笔舌，或刀枪，或奔驰，或偷骗，各有偏长，真是随才器使。”真可谓“四海之内皆兄弟”，“交情浑似股肱，义气真同骨肉”。这幅理想的江湖图画，是用“义”这支笔来描绘的，无“义”无江湖。靠坑蒙拐骗、偷鸡摸狗、图财害命的所谓江湖人，是没有资格担当江湖道义的。

综合《三国演义》和《水浒传》所体现的“江湖道义”精神进行简单概括，主要体现在几个方面：一是“替天行道，报国为民”；二是“仗义疏财，救困扶危，除暴安良，路见不平，拔刀相助”；三是“生死与共，忠诚信义”；四是“四海之内皆兄弟”，人格一律平等；五是“有难同当，有福同享，共荣共辱”；六是“知恩必报，恩怨分明”。

江湖道义精神与侠义精神相比较，虽然有一些相同和相似之处，但二者之间的区别也是明显的。江湖道义精神更多地体现出集体的共同生活理想，更有远大的政治目标，这是侧重于个人人格的“侠义”精神所不能比拟的。并且，正因为它所体现的是集体的共同生活理想，所以，“义气”

更重。这些大概都是民间社会对江湖道义情有所钟的根本原因。

然而，正是因为《三国演义》和《水浒传》所体现的“江湖道义”中有很重的“义”气，从其对中国社会的负面影响来看，在一定程度上导致了“义气至上”“哥们义气”的社会风气。梁启超说：“今我国民绿林豪杰，遍地都是，日日有桃园之拜，处处为梁山之盟，所谓‘大碗酒、大块肉，论秤分金银，换套穿衣服’等思想，充塞于下等社会之脑中。”（《梁启超文集·论小说与群治之关系》）虽然有些言过其实，但说明了“桃园结义”与“梁山聚义”在中国民间和民众中的深刻影响，影响越是深刻其负面作用也就越大。“义气至上”“哥们义气”的社会风气倡导的是一种无原则的“义”，常常被利用来危害社会、祸害百姓，旧社会的一些“黑帮”和当今社会的一些黑恶势力以及犯罪分子往往借“江湖道义”之名来笼络人心，违法乱纪，破坏治安，有组织有目的地犯罪，成为侵蚀社会健康肌体的毒瘤，这是应该批判的。

人类社会发展已经进入现代文明的时代，中国已不是昔日之中国，即使是由“桃园结义”与“梁山聚义”所体现出的真正的江湖道义精神，虽为过去处于社会底层的人们所信奉，但在今天也失去了其存在的价值。历史上之所以有“桃园结义”与“梁山聚义”，是因为世乱，因为社会不公、天下无道，因为身处社会底层的人们不团结起来就不能与恶势力抗争，就不能挣脱苦难的锁链。今天，产生这一切的社会土壤已不复存在，社会的进步已为每个人提供了平等竞争的机会，除非自己愿意，没有人被迫去闯荡江湖。如果说江湖道义在过去是要讨回社会正义的话，那么，今天的社会正义要靠健全的法制来维持，江湖道义不能也不可能做到这一点。

（三）赋予“义”以新的时代内涵

从春秋战国到秦汉大一统，从隋唐繁荣到康乾盛世，从晚清没落到新中国建立，再从20世纪的改革开放到21世纪的新时代，在两千多年或辉煌或坎坷的征程中，“义”一直是华夏儿女肩挑大义、敢于担当和勇于与邪恶势力作斗争的强大动力。大仁大义、天经地义、大义凛然、深明大义、义无反顾、义薄云天、忠肝义胆、大义灭亲、义不容辞、仗义执言、义正词严、见义勇为、舍生取义、仗义疏财、多情多义等，成为中华民族用作褒奖英雄的美好赞词。同时，在评价英雄壮举之外的人们的普通行为时，“义”也是一个非常有分量的标准，比如说判断某人行为不好，并称他为“无义”时，意味着该人的行为必定会受到周围舆论的谴责；当我们称某人行为是“义举”时，就表明他受到周围人的尊崇。

在现代人际关系中，“义”也起着非常重要的融合作用。我们往往评价一个人有情有义，或者无情无义，前者表明了我们认为他是一个重情重义、懂得回报、值得交往的人，在人际交往中易于被人接纳；后者则表明这个人冷漠自私、不懂珍惜与回报，甚至忘恩负义，在人际交往中往往是被排斥的，而背信弃义、见利忘义、无情无义、不仁不义、假仁假义、不义之财等往往是为人所不齿的。

在现实生活中，以“义”为基础的人与人之间的交往亲近而自然，以“义”为基础的人与人之间的感情真挚而长久，以“义”为基础的共同事业往往惊天地泣鬼神，撼天动地。从某种意义上讲，在人与人之间的关系上，“义”往往比其他道德范畴表现得更加鲜明和直接，也更容易使人们和睦相处。新时代我们应该注重发掘“义”的现代含义及其在现代社会进步中的积极意义，让“义”成为人间正道的准则。

“义”作为中国传统核心价值观的一个重要范畴，在中国传统价值体系和道德规范体系中体现着对人生终极目标的追求和价值选择的评价标准，是我国传统道德精神的精髓。“义”被认为是人应该遵循的人间正义、最高道义，应该依归的人间大道，“义”与“仁”并用成为我国传统文化对“道德”的代称，仁义道德、大仁大义、仁至义尽、舍生取义、杀身成仁……成为我国道德规范体系判断善恶、是非的一种至高至圣的境界。

“义”作为一种人生观价值观，大义凛然、义无反顾、义不容辞、见义勇为、大义灭亲、义正词严……成为我国道德规范体系教育人们立身处世的价值标准。

“义”作为人生责任和奉献的行动取向，义诊、义演、义卖……成为我国道德规范体系鼓励人们的善行义举。

结合时代要求讲“义”，应该大力提倡做人的正直公道，维护社会公平和正义，对全社会共同利益、国家整体利益高度负责，乃至对全球正义的维护。“义”的核心思想应该是“正义奉公”，主要内涵包括持正重义、利群济困、奉公爱国。

1.持正重义

“持正重义”集中体现了我国传统核心价值观中“义”德这一价值理念的道德精髓。随着时代进步和社会发展，在当今时代人们需要为大义、道义、正义而献身的情形已经与过去有很大不同，但是关于是非、善恶、真假的矛盾冲突仍然处处存在并且复杂，有时还尖锐突出。所谓“持正重义”，就是为人要正直刚强，坚持真理和正义，为推进社会公平正义和人类进步事业不计较个人利害得失，乃至舍生取义。我们常讲的人间大义、社会大义、人民大义、国家民族大义等，即指此“义”。

中国古代对“义”有多种不同论述，其中最通行的解释是“义者宜也”。孔子曰：“其身正，不令而行；其身不正，虽令不从。”“苟正其身矣，于从政乎何有？不能正其身，如正人何？”意思就是说“正人先正己”“正己才能正人”。

孔子曰：“富与贵，是人之所欲也，不以其道得之，不处也；贫与贱，是人之所恶也，不以其道得之，不去也。君子去仁，恶乎成名？君子无终食之间违仁，造次必于是，颠沛必于是。”如果说孔子是直接以“道”和“仁”来规定人的道德标准，那么，孟子则直接用“义”来规定人的道德标准，指出如果违背正义就是违背道德。他说：“非其义也，非其道也，禄之以天下，弗顾也。”孟子明确反对用不正当手段获取不该得的财物。

墨子对“义”的理解更加明了，把“义”与“正”直接联系在一起，他说：“义者，正也。”明显表示出对“义”的理解就是正义、正直、正派、端正等一切用“正”代表的东西。

董仲舒对“义”的解释与孔子的观点相似，他把“正身”的思想加到“义”中，认为“义”不是正别人而是正己，他说：“义之法在正我，不在正人。”“我不自正，虽能正人，弗予为义。”这说明“义”的一层重要含义就是要用道德来端正自己的行为，如果自己的行为不端正，即使能够教育和管理别人，也是不符合“义”的。自身不正，虽然能正人，但不能称为“义”。孔子的“正身”说与董仲舒的“正我”说，是培养具有良好素质的社会个体不可或缺的修身之道。这突出地反映了中国古代“义”的价值精华。

在今天社会主义市场经济快速发展和培育社会主义核心价值观的过程中，培养合格的社会主义公民也必须以“义”作为修身养性的重要标准，将“公正”与“道义”作为为人处世的基本规则。只有这样，才能减少频繁复杂的社会交往中的摩擦，降低交易成本，提高社会效率，同时提升人生境界，增进社会和谐。

在为人处事中做到以“义”为道德标准，就应该一身正气，坚持公道正派的作风，按照原则作出判断或承诺，以巍然正气挺起人格尊严的脊梁，不避艰难困险，决不奴颜婢膝、阿谀奉承、恃强凌弱。孔子曰：“不义而富且贵，于我如浮云。”孟子曰：“富贵不能淫，贫贱不能移，威武不能屈，此之谓大丈夫。”孟子主张在穷困或富贵的生活中都要以“义”和“道”保持常态：“穷不失义，达不离道”，“穷则独善其身，达则兼济天下”。

孟子认为，一个人不论是在艰苦环境中还是在成功得意时都要做到尊崇道德，喜乐于义。比如，孔子特别喜欢弟子颜回，因为颜回能做到住在陋巷中，吃着最简单的饭菜，喝着凉水，人们都对这种生活忧愁不已，他却不改一贯的乐观。

孔子认为，穷困也是一种财富，可以检验君子能否真正在穷困中坚持修身养性，以优良的道德显现于世。如果能做到，那么也就能够独善其身，自得其乐。当身处富贵或成功得意之时，君子也应做到不骄傲、不自大，更不干那些为富不仁的事，坚持自我修养。只有这样，才能在善化自身的同时，兼济天下。

汉代的苏武，是一位持正重义、临大节而不可夺的典范。在《张中丞传后叙》中，韩愈对“重义”的解释是：“义不可为不义屈。”

张中丞与许远为抵抗安史之乱，共同守城达十个月之久，重义尚节，宁死不屈，喊出“男儿死耳，不可为不义屈”，表现了仁人志士的高尚气节和人格精神。

讲究“道义”是一个人在修身养性方面的一个重要标准。中国古代仁人君子十分注重对“道义”的追求与实现，他们不仅要立德明德，还要去追求最高的真理，这就是明道。孔子说：“朝闻道，夕死可矣。”孔子这种追求道的精神，让人敬佩，比起孔子来，孟子更有过之。孟子说，天下有道，为施行道，可以不惜生命；天下无道，可以用生命去求取道。孟子求道的精神可谓到了极致。

“道”既是一种真理，也是儒者的政治理想。志于“道”，就是探求真理，力求理想的实现。君子志于“道”，也是一种人格的完善。这是一个过程，也是一个目标，君子在追求道的过程中，像登山一样，由低到高，苦苦地磨炼，才能修得正道。在这一过程中，许多仁人志士为了达到这一目标，成为至死不渝的殉道者，在中华民族英烈史上留下光辉的一笔。

在全面建设社会主义现代化强国的新时代，各种物质利益和精神利益需要得到合理的分配。实现这一目标，就需要在办事决策过程中坚持公道正义的原则，把正义、公正、公平作为社会主义核心价值观的重要内容。

2.利群济困

在我国传统核心价值观中，“义”德的另一层重要内涵就是维护公正、追求公正，维护社会公平正义，促进社会资源合理分配。

当前我国正处于全面深化改革和社会主义市场经济深入发展的社会转型时期，中国特色社会主义进入新时代，社会主要矛盾已经转化为人民日益增长的美好生活需要和不平衡不充分的发展之间的矛盾，强调“义”德中的“利群济困”对于维护社会公正、缓和社会矛盾具有重要现实意义。所谓“利群”，是指在处理社会整体利益与个人利益关系上要以社会整体利益为本位，个人利益服从社会整体利益，继承了我国传统道德强调整体利益至上的价值取向；所谓“济困”，主要是指人们应该尽力救助各类社会困难群体及个人，凸显了我国传统道德“达则兼济天下”的道德要求。从整体而言，“利群济困”的道德内涵体现了人们对社会资源的合理分配予以积极支持，主动帮助困难群体和落后地区，追求共同富裕的道德境界。

在现代法治社会，所谓“利群济困”的第一层含义，就是作为国家法律规范的制定者和执法者必须立身中正、遵守法律，不徇私枉法。按照法律办事，遵照制度执行，这是“利群”的首要之义。因为法律总是代表最大多数人的总体利益，所谓“有法可依，有法必依，执法必严，违法必究”，就是这个道理。无论是作为国家法律的制定者，还是作为国家法律的执行者，都必须按照法律的要义制章订律，按照法定的程序执行公务，按照法律的规定断案决狱。只有做到严格地依法办事，人们才能对自身行为的外部影响有一个确定的判断，社会个体才能有长期稳定的安全感，整个社会也才能安定有序。如果制定者不能立身中正，不能为社会公正地立法，执法者将法律当作一纸空文，任意地曲解和滥用，使法治失去客观、公正与尊严，社会必定陷入恐慌和混乱当中。即便是在集权专制的封建王朝，也涌现了一大批严格依法办事的清官廉吏，如狄青、包拯、海瑞等。在社会关系和法律事务日益庞杂的今天，健全的法制和严格的依法办事，就显得更为重要。

“利群济困”的第二层突出含义，就是无论是执法断案，还是个人工作开展，都必须持守公道正义，不徇私情。徇私的含义，一般包括三个层面：一是暗中谋取个人利益，二是对亲人的偏袒，三是对朋友的特殊照顾。徇私舞弊的行为往往造成中饱私囊、任人唯亲、裙带关系和结党营私的腐败现象，败坏党风、政风和民风，使人们对公共权力失去信任，对单位或者组织失去归属感，对国家和社会的团结进取造成极大危害。在中国古代，尤其是在科举取士的过程中，为了防止主考官徇私，不仅规定了地区回避制度，从源头上减少徇私的可能性，更在技术操作层面设计了周密的规则。考生入场必须严格检查是否夹带资料，考试完毕阅卷之前，更是实行“糊名”和“誊录”制度，即统一由专人将所有考生的试卷重抄一遍，以免认出字迹，同时将考生名字遮盖起来，以此保证每一位考生的文章得到公正的评判。

在讲究法治、依法治国的现代社会，公务人员更应公正执法，个人也须严格遵守职业道德。只有这样，社会的公正和人们的归属感与凝聚力才能得到保证，弱势群体的利益才能得到较好的保护。在最广泛的意义上，“利群济困”就是要求人们在待人和做事的过程中要明辨是非、不偏不倚、不枉不纵。中国古代讲究中庸、合理、适宜，就是这个含义。所谓明是非、不偏纵，首先就是坚持平等的原则。不管是亲人、朋友、老师、上级，还是其他的普通服务对象，只要是在我们本职工作的范围内，都应该一视同仁地对待。在是非对错面前，必须坚持原则，不能碍于情面而不分轻重、不辨正误。在日常生活和工作中做到“利群”，是利群济困的重要内涵。

利群济困的第三层突出含义，就是个人为社会进步作出贡献，以社会公共利益的增进为依归。为官一任，就应该造福一方，积极为自己辖区内的经济和社会发展、环境保护、老百姓的生活水平提高出谋划策，并努力付诸实施。俗话说“当官不为民做主，不如回家卖红薯”，说的就是这个道理。如果一个人凭着自己的诚实劳动、合法经营发家致富，同时又能通过捐赠或者直接扶助的方式，为社会的弱势群体和需要帮助的人们提供力所能及的帮助、支持，则更体现出“利群济困”的“达则兼济天下”的高尚情怀。作为社会的一分子，每一个人都能为社会的进步贡献自己应有的力量，以社会进步、民族兴旺、国家富强为己任，以积极的态度，让自己的知识、思想和才能参与到促进人类幸福的事业中来。

3.奉公爱国

在我国传统核心价值观中，“义”德的最高价值体现就是对社会和国家的高度使命意识和责任意识，“奉公爱国”是其崇高的道德境界。“奉公爱国”这一层含义是“义”德在国家和社会层面的扩展，是中华民族道德的光荣传统，是中国传统核心价值观和中华传统美德的灵魂所在。所谓“奉公爱国”，是指要维护和发展社会公共利益、集体利益，增强对祖国和中华民族无比忠诚的民族共同体意识、国家意识、使命意识和担当精神，自觉地把个人利益、前途命运同祖国的整体利益、前途命运紧密联系在一起，把个人梦融入实现中华民族伟大复兴的中国梦，自觉投身到社会主义现代化建设中去，以实际行动热爱祖国、建设祖国、保卫祖国。

“义”德体现在个人道德、个体道德上，就是“义”对人生的指向、指导和规范作用，最突出的检验方式就是在面临大是大非的时候能否坚持气节、刚正不阿，不同流合污，随波逐流，做到“穷则独善其身”，乃至“出淤泥而不染”。孔子以“杀身成仁”来表达在是非面前能否持守公正立场的选择。孟子曰：“鱼，我所欲也；熊掌，亦我所欲也。二者不可得兼，舍鱼而取熊掌者也。生，我所欲也；义，亦我所欲也。二者不可得兼，舍生而取义者也。”当生命与“道义”二者相遇，互相发生矛盾冲突而不能兼得时，孟子在二者之间毅然选择舍生而取义。在大是大非面前，人不能为了苟且偷生而置义于不顾，孟子把“达于义”作为最高的人生境界，“舍生取义”所取的首先是国家民族大义。

在中华民族历史上，每到民族的危急关头，就有仁人志士挺身而出，挽狂澜于既倒，扶大厦于将倾，从而成为中华民族的骄傲和道德典范，也化为中华民族的精神脊梁。中国古代有很多这方面的典型事迹。苏武、文天祥、邓世昌、谭嗣同、陈天华、秋瑾等，他们在极端残酷、险恶的环境下，甚至性命攸关的时刻，都能够不求生以求荣，舍其生以取义。这种气节观，彻底体现了以“义”作为人生根本价值的取向，成为中国历史上光耀千秋的典范。

如文天祥高唱“人生自古谁无死，留取丹心照汗青”，用自己不屈的气节诠释秉持公正、奉公爱国的含义。夏明翰临刑前仍然从容高歌“砍头不要紧，只要主义真。杀了夏明翰，还有后来人”，类似这样的革命烈士的誓言举不胜举，时至今天依然掷地有声、慷慨雄壮，他们用生命谱写了一曲曲追求民族大义、人间正义的赞歌。

中国古代十分强调“义利并重”在美德中的价值。先秦诸子对此有过各种各样精辟的论述。孔子说：“君子喻于义，小人喻于利。”把“义”与“利”提到做人的高度来认识，以此区别君子与小人。孔子所说的“义”，是必须遵循的道德准则，懂得“义”的人，是有德性的人，是君子；他所指的“利”，是个人私利，所以只懂得“利”的人，就是无德性或德性差的人，是小人。但是，孔子并不完全排斥“利”，他提出“因民之所利而利之”，强调的是“见利思义”，反对的是“见利忘义”。

荀子认为“义”和“利”具有统一性，从而反对“先利后义”的行为，他说：“先义而后利者荣，先利而后义者辱。”同时，荀子对“利”并不是绝对的排斥，而是认为喜欢利而厌恶害是人生而有之的，是不需要谁送来的，趋利避害、好利恶害是人性使然，但是人的利欲是无止境的，必须有所节制。节制的方法，一是以礼节欲，二是以义制利。

墨家在义利观上认为，“义”与“利”从根本上并不矛盾，而是统一的。墨家对“利”的解释是，“利”都是国家与人民的利益，是公共利益，没有私人利益。因此，仁人之所以要做一些事，一定是兴天下之利，而除天下之害。墨家把道德原则与天下之利统一了起来。

董仲舒认为，“义”与“利”都是人所需要的，各有不同用处。“利”是用来养身体的，“义”则养其心。而心贵于体，因此“义”贵于“利”。董仲舒的义利观可以归纳为：“义”“利”两养，“义”重于“利”，主张受禄之家不与民争业、不与民争利，然后利可均而民可家足，从而形成社会和谐的局面。董仲舒把这种“均利法”看作是“上天之理”“太古之道”。

他根据上古社会人民不患寡而患不均的思想提出他的均利说，在具体做法上就是向皇帝和官吏提出“调均”建议，他说：“仁人者，正其道不谋其利，修其理不急其功，致无为而习俗大化，可谓仁圣矣。”在义利观上，董仲舒反对个人私利，重视人民与统治者有均利的权力。

在以社会主义市场经济为基础的当代社会，要实现构建和谐社会的美好理想，应该大力弘扬“义利并重”的价值观。在推进市场经济建设的过程中，讲究竞争，优胜劣汰，鼓励人们通过诚实劳动、合法经营，追求物质财富的积累，都是社会主义道义的题中之义。但是，在个人获得较多的生存与发展资源以后，不能忘了自己的社会责任，更不能为了追求个人利益最大化而不择手段，不顾基本的公正和道义。在建设中国特色社会主义的过程中，有的人在先富起来以后，将几百万的财产全部捐献出来，或者改善地方的基础设施，或者发展乡村工业，带领大家走上共同富裕的道路。

可以说，义利并重的价值观，是社会的润滑剂，在竞争激烈的环境中，只有人人在追求个人利益的过程中，始终将社会责任、公共利益挂在心头，不断回报社会，才会使我们生存的世界时时处处充满温馨、关怀和爱，社会才能变得更加和谐。我们知道，“义”和“利”是有分别的，而且对人生和社会来说有轻重之分，这一点是建立在将“利”界定为个人私利的含义上。如果我们讲祖国的利益、社会的利益和集体的利益，也是作为“利”的一种形态的话，那么，“义”和“利”又是统一的。人们用实际行动维护国家利益、追求社会利益、增进集体利益的行为，本身也是“义”的行为。我们作为国家、社会或者某个集体中的一员，追求公共利益实际上也是在增加自身的利益，但是这种主观或者客观增进公共利益的行为，已经统一在“义”之中。

在现代社会，“义”与“利”的统一还有另一层含义，那就是“义”和“利”是可以互相转化的。对个人来说，维护国家、社会、集体利益的义举，会得到人们的尊重和赞赏，甚至会得到某种物质奖励，这是一种对个人利益的增进；而以个人利益为出发点的奋斗与拼搏，只要是诚实劳动、合法经营、遵守公德，最终都会增加社会的财富和福利，有助于解决社会的各种问题，在一定程度上，这种个人行为也已经转化为符合“义”的壮举。总之，“义”和“利”的统一，可以使利己的行为和利他的行为形成一股合力，共同推动国家的富强、社会的进步、集体的成长。

“义”德的最高价值是积极维护和增进国家的利益，秉持“祖国利益高于一切”的坚定信念。

当然，也许有人会说，作为生活在地球上的人类，在全球化趋势日益加深的今天，我们还有更高尚的利益形态，那就是人类的共同利益。为人类的共同利益奉献自己的智慧和力量，的确是伟大的。但在世界共同利益依然分化严重的今天，在我们积极进行社会主义现代化强国建设的重要时刻，强调国家利益至上，仍是必然的选择。因此，处理国家利益与人类利益的关系，是现代全球化时代“义”的一项重要内容。我们每个人都应该勤勤恳恳、踏踏实实地工作、学习和生活，以自己的实际行动为社会财富的增加贡献一份力量，同时注意俭朴节约，不搞铺张浪费，以扎扎实实的奋斗实现自己的人生价值，尽量做一个对社会有用的人，到回头看时，不因虚度年华而悔恨，也不因碌碌无为而羞耻。只要在自己短暂的人生中，充分发挥了应有的光和热，就是切切实实地为祖国工作，回报养育我们的这片热土。应该随时维护祖国的尊严和形象，坚决同一切破坏国家利益的行为作斗争，做一个矢志不渝、忠贞爱国的人。

新中国刚刚成立时，一穷二白，在政治和经济上还受到西方资本主义国家的封锁。钱学森为了新中国的安全和强大，毅然放弃美国先进的科研条件和丰厚的资金支持，放弃优越的生活待遇，排除美国方面重重阻挠，回到祖国，为新中国的导弹事业贡献了自己的一生。这位被美国军方称作“可以抵得上五个师”的尖端人才，用实际行动和一生的心血向我们完美地诠释了什么叫作“祖国利益高于一切”。

当然，是与非的选择并不一定都会关乎生死，在仅仅关系到自身或者小团体利益的是非抉择面前，坚持公正的立场往往更不容易。“勿以善小而不为，勿以恶小而为之”，在日常的生活中，我们应该防微杜渐，事事以公正的心态和立场作出决定与评价，坚持正义，以点点滴滴的公正成就一个正义奉公的人生。因此，奉公爱国要求我们从小事做起、从身边事做起。一件合乎“道义”的小事、平常事，对我们来说，也许是微不足道的，但是对他人、对社会，乃至对国家而言，就可能具有非常重要的意义。尤其是在国际交往中，我们所说的正义奉公、维护国家尊严，往往就体现在我们身边发生的“点滴小事”上。

20世纪80年代，中国学生代表团到国外参加一个国际性会议，当他们兴高采烈地到达会场时，却意外地发现，在会场门口升起的各国国旗中，居然找不到五星红旗。他们马上向组委会提出了抗议，要求升起代表中国的五星红旗。到中午进餐的时候，他们发现会场外依然没有飘扬的五星红旗，又继续向组委会提出严正要求，组委会解释说没有找到五星红旗。在中国学生代表团坚决要求下，组委会终于辗转找来五星红旗。看着代表祖国的五星红旗在会场外冉冉升起，与别国的国旗交相辉映，中国学生代表团的成员们终于露出了会心的微笑，他们以自己的实际行动维护了祖国的尊严。

三　赋予“礼”以新的时代内涵

在我国“礼”是一个人人皆知的道德概念，贯穿于中华民族几千年的文明发展史中。从一定意义上说，一部中华文明史和一部中国文化史，就是一部“礼”的发展史，礼尚往来、重礼仪讲礼貌，被誉为中华民族的传统美德。“礼”不仅涵育了华夏儿女高尚文雅、彬彬有礼的道德品格和精神气质，而且也使中华民族赢得了“礼仪之邦”的美称。在中国特色社会主义新时代，仍需注重我国传统核心价值观中“礼”的重要作用，发掘其永恒价值，实现其创造性转化和创新性发展，提倡文明礼仪、尚礼守法的道德精神和行为规范，让“礼”成为社会和谐的保障，以实现安定有序、高度文明的社会文明发展目标。

（一）“礼”德的由来与发展

“礼”是我国传统社会和传统文化中一种特有的现象，它的起源很早，最初是原始社会中祭神祈福的一种仪式活动，并演化成为一种礼仪和宗教仪式来约束人心。

据记载，尧命舜摄政，“修五礼”；舜命伯夷为秩宗，“典三礼”；舜还任命夔为典乐，“教稚子”，“诗言意，歌长言，声依永，律和声，八音能谐，毋相夺伦，神人以和”，“昔者舜作五弦之琴，以歌《南风》；夔始作乐，以赏诸侯”，描述了我国“三皇五帝”时期治理天下的礼仪法度。

《说文解字》曰：“礼，履也，所以事神致福也”，就是说“礼”一方面是人的行为准则，“礼”与“履”二字音近，“履”有行动、践履之意；“礼”另一方面与祭祀鬼神有关。一般认为“礼”产生于我国古代的祭祀活动，《礼记》讲：“夫礼之初，始诸饮食，其燔黍捭豚，污尊而抔饮，蒉桴而土鼓，犹若可以致其敬于鬼神。”这说明“礼”最初产生于我国古代先民的饮食行为，把黍米和猪肉放在火上烤，在地上挖坑储水，用手捧着水当酒喝，用草扎成槌子敲打地面作鼓乐。我国古代先民的生活方式尽管非常简陋，但以为这样就可以向鬼神表达敬意，从而产生了原始的祭奠礼仪。这种源于饮食和祭祀的仪式就是“礼”的最初原型。

原始的“礼”从内容到形式都比较简单。这种原始的“礼”主要适用在人与鬼神的“礼敬”关系上，其表现形式不过是用食物诸如猪头、牛头、羊头和佳肴来祭祀鬼神，如“殷人尊神，率民以事神，先鬼而后礼”。这说明在殷商时期我国先民主要是用“礼”来拜祭鬼神，这一时期的“礼”还没有成为约束人的行为的道德规范，仅仅是一种祭祀形式。

到了周朝开始重视用“礼”规范人际关系，发挥“礼”的道德规范作用，将“礼”引申为治理国家、治理社会的制度及与此相适应的道德规范，“周人尊礼尚施，事鬼敬神而远之”。尽管“礼”的重要功能仍然是祭祀，但是一个“远”字说明“礼”的作用开始发生了重要变化，逐渐成为调节和规范人的行为的道德规范和制度。周公进一步将“礼”系统化、规范化。周公是周文王的第四子，在周朝创立之初，鉴于商朝灭亡的教训，提出了“以德配天”“敬天保民”的“德政”思想，以巩固周朝政治统治。在统治方式上，周公开始“制礼作乐”，实行以“礼乐”治天下，重视道德对社会治理的重要作用。

周公“制礼作乐”的出发点和归宿是“尊尊”和“亲亲”。“尊尊”为“忠”，旨在维护君权，所谓“国无二君”；“亲亲”为“孝”，旨在维护父权，所谓“家无二尊”。这种把国家政治与家庭伦理相统一的理论，成为我国古代“礼”的重要思想基础，也成为我国古代国家理论“家国同构”的重要思想基础。

在继承夏商礼乐制度的基础上，周公进一步“制礼作乐”，逐渐形成了我国的礼乐文化。夏朝进入世袭制王朝，社会生活政治化、国家化，除了运用法典《禹刑》维护社会秩序，开始制订“夏礼”作为行为规范准则约束社会成员的行为。周公将上古礼仪、夏礼和殷礼进行整理改造和全面革新，创建了一整套系统化的、可操作的礼乐制度，涉及的范围相当广泛，把祭祀、丧葬、饮食、起居、出行等社会生活的方方面面都纳入“礼”的范畴，形成国家的典章制度和吉、凶、军、宾、嘉等“五礼”的礼仪和制度，在统辖的范围内全面推行“礼乐”之治，使国家的各种活动都受到“礼”的规范和约束，并将人与人之间的关系与行为都纳入“礼”所调整的轨道，不得越礼、悖礼，“礼”得到国家法律的支持和强制性保障，从而全面确立了宗法等级制度。孔子称之为“郁郁乎文哉”。

进入春秋战国时期，伴随着大国争霸以及兼并战争，打乱了周公制“礼”以来的“礼治”秩序，社会动荡，出现了“礼崩乐坏”的局面。随着奴隶制度的日趋瓦解和新的封建经济关系、政治制度和价值观念的产生、形成和发展，“礼治”观念及其制度也遭受新的冲击和挑战，人们开始对“礼治”进行创造性转化，诸子百家争鸣。

将“礼”作为最高道德准则和道德规范加以提倡的是春秋前期的管子，他将“礼义廉耻”定为“国之四维”，把“礼”放在“国之四维”的首位。

在对“礼”进行创造性转化的过程中，孔子作出了重大贡献。孔子主张“克己复礼”，提出“吾从周”，竭力推崇用“周礼”来规范人的行为。孔子不仅主张复“礼”，而且系统阐发了“仁义礼”的道德规范，对传统礼仪进行了创造性发展，形成了独特的礼学思想，对我国历史文化产生了深远影响，使“礼”的观念在后来漫长的封建社会中经久不衰。他说：“仁者人也，亲亲为大；义者宜也，尊贤为大；亲亲之杀，尊贤之等，礼所生焉。”（《礼记·中庸》）孔子把“礼”看作是对“仁”和“义”的具体规定，晚年还修订了《诗》《书》《礼》《乐》《易》《春秋》等“六经”，其中《礼》也称《礼记》《礼经》，就是专门讲礼节的经典。

孔子把春秋时期“礼崩乐坏”的主要原因归结为“不仁”，而“仁”与“不仁”的界限和区别在于是否合乎“礼”，合乎“礼”的行为则为“仁”，不合乎“礼”的行为则为不“仁”。孔子以“仁”为“质”，把“仁”看作是内在的道德情感和道德理想，以“礼”为“用”，把“礼”看作是外在的道德规范和道德操守，“仁”高于“礼”。因此，孔子反对只重视“礼”的形式而不重视“礼”的实质的做法，认为“礼”不仅仅是指玉帛等礼物，“乐”也不仅仅是指钟鼓等乐器，玉帛、钟鼓等只是“礼”“乐”的外在形式，我们追求的应该是“礼”“乐”形式背后所包含的精神实质，这就是“仁”。他说：“礼云礼云，玉帛云乎哉？乐云乐云，钟鼓云乎哉？”“人而不仁，如礼何？人而不仁，如乐何？”

在孔子看来，如果没有“仁”德，即使行“礼”行“乐”，也没有什么意义，只有把“仁”的内容和“礼”的形式有机结合起来才是有意义的。孔子将“仁”的道德内涵注入“礼”的形式躯壳中，改变了“旧礼”中“不仁”的“礼乐”成分，树立了包含“仁”的道德精神和内涵的“新礼”观念。“仁”与“礼”互为表里，“仁”是“礼”的道德要求和行为目标，通过“礼”的外在形式转化为人的内在精神追求和道德规范，“礼”则通过具体的制度设置把“仁”的道德精神和道德要求规范化、程序化进而内化，达到“非礼勿视，非礼勿听，非礼勿言，非礼勿动”的道德境界。

通过“仁”与“礼”这样的有机结合，把“仁”转化为人的道德规范。孔子主张用这种道德之“礼”来完成从外到内、从内到外的社会秩序的构建，从而培养出安顺的民众，即“道之以德，齐之以礼，有耻且格”。

孟子在继承孔子伦理道德思想的基础上提出了“性善论”，为他的“仁政”思想和道德思想提供了理论依据。在孔子提出的“君君、臣臣、父父、子子”人伦关系基础上，孟子首创了君臣、父子、兄弟、夫妇、朋友等“五伦”，提出了“仁义礼智”等“四德”，把“礼”作为人的基本德行之一，并把孔子的“仁礼”并重发展为“仁义”并重。孟子将“礼”看作是一种道德内化的心理原则，是一种“辞让之心”和“恭敬之心”，视为从属于“仁义”的辅德。

在仁、义、智、礼、乐五个道德范畴中，孟子把“仁义”看作是核心内容，其内涵为“事亲”“从兄”，“礼”则是缘饰“事亲”与“从兄”的。他说：“仁之实，事亲是也；义之实，从兄是也；智之实，知斯二者弗去是也；礼之实，节文斯二者是也；乐之实，乐斯二者。”

孟子还以“仁礼”两个道德范畴阐发了君子与一般人不同的地方，他说：“君子以仁存心，以礼存心。仁者爱人，有礼者敬人。爱人者，人恒爱之；敬人者，人恒敬之。”在“性善论”和他的道德学说基础上，孟子提出了实行“仁政”的政治主张，把封建社会中的人际关系道德准则概括为“五伦”的道德原则和道德规范，即“父子有亲，君臣有义，夫妇有别，长幼有叙，朋友有信”，后来成为漫漫两千多年封建社会中“礼制”“礼教”的核心。

荀子也对“礼”的产生和作用作过详细论述。他认为，“礼”起源于人的欲望和利益的平衡与调节，人生而有欲望，如果无法得到满足或是在没有规则的世界中得到满足就会引发纷争，“礼”正是古圣先贤为了平息人与人之间的这些纷争和争斗而制定的，目的在于规范人的行为。他说：“礼起于何也？曰：人生而有欲，欲而不得，则不能无求。求而无度量分界，则不能不争；争则乱，乱则穷。先王恶其乱也，故制礼义以分之，以养人之欲，给人之求”，“使欲必不穷于物，物必不屈于欲，两者相持而长，是礼之所起也”。

关于“礼”的作用，荀子认为，如果没有“礼”，国家就不能够正常发展，“礼”之于国家就像秤之于轻重，绳墨之于曲直，规矩之于方圆一样，是国家正常发展的标准和准则。他说：“国无礼则不正。礼之所以正国也，譬之：犹衡之于轻重也，犹绳墨之于曲直也，犹规矩之于方圆也。”

荀子还援“法”入“儒”，寓“法”于“礼”，将“礼”“法”相统一，提出了“礼治”的思想，这对后来的整个封建社会产生过深远的影响。《左传》曰：“礼，经国家，定社稷，序民人，利后嗣者也。”“礼，王之大经也。”“礼，国之干也。”

西汉时期汉武帝采纳董仲舒提出的“罢黜百家，独尊儒术”的治国之策，以儒家思想治理国家和社会，建立了一整套规范社会行为的思想道德体系和法律规章制度，将儒学经义转化为指导和规范经济生活、政治生活和社会生活的典章制度和“律法”化的行为模式，并进行了持续不断的制礼活动，采取“礼乐教化”等一系列措施“尊民以礼”“劝学兴礼”。董仲舒把“道”看作是治理国家之路，“仁义礼乐”皆是其具体手段，一个国家应以“仁”德化民，以“正义”教民，以“礼仪”节制民众，“礼乐教化”施行则奸邪都会停止，“礼乐教化”废弛而奸邪并出。董仲舒认为：礼者，继天地，体阴阳，而慎主客，序尊卑贵贱大小之位，而差外内远近新故之级者也。自汉代形成的中国传统“礼”文化模式在后来两千余年历史进程中不断得到巩固和完善，虽然经济关系和社会生活发生过沧海桑田般的变化，由“礼”所奠定的基本价值准则和行为方式却没有发生根本改变。

“礼”的发展史表明，“礼”是由一种源于中国古代氏族社会具有宗教意义的习惯、祭祀礼仪演变而成的一系列重要场合的礼仪活动，涉及君臣之义、父子之伦、夫妇之别、长幼之序等社会生活的方方面面，最终成为一种维系中国传统社会人与人之间关系的基本制度。在社会经济关系、国家制度和意识形态产生以后，具有原始习惯意义的“礼”经过国家统治阶级的改造，从而成为君主专制国家意志的重要体现，成为一种具有法律性质和法治效力的制度化形式。

同时，“礼”作为一种行为规范又保留了它的原始性、人情性和道德性，体现了丰富的伦理道德内涵和文化价值内容，成为维护中国古代宗法人伦社会关系独具特色的规范体系，成为介乎“法律”与“道德”、“法”与“俗”之间的一种重要行为规范。我国古代的“礼”被认为是符合社会整体利益的行为准则，是道德观念和风俗习惯体现于社会生活而形成的礼节，是人与人交往时言行举止的各种表现，是人与人一种和谐共处关系的反映，“代表了一种更具混溶性的社会秩序”。

中国古代的“礼”，既有吉、凶、宾、军、嘉“五礼”之说，又有冠、婚、丧、祭、朝、聘、射、乡饮“八礼”之分，还有郊、社、尝、禘、馈、奠、射、乡、食、飨“十礼”之说等，历代封建统治者都很重视礼仪规则的制订和推行，用来作为协调统治阶级内部的关系、束缚人民大众以维护封建统治的工具，从而成为封建社会等级秩序的标志、人际关系的准则，对社会有着极为深刻、广泛的规范控制功能，因而又被称为“封建礼教”。

我国几千年的文明发展史表明，无论对于社会还是对于个人，“礼”都是必不可少的道德规范体系和制度体系。对社会而言，“礼”是社会道德文明程度的一种直接表现和直观表征；对个人而言，“礼”是一个人道德素质和教养程度的行为体现和外在标志。新时代传承弘扬中华传统文化，应该看到在封建君主专制制度下“礼”的许多具体内容主要是强化尊卑的人伦宗法关系和上下的封建等级观念与制度，其中不少繁文缛节早已过时，其封建糟粕性的内容也已失去了意义，但是“礼”在协调人际关系、维护社会秩序、倡导言谈举止符合文明礼貌要求等方面的功能和作用，在任何时代都是需要的。今天我们仍然可以继承古代礼仪文化的精华，剔除其过时的糟粕，借助“礼”的形式，赋予其以符合现代文明的新内容，创新出新时代所需要的新的礼仪文化。

（二）“礼”的本质与影响

“林放问礼之本。子曰：大哉问！礼，与其奢也，宁俭；丧，与其易也，宁戚。”孔子所处的时代正是奴隶制度解体崩溃的时代，礼崩乐坏，天下大乱，到处都可见不遵守“周礼”“犯上作乱”的现象。如根据“周礼”的规定，只有天子才有祭泰山的资格，诸侯只有在自己辖区内祭祀小山的资格，但是鲁国的季孙氏却到泰山去进行祭祀。事实上要回答“礼”的本质，首先必须弄清“礼”的价值。

法国思想家孟德斯鸠在《法意》（即《论法的精神》）一书中将“礼”看作是中国文化的同义，认为“礼”在中华五千多年文明史中久盛不衰是世代相沿的主要形态。历代圣君贤相也都以“礼”作为治国形象而显耀于异域外邦。如果说“礼”没有什么价值，它就不可能具有这么强大的生命力。

那么，在我国传统文化中到底什么是“礼”？“礼”又具有什么价值呢？

首先，“礼”是人的重要标志。在《论语·为政》中，孔子把“礼”看作是使人异于禽兽的重要标志。他把“敬”看作是“礼”的主旨之一，是区别人和犬马的一个标志。《荀子》中讲，人之所以成为人不仅仅是因为他有两脚而无毛，主要在于人有“礼仪”之分，懂得父子之亲、男女之别，这是人与动物的主要区别。“礼”是人之所以为人的标志，即区分人与动物的标志。这是人们在尚未懂得“劳动和制造工具是区分人和动物的主要标志”时一种不无道理的看法，也是儒家论证“礼”的价值最为人称道的一种认识。

其次，“礼”为治国之大纲。在我国几千年文明发展的历史进程中，“礼”一直被看作是治国的大纲与根本，强调为国以礼。“礼，王之大经也。”（《左传·昭公十五年》）“礼，国之干也。”（《左传·僖公十一年》）“礼，经国家，定社稷，序民人，利后嗣者也。”（《左传·隐公十一年》）由于我国古代的“礼”的本质特点在于明确等级尊卑，“礼”作为国策就为等级制度提供了正当性、合法性基础，其价值也就至高无上了。

再次，“礼”是辨别是非的标准。孔子认为，人的一切言行视听都要以“礼”为准绳，即“非礼勿视，非礼勿听，非礼勿言，非礼勿动”。《礼记》说得更为明确，“所以定亲疏，决嫌疑，别同异，明是非也”，“是故礼者君之大柄也，所以别嫌明微”。

最后，无“礼”不得众望。孔子说：“恭而无礼则劳，慎而无礼则葸，勇而无礼则乱，直而无礼则绞。君子笃于亲，则民兴于仁，故旧不遗，则民不偷。”孔子认为，注重容貌态度端庄却不知礼就未免使人厌倦，只懂得谨小慎微却不知礼就会流于畏葸懦弱，专凭敢作敢为的胆量却不知礼就会盲动闯祸，而心直口快却不知礼则会尖刻刺人。君子如果能用深厚感情对待亲族，那么老百姓就会崇尚“仁”德；君子如果能不遗弃老同事老朋友，那么老百姓就不会对人冷淡无情。

概言之，“礼”的本质就是社会的规范、秩序和法度，无论对于国家、社会还是对于个人，“礼”都是不可缺少的。“礼”，经过儒家的阐释和推广，更加深入人心，传承沿袭，形成了一整套人们在社会生活各个领域各个方面所必须恪守的准则和制度，影响着世世代代中国人的思想观念、行为方式和生活方式。

在我国传统文化中，“礼”不遗巨细地从社会生活的各个方面区分人的等级尊卑贵贱，由此来维护我国古代封建社会的等级制度和社会秩序，社会的各阶层从生到死、从衣食住行到所用器具，都要受到身份等级、尊卑贵贱的限定。

我国古代“礼”所涉及的内容非常庞杂，几乎包含经济、政治、行政、司法、军事、教育、伦理道德、婚姻家庭、衣食住行、宗教祭祀等各个方面，所谓君臣士农工商，“衣服有制，宫室有度，人徒有数，丧祭械用，皆有等宜”。

《礼记》说：“道德仁义，非礼不成；教训正俗，非礼不备；分争辨讼，非礼不决；君臣上下、父子兄弟，非礼不定；宦学事师，非礼不亲；班朝治军、莅官行法，非礼威严不行；祷祠祭祀、供给鬼神，非礼不诚不庄。”

贾谊写道：“奇服文章，以等上下而差贵贱，是以高下异，则名号异，则权力异，则事势异，则旗章异，则符瑞异，则礼宠异，则秩禄异，则冠履异，则衣带异，则环佩异，则车马异，则妻妾异，则泽厚异，则宫室异，则床席异，则器皿异，则饮食异，则祭祀异，则死丧异。”

我国古代社会在生活的方方面面都形成了一套完整的礼仪规范制度，只有遵循这些规范制度，社会各阶级各阶层才能在社会共同体中各得其位、各得其所，而不至于因为利益矛盾而发生冲突。

以服饰为例。我国古代的“礼制”主要是通过礼服和官服来表现人的等级尊卑贵贱的，“礼服”主要用于各级官员上朝和祭祀穿戴，“官服”主要是上至大臣下至官府仆役等任职期间穿戴的特定服装。从西周开始，“周礼”就规定了上至帝王、下至各级官员的服饰在形制、色泽、质料及图案上的等级要求，不同爵位等秩之间就有严格的区别，表明在我国古代衣冠自一开始就与政治、道德、治国联系在一起，“垂衣裳而天下治”。

再如唐朝初期定制服饰，明确规定赭黄色为帝王服色，严禁臣民使用，三品以上服紫，四品、五品服绯，六品、七品服绿，八品、九品服青，庶人服白，商贾服皂，严格规定了不同等级不同阶层服饰的不同颜色，品色衣制度由此成为我国古代官服的一大特色。

比如“衣冠禽兽”一词，本来源于我国明代官员服饰上因等级不同所绣的不同动物，文官官服绣禽，武官官服绣兽，因品级不同所绣的禽和兽也就不同。据史料记载，明朝明确规定：在服色上，文武官员一品至四品穿红袍，五品至七品穿青袍，八品和九品穿绿袍；在服饰所绣的动物图案上，文官一品绣仙鹤、二品绣锦鸡、三品绣孔雀、四品绣云雁、五品绣白鹇、六品绣鹭鸶、七品绣鸂鶒、八品绣黄鹂、九品绣鹌鹑，武官一品绣麒麟、二品绣飞鱼、三品绣虎、四品绣豹、五品绣熊罴、六品七品绣彪、八品绣犀牛、九品绣海马。后因明朝中晚期政治腐败，“文死谏，武死战”的为官理念被贪官佞臣彻底颠覆为“文官爱钱，武将怕死”，欺压百姓无恶不作，被老百姓视为匪盗瘟神，“衣冠禽兽”遂成一个讽刺官员为非作歹、道德败坏的贬义词。

此外，我国古代历代还对刑徒、奴隶和某些卑微职业也作出了“以衣冠别之”的特有规定。这样，在古代中国，不论是何许人士，行至何方，“见其服而知贵贱，望其章而知其势”。这些都说明，我国古代在服饰上已渗入了礼仪道德的内容。

再如，我国古代的饮食也是在严格的礼仪规范下进行的，饮食也成为我国古代“礼”的重要表现形式之一。荀子说：“故礼者，养也。刍豢稻粱，五味调香，所以养口也；椒兰芬苾，所以养鼻也。”饮食之“礼”首先表现在宴席座位的等级尊卑贵贱的次序安排上，尊者长者上座、卑者幼者下座，主客主陪、次客副陪，陈设菜肴、用饭过程都有一套繁文缛节予以规定，“凡进食之礼，左殽右胾，食居人之左，羹居人之右”，“共食不饱”，“凡尝远食，必须近食”。

在交通出行上也有一套礼仪礼节。我国古代的车轿有着严格的等级尊卑贵贱之别，大轿小轿、大车小车、金顶银顶，望去一目了然，车轿中人的身份见此便知。我国古代出行讲究“将上堂，声必扬。户外有二屦，言闻则入，言不闻则不入”，“行不中道，立不中门”。帝王官僚出行有着一套严格的仪仗制度，讲究八面威风，气势壮观，一般民众遇上还要回避躲让，否则就要受到处罚。如唐朝《仪制令》中明确规定：“行路贱避贵”，违者笞五十。

这套区分封建等级尊卑贵贱的“礼仪”制度还体现在建筑和住房上，按照我国传统方位观念，我国古代的住房把居中面南视为“尊”，居面东西者次之，居面北者最低。宫室殿宇、官署宅第不但位置、方向有规矩，尺度、高低、形制乃至色彩图案等都有等级贵贱、高低尊卑之别。在房屋的居室中，一般只有长辈、家长才能居“尊位”即正房或上房，晚辈子媳一般居“侧房”即厢房或偏房。

此外，在婚丧嫁娶、生日节庆、迎来送往等各方面都各有一整套繁文缛节，其宗旨就在于培养人们“尊让契敬”的礼仪习惯，懂礼习礼守礼重礼，讲究“时序效令”，遵循“天地鬼神、长幼尊卑”的顺序，要求社会不同阶层的人们都按照“礼”的规范去从事各项活动，从而保证上下有“礼”，达到“贵贱不相逾”的社会秩序。

我国传统文化中的“礼”所区分的尊卑贵贱的社会差异，强烈地体现在古代道德的方方面面，“礼仪”观念及其规范维护着封建社会的等级制度，所谓“天有十日，人有十等”“名位不同，礼亦异数”“礼之所去，刑之所取，失礼则入刑，相为表里”。人们生活在这种氛围中，无不受到“礼仪”规范的约束、濡染熏陶，日益养成时时讲“礼”、处处守“礼”的社会风尚。

《礼记·礼运》曰：“父子笃，兄弟睦，夫妇和，家之肥也；大臣法，小臣廉，官职相序，君臣相正，国之肥也；天子以德为车，以乐为御；诸侯以礼相与，大夫以法相序；士以信相考，百姓以睦相守，天下之肥也，是谓大顺。”

这种“礼仪”制度不仅造就了中华民族成为“礼仪之邦”，也使中华民族成为泱泱大国。孔子曰：“礼之用，和为贵。”“和”就是“中庸”“中和”，在人际、族际、国际关系中，“中庸”“中和”的表现形式就是“礼”。何谓“中”？荀子曰：“礼义是也。”“礼乎礼，夫礼所以制中也。”“知和而和，不以礼节之，亦不可行。”“礼”成为人际、族际、国际关系中公平中正的表现形式，要求约之以“礼”，行之以“礼”。任何人打乱打破这种和谐中正的统一和平衡，都是违“礼”行为，都要受到“礼”的惩罚。

“礼”的“制中”原则把我国古代人们的思想意识、个性心理和行为习惯都规范于一个和谐统一的社会秩序之中，“礼”成为各种关系的黏合剂，增强社会和国家的凝聚力，对中华民族不断克服分裂危机、形成大一统局面发挥了重要作用。

“礼”是我国一份特别厚重的文化遗产，许多传统礼仪经过创造性转化和创新性发展，仍有一定的时代价值，完全可以吸收其中重教化、讲秩序的思想精华和道德精髓，摒弃旧“礼”中维护等级、束缚个性、不思进取的思想糟粕，取精用宏，使它更合乎国情、合乎世情，顺应时代发展潮流，为繁荣发展中国特色社会主义文化发挥积极作用。

（三）赋予“礼”以新的时代内涵

我国素以“礼仪之邦”“文明古国”著称于世，重“礼”是中华民族的传统美德和行为习惯。在我国传统社会，上自朝廷军国大政下至民间冠婚丧祭，无不是在“礼”的要求和规范下进行的，“礼”成为我国古代社会生活中具有权威性的道德规范和制度规范，称为“礼治”。

新时代传承弘扬中国传统文化，实现对传统“礼俗”的因革取舍，探讨“尚礼守法”的现代文明行为模式，对于更好地维护社会稳定、构建和谐社会、提高社会文明水平具有重要现实意义。《现代汉语词典》把“礼”定义为“社会生活中由于风俗习惯而形成的为大家共同遵守的仪式”，主要作用是调整社会关系和维护社会秩序。结合新时代要求讲“礼”，应以建立安定有序、高度文明的现代法治社会为目标，大力提倡基本的人伦规范和文明礼仪，大力提倡法治精神，其核心思想应该是“尚礼守法”，主要内涵包括孝敬谦恭、文明礼貌、遵纪守法。

1.孝敬谦恭

“礼”作为中华民族的一种传统美德，要求人们在基本的社会关系中首先要有“孝敬谦恭”的品格和行为。现代社会在物质欲望的催生下，极端个人主义、精致利己主义日益膨胀，存在着过度关注自我、忽视他人、不尊重他人以至侵犯他人权益的情况。

所谓“孝敬谦恭”，是指应在摈弃古代“礼治”尊卑贵贱、彰显现代社会人格平等的基础上重视孝亲敬老、尊师重道、恭敬谦让等品格和行为。提倡“孝敬谦恭”有助于形成和谐的人际关系，孟子曰“辞让之心，礼之端也”（《孟子·公孙丑上》），认为恭敬谦让是“礼”的端始。《左传·文公二年》说“孝者礼之始也”，认为人的一生中要学很多“礼”，如同学之礼、君臣之礼等，但是最初的“礼”就是对父母的孝。作为一种传统道德规范，“礼”的要求归结起来不外乎“孝敬谦恭”四个字。

新时代我国正处于全面建设社会主义现代化强国的关键时期，在经济发展已经基本满足人们基本物质生活和精神文化生活需要的情况下，更好地满足人民群众在民主、法治、公平、正义、安全、环境等方面日益增长的美好生活需要，更好地满足人们更高层次、更高质量的尊重需要和自我实现的需要就显得日益迫切。提倡“孝敬谦恭”之礼，实现对我国传统“礼治”创造性转化和创新性发展，正好适应了当今社会发展的现实需要，它能够使人与人之间相互尊重，满足人们的自我尊重和被尊重的需要，有助于形成善良敦厚的社会风气、友爱和谐的人际关系，对维护社会稳定、促进社会发展起到积极作用。

（1）孝亲敬老

“孝亲敬老”的美德在我国源远流长，我国的道德规范体系起源于维护血缘人伦宗法关系的“尊尊”“亲亲”，自古就把子女、晚辈对父母、长辈的感恩赡养、尊敬扶助作为责任和义务，已经积淀为中华民族的道德基因，“孝”是一项非常重要的道德规范，被视为“百善”之先和道德之本，是做人最基本的道德准则。《孝经》讲“夫孝，德之本也”，把“孝亲敬老”看作是各种道德的根基。

我国传统“孝道”认为，一个懂得敬爱自己父母的人就不敢厌恶别人的父母，一个懂得敬奉自己父母的人就不敢怠慢别人的父母。我国传统的

“孝道”不仅对家庭生活而且对社会生活产生了极为重要的作用。

孝敬父母、赡养父母是“孝亲敬老”的基本含义，随着社会主义制度的建立和中国特色社会主义进入新时代，我们应该摒弃我国传统“孝道”中的封建落后成分，汲取其“孝亲敬老”的永恒价值，并赋予其以新的时代内涵，使以孝为先、以孝兴家、以德立身成为新时代的社会风尚，报答父母的养育之恩，孝敬父母、尊老敬贤应成为新时代人人具备的一项基本品德，这将有助于克服和改善现实生活中一些人“敬老养老”观念淡薄、不孝敬父母以及歧视、嫌弃和虐待老人甚至侵犯老人合法权益等种种丑恶现象。

我们还可以把“孝”的价值理念和道德规范从家庭私人生活领域拓展到社会公共生活领域，使“孝亲敬老”的家庭美德与“尊老敬老”的社会公德紧密结合起来，每个人在赡养孝敬自己的长辈的同时也关爱其他与自己没有亲缘关系的长者，不仅对自己父母亲人尽孝，而且对社会上的老人也献上一份爱心，在全社会形成“老吾老以及人之老”（《孟子·梁惠王上》）的良好社会风尚。

（2）尊师重教

教师被誉为人类灵魂的工程师，教师职业被很多人认为是太阳底下最崇高的职业，也是最辛苦的职业。为了一代代新人的健康成长，教师传道授业解惑，需要精心备课、认真批改作业，课堂上循循善诱、耐心辅导，尽职尽责，既教书又育人，师恩师情最令人难忘。自古以来，中华民族就形成了“尊师重教”的优良传统，甚至将“师”与“天、地、君、亲”并提，给以极高的地位，高度强调“尊师重教”的作用。

荀子说：“国将兴，必贵师而重傅……国将衰，必贱师而轻傅。”又说：“有师法者，人之大宝也；无师法者，人之大殃也。”《吕氏春秋》讲：“古之圣王未有不尊师者也，尊师则不论其贵贱贫富矣。”韩愈说：“古之学者必有师。师者，所以传道授业解惑也。”这些都说明了教师在社会中的作用和地位。邓小平同志说：“我们要提高人民教师的政治地位和社会地位。不但学生应该尊重教师，整个社会都应该尊重教师。”①

邯郸淳是三国时博学多才的大学者。有一天，曹操将他请到家中，说儿子曹植要拜他为师。他们正在饮茶，却见一个赤膊散发、浑身飘香的少年敲门而入。少年向邯郸淳深深作了一揖，接着跳起了民间舞蹈，跳舞结束后又拔剑起舞，练起了剑术。高超的武艺让邯郸淳频频鼓掌。舞剑完毕，少年又整装上堂，朗诵起诗句来。这个少年就是曹植，他看到邯郸淳面有喜色，就高兴地重新整装，束发戴冠，端端正正地坐到邯郸淳下首，问：“老师，您看我能当您的学生吗?”原来，曹植特意沐浴更衣，表示用清洁的身体迎接老师；赤膊散发，是表示自己的一片赤诚；跳舞、舞剑和朗诵，是让老师评判自己的水平。这场别具一格的拜师礼，使邯郸淳对曹植青睐有加、着力栽培，曹植终成大器。

北宋时期的程颢、程颐是著名的理学家，名望很高，俗称“二程”。杨时非常仰慕程颢的道德文章，有一年程颢到杨时正在为官的地方讲学，恰值杨时接到调任的通知，于是他决定宁可辞官不做也要拜在程颢门下研习理学，与游酢、吕大临、谢良佐成为程门“四大弟子”。杨时学成回归时，程颢目送他远去，曾感慨说：“吾道南矣！”程颢去世后，已经40岁的杨时又拜程颐为师，一天中午他学习上遇到疑难，需请老师程颐解答，于是他与游酢一起去请教，到了程府正遇上程颐休息，这时候下起了大雪，两人便恭恭敬敬地侍立一旁，不言不动等了大半天，待程颐醒来时已见门外积起了一尺多厚的雪，而杨时和游酢仍然站立门口。《宋史·杨时传》曰：“见程颐于洛，时盖年四十矣。一日见颐，颐偶瞑坐，时与游酢侍立不去。颐既觉，则门外雪深一尺矣。”后人用“程门立雪”来比喻求学心切和对老师的虔诚尊敬。

当今时代，“尊师重教”主要体现为对老师的尊敬，虚心地向老师学与问。虚心学习老师传授的思想理论和科学文化知识，学习老师辛勤劳

① 中共中央文献研究室编：《邓小平论教育》，人民教育出版社1995年版，第72页。

动、诲人不倦、勇于奉献的崇高精神和严谨治学、一丝不苟、精益求精的科学态度，学习老师忠诚人民教育事业的爱岗敬业、遵守职业道德的优良品德。当然，师生之间存在不同观点，有时甚至存在矛盾也是正常的，要通过善意的沟通和建设性的讨论及时解决。

（3）恭敬谦让

“礼”的基本精神是恭敬。学生子张问孔子如何使自己到处都行得通，孔子回答说：“言忠信，行笃敬。”即说话要诚实，行为要厚道恭敬。孔子说，如果做到了这两点，即使是到了别的国家或部族，也行得通；反之，就是在本乡本土，也寸步难行。孔子所说的“行笃敬”，就是说凡与人交往，要坚持恭敬谦让的态度。《论语・季氏》也说：“貌思恭”，“事思敬”。

儒家思想认为，“礼”要求人们“恭”在貌而“敬”在心。恭敬是尊人，谦让是卑己，虽然恭敬和谦让在分别使用时，具体含义不尽相同，但是对于“礼”的观念来说，二者则都是要求个人“辞尊居卑”（朱熹语）。只有自己谦逊，才能待人恭敬。因此，恭敬之德，必有谦让之心，恭敬和谦让密不可分。我国自古以来就有“恭敬谦让”的传统，“恭敬谦让”被认为是君子之为、名士之风。“敬让也者，君子之所以相接也。”历史上的许多贤君名臣无不本着“恭敬谦让”之心，以礼待人。刘备三顾茅庐，礼贤下士，因此诸葛亮对蜀国“鞠躬尽瘁，死而后已”；唐太宗以人为镜，尊重贤臣，对魏徵的直谏虚心接纳，因此魏徵一生尽忠社稷。

所谓“谦让”，是指在不违背“礼”的前提下在人际交往过程中对功名利禄的主动谦让。贾谊曰：“厚人自薄谓之让。”一个“让”字体现了对自己的严格要求。我国儒家思想主张一种尊重、宽容、理解他人的利他精神进而以礼待人、舍己为人的高尚品德，认为“让，德之主也。让之谓懿德”。我国古代著名处世要典《菜根谭》更是对“谦让”的美德作了生动肯定：“处世让一步为高，退步即进步的张本；待人宽一分是福，利人实利己的根基。”“谦让于人”被认为是一种既有利于自我品德修养升华又有利于他人和社会的重要品德。因此，古代许多仁人志士都十分重视“谦让”。《三字经》中“融四岁，能让梨”的故事可谓家喻户晓。东汉末年的名士孔融从小就牢记祖先孔子的教诲，识大体通礼仪，孔融兄弟七人，他排行第六，年纪虽小但在弟兄之间处处以“礼让”为先。

安徽桐城有一个著名的“六尺巷”，巷子的一边是清朝康熙时期的文华殿大学士兼礼部尚书张英的宰相府旧宅，另一边是其邻居吴氏的住宅。张英在京城做官时，吴家越界建房，张英家人写信报告张英，希望他能凭借官威权势压一压吴家的气焰。张英回诗一首曰：“千里修书只为墙，让他三尺又何妨？万里长城今犹在，不见当年秦始皇。”张英用万里长城和早已作古的秦始皇作比，说明住宅不过身外之物，没有必要和邻里去争强斗狠，更没有必要以权势压人。张英家人于是主动退让三尺，吴家见状亦深受震动，也后退三尺，于是便有了“六尺巷”，张吴两家“以礼相让”的故事便流传至今，成为以“谦让”为怀的佳话为后人传诵。

不仅我国古代历史上有许多谦让的典故佳话，中国共产党历史上也出现了许多“恭敬谦让”的典型。1955年中国人民解放军授衔时，时任装甲兵司令的许光达听说自己将被授予大将军衔并被任命为国防部副部长，工资定为四级，心里感到十分不安，匆匆地赶到贺龙元帅家里请求贺龙向军委反映他的意见：改授上将军衔、降低工资待遇。他还向毛泽东主席写了一份“降衔申请书”，说：“我对中国革命的贡献是微不足道的，不要说同大将们比心中有愧，与一些年资较深的上将比也自愧不如。我诚恳、慎重地向主席、副主席申请：授我上将衔。另授功勋卓著者以大将。”毛泽东对此大加赞扬，在中央军委会议室开会时高扬起许光达的“降衔申请书”，对朱德、徐向前等人说：“这是一面明镜……五百年前大将徐达二度平西，智勇冠中州；五百年后大将许光达，几番让衔，英名天下扬。”

总之，“恭敬谦让”的道德品质对于协调人际关系、化解利益矛盾、促进社会和谐具有重要意义。

2. 文明礼貌

我国传统社会中“礼”的道德内涵和精神，具体表现在“礼仪”和

“礼节”之中，要求人们恪守社会交往过程中的文明秩序，其实质是要求人们在为人处世中做到“文明礼貌”。所谓“文明礼貌”，是指一个人要从培育人伦意识做起，通晓为人处世的礼仪，接受社会道德要求，言行举止合乎社会规范要求，不断提高自己的文明素养。“文明礼貌”不仅给他人、给社会带来愉快和谐，也能创造充满爱心的环境，给自己带来快乐，带来温馨。

英国思想家约翰·洛克曾说：“礼仪的目的与作用是使顽固变柔顺，使人们的气质变温和，使人敬重别人，和别人合得来。”

人类社会的文明水平反映在社会生活的各个方面，也体现在文明教养和文明行为上，人们常用“文明”来形容社会安定有序、文化繁荣、科技进步、政治昌明的局面，人们也常常赞美谦恭礼让、文明礼貌、助人为乐、严己宽人的道德品质，而“礼貌”“礼节”则是这种文明教养和文明行为在人际交往中的外在表现形式。

“文明礼貌”是现代社会文明素质的外在表现和社会公德的一项基本内容，是实现社会和谐的黏合剂，其社会功能越来越重要。随着我国社会主义市场经济的深入发展和对外开放不断扩大，对外交往日益增多，了解和掌握国际通行礼仪，展现中华民族“礼仪之邦”的文明大国形象，对于提升我国公民的文明形象和维护我国的民族尊严，都具有十分重要的意义。

（1）尊重他人

“文明礼貌”的核心要义是互相尊重、互相谦让。中国古代一部礼仪制度的文献汇编《礼记》开宗明义就是“毋不敬”，又说“夫礼者，自卑而尊人”。要想得到别人的关爱、尊重、理解和宽容，就要同样地关爱、尊重、理解和宽容别人。孟子曰：“爱人者，人恒爱之；敬人者，人恒敬之。”曹操说：“礼让一寸，得礼一尺。”这告诉我们，在与他人交往的过程中，只有心里装着他人，设身处地去理解别人、尊重别人，才可能有文明礼貌的举止。

曾子是孔子的弟子，有一次坐在孔子身边听孔子讲学，孔子问他：以前的圣贤之君都有至高无上的德行、精要奥妙的理论，用它们来教导天下百姓，人们就能和睦相处，你知道什么原因吗？曾子立即从席子上站起来，恭恭敬敬地站到席子外面，请孔子把道理教给自己。“曾子避席”这个故事说的就是曾子的礼仪，当曾子听到孔子要向他传授道理时，马上站起身走到席子外向孔子请教，表示对孔子的尊重。

“讲礼貌”是为人处世的一种客观需要，是人的文明素养的一种重要表现。一个人在社会中生活必然要与人发生各种各样的关系，要使这些关系保持长期融洽就必须友好相处，“友好”的一个重要表现就是“尚礼”，不懂礼不讲礼貌就难以生存于社会。

一个彬彬有礼的人，既重视自我的内在修养又注意外在的行为表现，内在修养体现在健全的理智、真诚友善的态度和尊重关心他人的道德品德，外在行为表现在一个人的礼仪、礼节、气质、风度上。气质和风度虽然让人难以把握，但透过人的举止、言谈、形象能使人感觉出来，我国古话说“站有站相，坐有坐相”，即通过站坐起走、举手投足、言语声音、神态表情乃至面容发型、服饰形体等显示出来，让人感受得到。因此，一个人要使自己气质脱俗、风度优雅，就要成为一个懂礼貌、讲文明、彬彬有礼的人，注重礼节礼仪，以礼待人，礼貌待人。

所谓“礼貌”，是指人们在人际交往中应该养成遵守一些基本礼仪、礼节的良好品行，遵循程序、讲究方式、注意容貌、体现风度、适度言谈等，在交往中态度诚恳、形象和善，言语温和、待人友好，做事有节制、说话有分寸等。

从精神实质上看，我国古代讲“谦让之心”就是说要有舍己为人之心，讲“礼貌”之举就是说要有尊重别人之举。有人之所以不拘礼仪、待人傲慢甚至出言不逊，根源在于心中只有自我、毫不考虑他人，认为对一般人施礼是多此一举，对上级与师长施礼就觉得有谄媚之嫌，如此等等。

“有礼貌”是人与人之间的相互尊重，是一个人的基本文明素养，尊重上级是一个人的天职，尊重同事是一个人的本分，尊重下属是一个人的风度。讲文明有礼貌是一种道德修养，我国历来把它视为君子之德。

（2）遵守秩序

社会公共秩序是社会生活保持相对稳定与和谐的重要条件，包括遵守公共生活准则和严格遵守时间等方面。社会中的人们，都在一定的空间、时间里学习、生活和工作，彼此都要有交往，个人的行为时刻都可能影响他人。因此，在公共场所里，人们参加各种活动都应以不影响他人为准则，必须严格遵守秩序。遵守公共秩序是社会全体公民的共同要求，体现着人们的共同利益。在交往时，遵守时间是极为重要的文明礼貌，也是体现诚信的基本要求。在讲求速度、讲求效率的时代，时间是最宝贵的。不失约，不浪费对方的时间，是对人的极大尊重。

唐朝的安西大都护郭元振，奉命去拜访西突厥的可汗乌质勒。谁知天有不测风云，郭元振带队刚出发，天空就阴云密布，下起了鹅毛大雪。郭元振一行冒着风雪，深一脚、浅一脚地向前行进着。每迈出一步，都要比平时多花好几倍的力气。有人提议说，等天晴了再去。可郭元振态度坚决地说："既然已经把时间约定好了，又怎么能因为这一点小小的困难而不守时呢，这是对别人的无礼。"郭元振的守时，体现了对他人的礼貌与尊重。

（3）与人为善

"与人为善"是我国传统文化中强调的一种重要品德，指以善意待人、以善意助人。孟子曰："君子莫大乎与人为善。"荀子曰："与人善言，暖于布帛；伤人以言，深于矛戟。"墨子则曰："利人乎，即为；不利人乎，即止。"尊重人、信任人、帮助人、爱护人是人类文明的显著表现。当一个人处于困苦时给他以鼓励和温暖，会让他感恩铭记；如果乘人之危落井下石，则会让他记恨终生。

"与人为善"表现在见别人有成绩而心里高兴，不藐视嫉妒；见别人的长处而虚心学习，不小肚鸡肠；见别人有困难而乐于助人，不冷漠歧视；见别人犯错误而耐心帮助，不幸灾乐祸；见别人遭不幸而献出爱心，不落井下石；等等。总之，有利于别人的事多做，不利于别人的事莫为。

“与人为善”还表现在和蔼待人，“态度和蔼”是人与人交往时向对方发出的第一信息，是一个人具有礼貌修养的体现。我国传统文化讲求为人要“温良恭俭让”，温即温厚、温顺，良即善良、忠良，恭即恭敬、谦恭，俭即俭朴、勤俭，让即谦让、礼让。与人交往，先送春风微笑，可以开启对方的心扉，为情感的传递和相互理解搭上阶梯。待人和气，以和为贵，是对他人的尊重。在交往时对人粗暴蛮横，待人冷若冰霜，是与社会主义社会的平等、团结、友爱、互助的新型人际关系相悖的。与人为善，待人和气，可以使人与人之间产生一种和谐的气氛，使每个人的自尊心得到尊重，心理处于平衡状态，进而形成良好的社会风尚。

（4）注意形象

个人的言谈举止，无不体现一个人的文明素质。仪表得体是一个文明人的基本标志。仪表即外表，包括仪容、服饰、举止等方面，它是人们心灵的窗口，也是人们交往时形成和谐的道德环境的必要条件。

人们的各种行为是在社会中进行的，仪表如何，总会对自己对他人产生一定的影响。对自己，它会影响一个人的精神状态；对他人，它会影响到一个人感觉是否得到尊重。为此，我们在交往时，应力求仪表端庄，不矫揉造作；落落大方，不轻浮放肆；文质彬彬，不卑不亢。具体地说，就是服饰整洁，态度诚恳，举止得体。这样就可形成良好的道德环境，改善人们相互之间的关系，使交往顺利和谐，给交往者以美的享受。

“文明礼貌”还要注意讲究卫生。卫生主要是指公共场所卫生、家庭卫生和个人卫生。讲究卫生，看似生活琐事，实际上是社会公德，是每个人文明礼貌修养的重要组成部分。一个社会的卫生情况，反映社会的文明程度，体现社会风尚，每个公民都不应轻视它，而应自觉地讲究卫生，以促进个人身心健康。

讲求“文明礼貌”要注意这样几项原则：

一是尊重原则。文明礼貌是以尊重他人和不损害他人利益为前提的。人际交往时互相尊重对方的人格，是讲究文明礼貌的基础。

二是适度原则。文明礼貌在实际运用中要把握适度，在不同场合、与不同对象的交往中，做到不卑不亢、彬彬有礼、分寸适度。

三是自律原则。文明礼貌要通过教育与训练，逐渐形成自身的道德信念和行为修养的准则，通过自我约束、自我克制，养成讲文明礼貌的行为习惯。

3.遵纪守法

我国传统文化中的“礼”与“法”既有区别也有联系，自古以来就有“礼治”的传统，“礼”被视为治国之大纲和根本，往往与法律制度结合在一起发挥作用，即“以礼入法”。荀子曰：“治之经，礼与刑。”即指治国必须是礼教和刑法相结合，故有“礼法”之称。“礼治”并不完全是一种“人治”，而是与“法治”相辅相成的一种治国方式，体现了“以德治国与依法治国相结合”的重要特点。

在建设社会主义法治国家和全面建设社会主义现代化强国的进程中，我们应当扬弃我国古代“轻法重礼”的“礼治”传统，将“礼治”与“法治”有机结合，通过对我国传统“礼治”的创造性转化和创新性发展来凸显“法治”的时代价值，使“遵纪守法”成为人的一种基本品质和现代文明素养。这既是社会发展的要求，也是文明进步的体现。

新时代中国特色社会主义社会正在建设社会主义法治国家和“法治中国”，必然要求“遵纪守法”应成为每个公民的基本道德品质。赋予“礼”以遵纪守法的新时代内涵，有助于扬弃“轻法重礼”的“礼治”传统，将“礼”与“法”相结合，使人们遵守纪律，增强法治意识，养成现代法治精神。

（1）知法守法

国无法不治，民无法不立。在一个社会中，每个人的利益、处境、想法都不一样，这就需要有大家共同遵守的规矩，于是，法律和纪律就产生了。“法者，因天理，顺人情，而为之防范禁制也。”意思是说，法是从天理人情出发，以防范和禁止（恶）为特点的制度。因此，法纪是确保国家与社会有效运转的规则体系，它维持社会秩序，保证国家稳定。只有大家都遵纪守法，社会才能和谐，每个人的生活才能安稳。

社会主义和谐社会的主要特征之一，就是民主法治。在民主法治的背景下，违法乱纪就是践踏民意、危害社会。遵纪守法是每个公民应尽的社会责任和道德义务。任何人都是社会的人，必须意识到自己仅仅是其中的一分子，个人行为必须接受法律法规、组织纪律和伦理道德的约束。只有树立遵纪守法是每个人的责任义务的观念，个人才不会肆意妄为，将自己凌驾于集体、组织、社会和国家之上。大量事实表明，背叛祖国、背离人民、违法乱纪、贪污腐化等可耻行为的发生，主要原因是某些人私欲膨胀，漠视法纪，知法犯法，最终作出违背法律和道德的事情来。在实际的工作与生活中，每位公民都应增强法纪观念和遵纪守法意识，培养法治和责任等现代社会的基本理念，严格遵守各项法律制度，以遵纪守法为荣。

马克思曾经讲过：“法典是人民自由的圣经。”遵纪守法才能获得自由。英国文学家、政治家埃德蒙·伯克也说过：“我所说的自由，仅仅是指跟秩序相联系的自由，那种自由不但是跟秩序和道德同时存在的，而且没有了它们，它就根本不可能存在。”自由并不是绝对的，它需要法纪的维护与管理。“法纪”不仅反映和体现人民的意愿，也是人类对社会生活的深刻总结，反映社会发展的客观规律，是维护社会稳定和维持社会秩序的基本途径。

“遵纪守法”是遵从法律的表现，是聪明睿智的表现，是社会文明发展的需要，逆法而动、越规而行并不是什么勇敢的行为，恰恰是无知和愚昧的表现。无视人类社会实践经验、无视法纪法规的违法乱纪行为，不仅不会带来什么好后果，而且终究会受到法律的制裁。例如，有人对交通法规毫不在意，任意穿行，当灾难降临时既危害自己也危害他人，留给人们的绝不是对“英雄”行为的扼腕痛惜，而是对冥顽落后的鄙视和警示。

"遵纪守法"是一个健康社会最起码的道德规范与价值标准。它要求人们按照自己的良心、国家的法律办事。在中华民族漫长的历史上，这种敢于坚持标准、维护礼法的事迹，可以说举不胜举。

战国时代楚昭王之相石奢，在他发现自己的父亲杀人之后，一方面放走其父，另一方面则告诉楚王："杀人者，臣之父也。夫以父立政，不孝也；废法纵罪，非忠也。臣罪当死。"楚王宽恕他，他却说"不私其父，非孝子也；不奉主法，非忠臣也。王赦其罪，上惠也；伏诛而死，臣职也"，最后自杀殉法而亡。尽管石奢企图忠孝两全的做法有时代局限性，但也突出地表明了当时历史条件下他所具有的强烈守法意识。

隋文帝的旧友与亲家王谊触犯刑律，"大逆不道，罪当死"，隋文帝召见他时怆然曰："朕与公旧为同学，甚相怜愍，将奈国法何?"最后将王谊赐死于家。

近代中国，蔡锷将军为了反对袁世凯独裁而发起的护国运动，孙中山发起的护法运动，都充分体现了中华民族这种敢于明礼法、辨是非的民族气节与风格。

（2）秉公执法

正义真正能得以捍卫和维护，从根本上讲依靠法制，只有每个人都忠实公正地遵守法制，正义才能得以实现，大多数人的利益才能得到保障。古人云："王子犯法，与庶民同罪。"这是中国古老的法制意识，反映了在皇权至上、法制不健全的社会中，人们对于法律面前人人平等的呼唤，对公平执法的向往。

在执法不严的君主专制社会，尽管有许多贪赃枉法、违法乱纪的贪官，但也一直有秉公执法甚至大义灭亲的清官廉吏。"大义灭亲"一词源于《左传·隐公四年》，说的是卫国政治家石碏计杀逆子石厚的故事。大义灭亲、法不恤亲、不以私情枉法是一种高尚的品质，只有那些把天下公义看得比自己子女还重要的人才能勇而为之。人皆有情，但在法律面前念及骨肉之情，以私情害公义，以权枉法，可能一时使自己的家庭或者子女得到保护，却违反了法律，败坏了风气，何以能服天下？因此，在私情与公理产生矛盾时，应以大局为重，以“利群”为己任，严以律己，秉公执法。

（3）守法为德

法律不仅要人去遵守，而且要让守法变成公民的一种自觉意识。缺乏对法律的信仰，就会被社会的潜规则所代替。

公民对法纪的信仰，主要是建立在法纪公正的基础之上，从古至今莫不如此。我国古代有“诛不避贵，赏不遗贱”“法不阿贵”的说法，是说法律面前无特权。管子曰：“天公平而无私，故美恶莫不覆；地公平而无私，故小大莫不载。”这深刻地说明了公平对良好社会风气的重要性。唐朝名相魏徵极力反对以主观好恶来量罪定刑，要求“权衡所以定轻重，准绳所以正曲直”，就是说要尽量做到司法上的公正。

法律面前人人平等，即使是法纪的制定者，也不能凌驾于法纪之上，使法纪仅仅成为约束别人的工具。只有使公民切实感受法纪所带来的公平、公开和公正，树立起法纪的权威，才能使公民逐步建立起遵纪守法的意识。

所谓“法纪意识”，简单地说就是脑子里要有“法”，要有“纪”，做一件事之前要先想一想，这样做合不合法纪；凡是不合法纪的，就一定不去做。法纪意识是人的素质的重要组成部分，对于公民遵纪守法起着至关重要的作用，也是做遵纪守法好公民的重要前提。

作为社会主义国家的公民，每个人都应该有意识地培养、建立、增强社会主义法纪意识，自觉培育守法的品德。“遵纪守法”的本源是道德良知。我国古代儒家思想认为，人要自爱、要爱他人，起码应该做到“不逾矩”，要敬畏法度，在法纪允许的范围内活动。因为法律和纪律是为了维持社会秩序和维护社会稳定而制定的，神圣庄严，不可侵犯、不可违背，人人要自觉用法纪来约束自己的行为，杜绝违法违纪行为。对社会而言，“遵纪守法”才能维护安定有序的社会局面，形成和谐社会；对个人而言，“遵纪守法”才能保持人格气节，创造美好人生。

四 赋予“智”以新的时代内涵

在中国传统核心价值观中，“智”是一个重要价值理念和道德规范。我国传统文化把“君臣、父子、夫妇、兄弟、朋友”之交称为“天下之达道五”，把“智、仁、勇”称为“天下之达德”。《中庸》曰：“天下之达道五，所以行之者三。曰：君臣也，父子也，夫妇也，兄弟也，朋友之交也。五者，天下之达道也。知、仁、勇三者，天下之达德也，所以行之者一也。”“智”也作“知”，即理智、智慧。

我国传统文化之所以把“智”放在“天下之达德”之首，在于认为“智”是达“仁”致“勇”的重要前提，所谓“智者不惑”。《中庸》云：“或生而知之，或学而知之，或困而知之，及其知之，一也。或安而行之，或困而行之，或勉强而行之，及其成功，一也。子曰：‘好学近乎知，力行近乎仁，知耻近乎勇。知斯三者，则知所以修身；知所以修身，则知所以治人；知所以治人，则知所以治天下国家矣。’”

“智”的含义古代和今天有些相通之处。详而论之，“智”有以下几义：一指聪明，二指智慧，三指机智谋略，四指知识，五指聪明有智慧的人。“智”作为我国传统核心价值观中的重要价值理念得到广泛认同，并已内化为中华民族的一种基本精神品格。

（一）“智”德的由来与发展

“智”作为我国传统美德的一个重要德目和成为我国传统核心价值观中的一个重要价值理念，是由孔子、孟子、董仲舒等继承和弘扬我国文明中“智”德思想的基础上发展而来的。孔子、孟子继承和发展了唐尧、虞舜、夏禹、商汤、文王、武王和周公等关于认识自然、认识社会、认识自我以及明辨是非、分辨善恶的智慧等思想，概括出“智”这一个具有普遍意义的价值理念和道德标准，董仲舒又在继承和弘扬孔孟“智”德思想的基础上，把“智”作为“五常”的德目之一。

在孔子著作中“智”这一概念虽然出现不多，但大量出现了“知”，据统计，在《论语》中一共出现116次。我国古代“知”与“智”同音通义，主要指知识、理性和智慧，在我国传统文化中特别强调对伦理道德规范的认识，即道德认知、道德理性和道德智慧。

孔子对“知”的论述主要表现在对“仁”与“知”的关系认识上，他认为“仁”与“知”是互为前提的，二者都是人所应该具有的道德品质。孔子曰：“择不处仁，焉得知。”他把“仁”看作是一个人行为选择的道德标准，把“仁”作为“知”的前提，否则就不能称为“知”。孔子又曰：“未知，焉得仁。”他认为一个人如果连伦理规则都不知道就不会有“仁”的道德品质，把“知”也看作是“仁”的前提。正因为如此，在《论语》中“仁者”与“知者”具有同等地位，曰：“仁者不忧，知者不惑”，“知者乐水，仁者乐山”。

孔子所说的“知”主要是指道德领域的认知、理性和智慧，指对是非、善恶的认识和辨别，对各种道德准则和道德规范的认知、把握和践行，而不是指对客观世界和事物发展规律的认识。这种“知”恰恰与古希腊哲学家苏格拉底的“知识即美德”不谋而合，即认为“美德即知识”，真正的知识首先是对美德的认识。

孟子明确提出了“智”这一道德概念，并把它与“仁”“义”“礼”并列，合称“仁义礼智”，还对“仁义礼智乐”的道德内涵作了探讨。他说：“仁之实，事亲是也；义之实，从兄是也；智之实，知斯二者弗去是也；礼之实，节文斯二者是也；乐之实，乐斯二者。”孟子认为“仁”的主要内容是侍奉父母，“义”的主要内容是顺从兄长，“智”的主要内容是明白“仁”与“义”两者的道理并坚持下去，“礼”的主要内容是对“仁”与“义”两者既能合宜地加以调节又能恰当地加以修饰，“乐”的主要内容是从“仁”与“义”两者中得到快乐。

孟子把“仁”与“义”看作是“礼智乐”的实质性内容，“礼智乐”则是“仁”与“义”的道德实践。他说：“仁，人之安宅也。义，人之正路也。旷安宅而弗居，舍正路而不由，哀哉！道在迩而求诸远，事在易而求诸难。人人亲其亲、长其长，而天下平。”所谓“自暴自弃”，则是“言非礼义”和“违仁背义”，他说：“自暴者，不可与有言也。自弃者，不可与有为也。言非礼义，谓之自暴也。吾身不能居仁由义，谓之自弃也。”

就具体含义而言，孟子认为“智”的含义主要包括以下方面。

第一，人的是非之心，也就是说个人所具有的判断是非对错的能力。比如，我们知道，偷别人的东西是不对的，把偷来的东西还给别人并且认错是对的，这就是一种是非之心，是一种“智”。孟子认为，这种能力是天生的，是一个人生来就有的能力。

第二，人的道德能力，主要是指一个人对社会道德规范的认识以及实践，这与孔子所说的“知”是一脉相承的。

第三，人对客观世界的认识能力，主要表现在对自然规律的认识。孟子曰：“如智者若禹之行水也，则无恶于智矣。”就是说智者像大禹治水那样，总是能顺着水向下流的特性来治水。我们今天讲的“智”很大一部分就是指这一层含义。

第四，指人的一种精神境界，与“仁”一起构成人的一种修养。孟子认为，“仁且智”既是一种修养境界也是一种圣人境界。

荀子对“智”又做了一些发展。他认为，知识使人明智、聪明，知识的获取与道德修养一样，要经历一个过程，而不是人天生具有的，“志意致修，德行致厚，智虑致明”。这说明，后天的努力对于智力与知识的获取具有重要的影响。荀子还认为，即使再有智慧的人也会有考虑不周的地方，“大巧在所不为，大智在所不虑”。可见，在荀子那里，“智”主要是指知识以及知识给人带来的聪明与智慧，是人的思维的广度与深度。

孔子、孟子与荀子对“智”的阐释，被秦汉时期的思想家进一步继承与发展。董仲舒不仅提出了“必仁且智”的看法，而且还在孟子提出的“仁义礼智”四德的基础上加上“信”，从诸多道德规范中提升出来，把“仁谊（义）礼知（智）信”作为一个整体道德要求概括为“五常之道”，认为它们是能够长久起作用的道德规范，是道德规范体系的根本。

东汉时期由班固整理的《白虎通义》进一步明确将“智”与“仁义礼信”一起确定为国家意识形态认可的“五性”，而且还把五经之一的《周易》与“智”相对应，把“智”的主要内容定义为对事物规律的认识。

在秦汉之后，作为“五常”之一的“智”在宋明时期又经历了一个空前发展期，宋明理学家在吸收先秦孔孟荀等人对“智”的看法基础上，进一步发展了对“智”的认识。从总体上看，理学家关于“智”的认识主要表现在两方面：一是强调“智”主要是一种认识是非善恶的能力，所谓“知（智）者明于事，故不惑”；二是强调后天的努力对于“智”的重要性，从而赋予学习、个人的主动性对于“智”的重要意义。如陆九渊主张，获取“智”的关键是个人后天自己的努力，“圣人之智，非有乔桀卓异不可知者也，直先得人心之同然耳”。也就是说，圣人的智慧从其来源来讲，也没有异于常人之处，关键还是在于自身的学习。王守仁认为，个人具有的“良知良能”，并非“不学而能”“不虑而知”，而是后天学习过程中社会道德的内化，“良知”作为一种道德理性，主要就是判断是非、明辨善恶的能力。

（二）中国古代“智”论

“智”作为我国传统核心价值观中的一个重要价值理念，是歧义最多的一个道德范畴，不同学派都对“智”德提出了自己的看法，却大相径庭，歧见迭出，莫衷一是。有的肯定智、贵智重智，有的则否定智，有的甚至歧智反智。大致而言，儒家墨家对“智”持肯定态度，但二者在肯定中又有所不同，儒家持“贵智”论，墨家持“重智”论，道家、法家则持否定态度，但二者在否定中又有所不同，一般认为道家是“弃智”论，法家是“反智”论。儒家被认为是坚定的“贵智”论者，充分肯定“智”德在“仁义礼智信”五德中的重要作用，主张积极运用“智”性形成正确的道德认知、道德理性和道德智慧，尊重知识、重视教育，对我国古代经济、政治和社会生活产生了深远影响。儒家的“贵智”论主要表现在以下方面。

第一，在以“仁义礼智信”为核心价值观的道德规范体系中，“智”德被认为是仅次于“仁”的重要德目。孔子、孟子、荀子都分别从不同角度给“智”下了定义。“智”作为一种道德品质，首先是由孔子提出来的，他认为所谓“智”就是“知人”，主张选拔正直的人、罢黜不正直的人，这样就能使不正直的人归于正直；所谓“智”还是一种实事求是的态度，他说：“知之为知之，不知为不知，是知（智）也。”也就是今天所说的“求知求真”。

孟子把“智”看作是人的“是非之心”，知道什么能做什么不能做，所谓“智”就是行“仁义”施“仁政”，他说：“为高必因丘陵，为下必因川泽，为政不因先王之道可谓智乎？是以惟仁者在高位，不仁而在高位，是播其恶于众也。”“夫仁，天之尊爵也，人之安宅也，莫之御而不仁，是不智也。不仁不智、无礼无义，人役也。”孟子还把“智”看作是能“以小事大”和行“其所无事”，“惟智者为能以小事大，故大王事獯鬻，勾践事吴”。荀子则认为，只有当人的认识与客观事物“有所合”，才能称为“智”。

第二，在“仁”与“智”的关系上，儒家主张“仁”与“智”相统一，提出了“必仁且智”的道德理想。孔子以“仁”为核心道德统领其他道德规范，认为“仁”不仅是最高道德准则和道德规范，也是道德人格的理想境界和最高境界，体现了“尚仁崇智”的道德追求。“仁”与“智”并举，以“仁”为主，就是道德要达到的最高境界。

儒家认为，“智”是作为“仁人”的前提条件，没有“智”就谈不上“仁”。孔子对“智”高度重视，提出的“未知，焉得仁”的著名论断，更是强调了“智”的重要性。自汉以后一直到唐宋明清，我国古代儒家思想都充分肯定“智”的重要性。

董仲舒对“智”有着自己独到的见解，曰：“何谓智？先言而后当。凡人欲舍行为，皆以其智先规而后为之。”就是说，所谓“智”不仅是一种知识，更是一种见识，能够分辨是非善恶，具有道德判断和行为选择的能力。董仲舒认为，“智”还是一种指导人们行为的思想认识。他说：“莫近于仁，莫急于智……仁而不智，则爱而不别也；智而不仁，则知而不为也。故仁者所以爱人类也，智者所以除其害也。”董仲舒在强调“仁”的同时也重视“智”，把“仁”和“智”紧密结合在一起，在“仁且智”的基础上提出“必仁且智”，把“仁”与“智”都看作是核心价值观的重要组成部分，各具其用，缺一不可。

清代戴震在孟子思想的基础上，对“智”作出了新的解释，认为“智”是对条理的认识，在天有自然之条理，在人有心对条理的认识，义理存在于事物之中，而心有辨别事物中理义的能力，这是“心知”的作用，“心知”就是“智”的基础。戴震肯定人是有德性的，德性的内容是“仁智勇”，认为德性有一个发展的过程，“智”也有一个发展的过程。

墨家虽然在许多方面与儒家思想有着不同之处，但是在“智”这个问题上却与儒家相当一致，儒家贵智，墨家重智，墨家重视客观环境和道德教育对人的知识和智力发展的作用。墨子把“智”分为“德性之知（智）”与“闻见之知（智）”两种类型，受“德治主义”思想影响，主张智者以“德性之知（智）”治国，认为“闻见之知”只是“小知（智）”，“德性之知”才是“大知（智）”。他说：“知者之事，必计国家百姓所以治者而为之；必计国家百姓之所以乱者而辟之。”因为“智”关系着国家治理和社会治理，因此必须运用“大智”即“德性之知”而非“小智”即“闻见之知”。根据这一观点，墨子提出了“智者治国”的政治主张，曰：“吾所以知义之不从愚且贱者出，而必自贵且智者出也。”他认为“义”是善政，善政必由“贵且智者出”而不能由“愚且贱者出”，即“智者治国”。

道家被认为是“弃智”论。道家认为，人本来是天和自然的一部分。庄子说：“有人，天也；有天，亦天也。”自然纯朴的人性本来是圆满的，与“天”本是合一的。但是，由于人类制定了各种典章制度和道德规范，从而使人丧失了原来的自然本性，变得与自然不协调，因而“仁义”是败坏道德、伤害人性的东西，不必再以“仁义”为人性，智慧的发展更是道德的倒退，从而主张“绝圣去智”“守愚为智”。

老子曰：“大道废，有仁义；智慧出，有大伪；六亲不和，有孝慈；国家昏乱，有忠臣。”老子把“仁义礼智”看作是社会关系混乱的根源，是道德败坏、社会倒退的表现，是人类日益堕落的结果，而其真真假假正是“智慧出”的缘故。

庄子继承老子的这一思想，并进一步走向极端，把道德看作是求取功名利禄的“凶器”，把智慧看作是社会争名夺利的“孽根”。他说：“德荡乎名，知出乎争。名也者，相轧也；知也者，争之器也。二者凶器，非所以尽行也。”其认为人类行为的目的，就是要绝圣弃智、绝仁弃义、绝巧弃利、见素抱朴、少思寡欲、返璞归真，打碎加于人身上的道德藩篱和制度约束，将人性解放出来，回归自然，达到“万物与我为一”的精神境界。道家之所以这么反“智”，与老庄生活时代的社会形势密切相关，政治上的动荡变乱导致国家和人民的管理失序，这些都是由于“民之难治，以其智多”的结果。庄子也认为，天下的大乱是由于人们好“智”的结果。因此，他们提出弃智说，主张“以愚治国”，也就是让一切都回归自然。他们所谓的弃智，就是要人们将智慧藏起来，做到“上智无智”“大智若愚”，这是一种彻底的弃智说。老庄的弃智说是在当时社会动乱的条件下一种逃避现实并幻想回到他们心目中的理想社会的梦想，实际上是不可能实现的。同时，在社会已经发生了变化的情况下，不敢承认现实，还幻想使人民愚昧以便于统治者统治，这种观念本身就是违背社会发展规律和人民利益的。

法家被认为是“反智”论。法家提倡君主专制和愚民政策，这是他们提出“反智”论的基础。法家把“法”提到了一个无以复加的程度，一切以“法”为准绳，把“法”与社会上的所有思想对立起来。

在法家看来，“智”不仅不能用来治理国家，而且在很多时候还会成为奸邪的代名词，甚至认为“智慧”是乱法、乱政、乱国的祸根。法家这么做就是为了政治上的需要。韩非子曰：“上古竞于道德，中世逐于智谋，当今争于气力。”他主张用严刑峻法来治理人民，只要有了强大力量、有了治理方法，智慧就根本用不着，甚至还会成为危害法治的因素。所以，韩非子鼓吹以法代智，扼杀智慧，实行愚民政策。但是，应该看到的是，法家反对的并不是一切智慧，而是反对别家的智慧、百姓的智慧。对自家的智慧，不仅不反对，还大力鼓吹，大力提倡。他们的“反智”，是一种政治上的策略，目的在于打击异己，统治人民。因此，这种“反智”论并不是真正的反智慧，只是片面的、出于政治目的而对智慧的曲解和对人民的愚弄。

受法家“反智”论思想的影响，秦始皇在国内焚书坑儒，企图通过实行愚民政策而巩固统治。一场反秦的农民战争，打破了他们的美梦，人民的智慧并不是统治者的愚民政策可以扼杀的。历史证明，实行愚民政策的统治者，才是最愚蠢的，企图通过愚昧人民来维持自己的统治，是行不通的。

（三）中国古代“智”的类型

“智”是中华民族的传统美德，在政治、军事、经济、生活等各个领域，都闪烁着智慧之光。

1.治政之智

当官从政，在中国古代几乎是绝大多数知识精英的重要选择。夏商周以降，迄于清，一代代士人怀抱“治国平天下”的理想，踌躇满志地走上当官从政之途，与政治打起交道。然而，与政治打交道并不是一件轻松的事。在中国历史上，朝代更替频繁，宫廷斗争激烈，君臣关系、同僚关系经常处于一种十分紧张的状态，老百姓的生存要求常常得不到满足，广泛存在的社会矛盾随时有可能激化而成大乱。这些问题，都需要执政者用高度的政治智慧加以调适、转化和解决。仅就君臣关系而言，帝王如何君临天下、统御群臣？臣子又如何侍奉帝王、施政驭民？几千年来，这两道题目都等待着每一代君臣作出回答，考验他们是贤或不肖，是智还是愚。大到天下一尊的皇帝，小到七品县令，都需要有足够的能力和智慧，去应付各种突如其来的复杂局面，去化解各种棘手的难题。所以，从这个意义上说，政治智慧是我国传统社会大小政治人物的生存智慧。

2.用兵之智

在中国古代漫长的历史上，干戈不息，兵连祸结。战争是政治的继续。当用政治、经济、外交等手段还不能解决问题时，不管人们喜不喜欢、愿不愿意，战神就会手持利剑，披挂上阵。战争是力量的角斗，更是智慧的较量。所以，当楚汉相争久久处于相持状态时，项羽沉不住气，向刘邦挑战说："天下纷扰不宁，只是因为你我二人，不如让我们一对一，决一雌雄。"刘邦却笑着拒绝说："吾宁斗智，不能斗力。"中国古代许多以少胜多、以弱胜强、以劣胜优的著名战例，雄辩地证明了"智胜于力"的道理。

战争需要智慧，战争也出智慧。孙子曰："兵者，国之大事，死生之地，存亡之道，不可不察也。"战争犹如一头性情暴烈的怪兽，它千变万化，错综复杂，难以捉摸，充满了变数和矛盾，非智慧卓越，妙算周慎，不能获胜。战争又是无情的，愚蠢者遇到聪明人，聪明人取胜；聪明人遇到特别聪明的人，特别聪明的人取胜。因此，为了赢得战争，用兵者就得竭力尽智去学习它，研究它，驾驭它，在战争中增长才智，在战争中运用才智。正因为中国古代战争频繁，才产生了曹操、诸葛亮、刘伯温这样杰出的军事家，产生了《孙子兵法》这样不朽的军事著作，产生了许许多多蕴含着古人极大智慧的战例。

3.理财之智

国家的强盛、社会的进步、人民的安居乐业，都离不开一个"财"字。所以，古代有识之士无不认为"理财为平天下之要道"。历代名君贤臣、经世济国之士，孜孜以求富国强兵。如何理财，如何处理富国与富民、农与商、经济与财政、量入为出与量出为入、薄税与重敛、生财理财与用财等经济难题，中国古代的思想家、政治家、经济学家，仁者见仁、智者见智，各有主张，各有办法。但是，上自理国、理民之财，下到理家之财和个人发家致富，都需要一套符合客观实际、行之有效的好办法，都需要智慧。故司马迁说：“贫富之道，莫之予夺，而巧者有余，拙者不足。”可见，有智无智、智多智少，与生财、理财关系极大，古人对此已有很清楚的认识。在中国古代历史上，有管仲、桑弘羊、刘晏这样的善于理国之财的理财专家，也有陶朱公、子贡这样的经商能手，更有众多的在组织生产、繁荣经济、平抑物价、赈灾救荒等具体经济活动中多有作为的清官能吏。他们生财、理财的智慧，对于我们今天从事经济活动，不无启迪和借鉴。

4.处世之智

世界上最难的事是做人，是塑造自我、驾驭自我、实现自我，是与形形色色的人打交道，破解各式各样的人生难题。王侯将相也罢，平民百姓也罢，人人都需要为人处世的智慧。中国古代社会尤其重视做人，先哲贤人立足自我，调度社会生活的处世之智，已经成为中国传统道德中弥足珍贵的一部分。在日常生活中，在异彩纷呈的文化活动中，中国古代上智大德之人如何待人接物，如何展现他们的聪明才智，是中国传统“智”德的宝贵遗产。

5.不正之智

中国先哲把道德和仁爱精神作为首要的、根本性的智慧，因而，那些没有人之为人的德性和良心的小人，当然被认为无智慧而言。但是，只要我们将智慧与道德稍稍拉开一段距离，人们所说的智慧，又只是一个人深层的认知系统，是一种不合逻辑推理的、别出心裁的思想或运筹能力。从这个意义上说，仁人君子固然能以其智力开拓思路，光大学问，干出一番治国平天下的大事业，奸猾之徒也未尝不可以运用其“贼智”欺世诓人，伤天害理。古往今来，常有君子蒙尘、小人得志的事。倘若小人无才无智，充其量只是个无赖之徒，焉能得志？君子不是受小人欺诓，何以会蒙尘？所谓不正之智，就是这样一种智慧：它机智但又狡猾，它聪慧但又属于耍小聪明。世上的正人君子，总是鄙夷狡猾之徒，然而有时反倒被狡猾之徒难倒；大智大识的人，对耍小聪明不屑一顾，但有时候反倒被耍小聪明的人欺骗。世界上这种奸险的骗局与心计不少，这就给君子自处增加了一层难度。由此看来，即使是正直而又有智慧的人，对这种不正之智也不可不察、不可不防。

（四）赋予“智”以新的时代内涵

从人类文明的本质上去理解，应该说“智”是人类所具有的一种类特性。它不仅指为人处世的方法和技巧，也不仅仅是谋取功名利禄的本领和手段，这些只是人类所谓的“智”的次要意义，“智”更多地应该说涵盖着人之为人的良知、德性和创造人类社会文明财富的特性，包括物质财富、知识财富和道德财富。它既可以表现为对社会公道正义和人生予以的大彻大悟，也可以体现为对纷繁复杂世界的真假、是非、善恶、美丑问题求真断惑的大聪明。

中华民族的“贵智”传统和崇智求真的价值理念，自古及今绵延不绝，尊重知识、尊重人才，崇尚教育、追求真理，一直就是我们中国人的优良品格。今天我们提倡社会主义荣辱观，其中一条就是“以崇尚科学为荣，以愚昧无知为耻”，明确标示了时代价值导向。以改革创新为核心的时代精神，更是高举创新旗帜，鼓励创造成为当代中国社会的主旋律之一。

西方文化也把道德纳入智慧范畴。古希腊哲学家苏格拉底指出，哲学意在引导人们向善，知识就是美德，美德就是知识，“爱智慧”就是“爱美德”。他认为人类最重要的知识就是关于人如何生活、如何行动、如何辨别善恶美丑、如何分清正义和非正义、如何对待各种社会问题等的知识。苏格拉底把全部知识集中到了一个命题即“知识即美德”，他说美德是一种善，知识是一切的善，人生只存在一种需要追求的美德，即知识、智慧和真理。因此，在一定意义上说，在“智”的问题上中西自古是相通的，都认为“智慧”的最高表现和德性是人的美德，是人作为主体超越自我以及最大限度地完善自我、他人和社会的道德认知、道德理性和道德智慧。

我国古代的“智”主要强调道德智慧和人生智慧，把“智”看作是人的“良知”向内在道德本体的烛照，把道德智慧看作是首要的、根本性的智慧，强调的是智慧是“善恶是非之知”和“德性之知”。孟子认为，“智”就是“是非之心”。今天我们结合新时代要求讲“智”，应以激发整个社会的创造活力和进取动力、推动人类社会不断进步为目标，大力提倡勤于学习、善于思考的品德，大力提倡科学理性、务实行动的品德，大力提倡追求真理、善于创新的品德，尊重知识、尊重创造、尊重人才，其核心思想应该是“崇智求真”，主要内涵包括勤学敏思、明理力行、求真创新。

1.勤学敏思

我国传统文化中的“智”德包含有一种“勤学敏思”的含义，鼓励勤奋学习，持之以恒，积极并善于进行思考。勤奋学习与善于思考，是人类追求真理、追求科学、不断创造、不断进取的前提。现代社会发展日新月异，对人们的学识和能力都提出了新的要求。通过勤学敏思，可以不断提高自身的认识能力和思维水平，从而在实践中更好地发挥自己的聪明才智。新时代赋予“智”以新的时代内涵，首先应从继承和弘扬“勤学敏思”的行为品质，提倡勤奋学习各种科学知识，大力建设学习型社会，提倡独立思考的精神和养成善于思考的习惯。

我国传统儒家思想认为虽然人有先天资质的差异，但是实际上对“智”起决定作用的主要还是后天的努力，所谓“性相近，习相远”。孔子虽然提出了“上智下愚”的命题，但是他却非常重视后天的努力在人一生中的作用，强调人非“生而知之”，而是“学而知之”。正因为如此，他才一生不断地学习，甚至到了发奋忘忧，不知老之将至的地步，其学习之用功可想而知。他在谈到自己的修养时说：“吾十有五而志于学，三十而立，四十而不惑，五十而知天命，六十而耳顺，七十而从心所欲，不逾矩。”就是说只有不断地努力学习，才能不断地提高自己的修养与智慧。

孟子虽然认为“仁义礼智”发端于人的天生本性，但是并不认为这些东西会自动地在人的身上发扬光大，恰恰相反，随着一个人的成长、社会阅历的增多，以及欲望的不断膨胀，这些美德往往被蒙蔽了，被遮盖住了。于是，在实际生活中，我们往往看到，越是小的孩子，性情越是相同，有一颗纯真的心，喜怒哀乐发之于心，现之于表。但是，人越长大，个人的道德水平与修养则越是不同，有的人知道遵纪守法、孝敬父母、关爱他人，而有的人则以身试法，甚至对父母粗暴相对，这种差异正是后天形成的，是后天努力的差异而导致的结果。因此，如果不注意后天的修养，即使再聪明，也不能称之为有智慧。只有具备道德能力，才能称为真正的智者。

荀子是一位特别强调后天努力与学习的大哲。他一方面认为只有人才有认识客观事物的能力，客观事物也是可以被认识的，对先天素质在人的智慧中的作用作了科学说明，充分肯定人的思维器官的重要作用；另一方面又认为君子并非天生，君子之所以是君子就在于善于学习。只有善于学习、坚持学习才能超过前人，只有“锲而不舍”“用心一也”，才能达到“积善成德，而神明自得，圣心备焉”的至高至善的人生境界，只有“学不可以已”，才会“青，取之于蓝，而青于蓝”。他勉励人们要努力学习、坚持学习，不断地积累各方面知识，才能到达成功的彼岸，到达智慧的境界。

重视“智”德的思想家几乎都强调“勤学敏思”在获取智慧方面的巨大作用。所谓“勤学”首先就是发奋学习，刻苦用功，不虚度和浪费光阴与年华。古人云：一寸光阴一寸金，寸金难买寸光阴。所谓岁月不留人，年轻的时候是一个人的精力、记忆力最好最旺盛的时期，也是一个人的思想包袱最轻的时期，是学习的大好时光。很多成功人士正是在年轻的时候开启了人生的航程与征途，而年轻时候的学习与努力也往往奠定他们今后成功的基础。

勤奋学习、刻苦用功还在于学习前人积累的知识与智慧，懂得向一切人学习。古往今来很多圣贤先哲都是勇于学习、善于学习的典范，懂得把别人的智慧吸收为自己的东西，从而超越别人，从而使自己成为大智之人。所谓“敏思”，是指在勤学的基础上还要敢于思考，善于思考。人的思维是地球上最美丽的花朵。我们说勤学敏思，首先当然是学习前人积累的各方面的知识与智慧，使我们可以走捷径，少走弯路，但是我们更应该学习他们积累经验与智慧的方式，这就是善于思考的精神与勇气。只有敢于思考，善于思考，我们才能积累更多的财富与智慧，才能通过自己的努力为知识的大厦添砖加瓦。否则，我们永远都只能学习别人已经有的东西，而不能自己发明与创造新东西。

柳公权是我国唐朝时期的著名书法家。柳公权小时候有一天正和几个小伙伴举行“书会”，这时来了一个卖豆腐的老人，看到柳公权写的“会写飞凤家，敢在人前夸”几个字，觉得他太骄傲便皱着眉头说：“这字写得并不好，好像我的豆腐一样软塌塌的没筋没骨，还值得在人前夸吗?”小柳公权听了很不高兴地说：“有本事，你写几个字让我看看。”老人爽朗地说：“不敢不敢，我是一个粗人写不好字，可是有人用脚都写得比你好呢！不信你到华京城去看看。”第二天柳公权真起了个早来到华京城，看见一棵大槐树下围了许多人，他挤进人群，只见一个没有双臂的黑瘦老人赤着双脚坐在地上，左脚压纸，右脚夹笔，正挥洒自如地在写对联，字迹似群马奔腾、龙飞凤舞，围观的人阵阵喝彩，柳公权“扑通”一声跪在老人面前说：“我愿意拜您为师，请您告诉我写字的秘诀……”老人用脚拉起他说：“我是个孤苦的人，生来没手，只得靠脚巧混生活，怎么能为人师表呢?”在柳公权的苦苦哀求下，老人才铺开一张纸，用右脚写了几个字：“写尽八缸水，砚染涝池黑；博取百家长，始得龙凤飞。”柳公权把老人的话牢记在心，从此发奋练字，经过苦练，终于成为一代书法宗师。

“勤学敏思”是中华民族承传至今的一个优秀传统。孔子韦编三绝，司马光闭门背书，范仲淹苦学成才等无数故事，证明只有勤学敏思，把认真学习和勤于思考相结合，才能取得骄人的成绩，所谓“学而不思则罔，思而不学则殆”。“勤学敏思”在生活中的具体表现和关键，其实就是勤学苦读并善于思考。“铁杵磨成针”的传说，也谆谆教导世人有心则勤，勤能补拙，坚持不懈，凡事可成。在进入21世纪的今天，我们更需要把勤学敏思作为良好的德行来培育，在追求知识和探索真理的漫漫征程中，依然离不开这种优良品质。

2.明理力行

在我国传统核心价值观中，“智”主要指人们判断是非、善恶的价值理念和能力，同时也强调在明辨是非、善恶的基础上努力践行，做到言行一致、知行合一。因此，“智”作为我国传统核心价值观的重要价值理念之一，不仅指明是非、辨善恶，而且还指在实践中要身体力行真知和践行道德要求。

一个真正智慧的人，不仅仅是“勤学敏思”的人，还应该是“明理力行”的人。《中庸》讲：“好学近乎知，力行近乎仁，知耻近乎勇。”新时代讲究“明理”，就是说要明白事理，明白社会人生的道理，明辨是非、善恶的界限，增强明辨是非、善恶的能力，自觉地以正确的世界观人生观价值观来指导自己的言行；所谓“力行”，就是说要努力践行，把正确的认识、道理认真地付诸行动，从而不断地发展和完善自己，促进社会文明进步。“明理力行”包括知道遵道、利人利国、自知知人、慎言慎行、见微达变。

“明理”是为了“力行”，对道理的理解只停留在口头上和字面上，是远远不够的。“明理力行”重在对“行”的要求，要将掌握的知识和做人的道理付诸实践，做到“知行合一”。道德实践以“明理”为前提，以“力行”为关键，是知行统一的过程。“智者明于事。”所谓明事理，首先就是指知礼懂法。古人讲“智”，在很大程度上也就是讲这方面的智慧，也就是为人的智慧。

作为道德能力的“智”，实际上在人类的发展中起着十分重要的作用。德国哲学家康德认为，道德能力是一个有理性的人本身具有的一种能力，而且只要一个人是理性的，他就会自觉地去履行这些道德要求，把这些要求作为行动的自觉。他们不是因为受到强迫而去遵守规则，相反，是理性的召唤，是内心的道德命令的要求。虽然康德的道德学说是建立在唯心主义先验论基础上的，但是他的“道德自律”思想仍不失其独到之处，具有相当的合理性。今天，我们讲明是非、辨善恶，首先就是要懂得社会的基本道德规范和基本的法律法规。

中国古代“智”德在明理力行方面，突出地表现在政治上。它强调人生要成德建业，就要有远大政治抱负，主动介入社会现实，把自己所习得的道德修养与道德智慧最大限度地推广到社会中去，最大限度地施展才学，行道于世，实现人生价值。孔子贵“智”，主张知识分子参政议政，但又是有原则的，他的标准和原则就是行“道”。孔子一生的抱负就是要“祖述尧舜，宪章文武”，变天下“无道”为“有道”，复兴周礼。他说：“笃信好学，守死善道，危邦不入，乱邦不居。天下有道则见，无道则隐。邦有道，贫且贱焉，耻也；邦无道，富且贵焉，耻也。”他一生东奔西走，栖栖惶惶，希望为当权者所用，一展抱负，实现他的政治理想，然而“日月逝矣，岁不我与”。

孔子还深刻地认识到“智”的辩证法，认为说一不二、能此不能彼并不是智者的见识，以不变应万变在很大程度上是无可奈何的做法，只有既不抛弃原则、不随波逐流，又不轻易放弃政治上的发展机会，灵活知变，进退自如，才是智者的为政之道。

孟子也大力倡导“明理力行”，强调“君子创业垂统”，并引用颜渊的话说：“舜，何人也？予，何人也？有为者亦若是。”像孔子一样，孟子认为政治是知识分子的专业，主张知识分子参政议政。他说：“士之仕也，犹农夫之耕也。”他认为士人当官从政，用知识、智慧治理天下，就如同农夫用力耕种一样，是天经地义的事情。孟子的参政意识十分强烈，气魄宏大，曰：“当今之世，舍我其谁也?”这不仅反映孟子要求参政议政的强烈政治诉求，也反映他要求尊重知识分子、尊重知识、尊重人才的政治主张。

孟子还提出治理国家的人必须是“幼而学，壮而行”的专门人才，曰：“夫人幼而学之，壮而欲行之。王曰‘姑舍女所学而从我’，则何如?今有璞玉于此，虽万镒，必使玉人雕琢之。至于治国家，则曰‘姑舍女所学而从我’，则何以异于教玉人雕琢玉哉!”他把治国比喻为雕琢玉石，治国的人必须像技艺高超的玉匠一样，必须依赖专门知识和治国智慧，即使是国君也要对治国人才给予充分尊重和信赖。

荀子也主张“明理力行”，他说：“不闻不若闻之，闻之不若见之，见之不若知之，知之不若行之。”“口能言之，身能行之，国宝也。”荀子主张知识分子参政议政，并为知识分子参政议政的作用做了有力辩护。按照知识学问的高低深浅，荀子把儒者分为“俗儒”“雅儒”“贱儒”和“大儒”，所谓“大儒”的特征之一就是“知通统类”，具有丰富知识和博大智慧，认为唯有“大儒”才有“圣人之辩”“圣人之知”的“知通统类”，才能担负起最高的执政使命和政治责任。他说：“大儒者，天子三公也。”荀子还针对秦昭王“儒无益于人之国”的非“智”倾向，列举出许多历史事实来证明“儒者在本朝则美政，在下位则美俗”，说明知识分子对国家最为有益。尤其难能可贵的是，荀子认为“天行有常”，主张“制天命而用之”，即掌握自然变化的规律和社会发展的规律而利用它，才能造福人类。

“明理力行”是中华民族的优良传统，古往今来多少仁人志士把掌握的知识和做人的道理付诸实践，做到“知行合一”。他们之所以能在历史的发展中建功立业，实现人生价值，正在于他们不仅掌握做人做事之正道，而且能够在任何情境下始终坚持原则，不为外界所动摇，把自己的理想、信念、才智贯穿在行动中，最终成就一番事业。今天，我们依然需要这种认真做事的精神，脚踏实地，学以致用，注重实践，务求实效。

3.求真创新

在我国传统核心价值观中，“智”被认为是认识、把握“仁义礼信”四德的理性认识基础，只有通过“智”的道德认知、道德理性和道德智慧才能使“仁义礼信”四德转化为内在的价值理念和道德规范，求得道德之真理，付诸道德之实践，创造道德之新风。根据时代要求赋予“智”以“求真创新”的时代内涵，体现了“智”德在当今时代的最高境界。中国特色社会主义进入新时代，中华民族迎来了从站起来、富起来到强起来的历史性飞跃，迎来了实现中华民族伟大复兴中国梦的美好愿景，我国的经济社会发展正处于一个关键时期，迫切需要在各个领域实现新的突破，深入探索关于自然和社会的真理。求真创新是提倡在工作和生活中崇尚科学、追求真理，不畏艰难、锐意进取，培育创新精神、提高创新能力。

智力因素如教育、管理、科技的开发和应用，对于一个民族、一个国家的发展和前途将起关键作用。当今世界各发达国家和发展较快的国家，无一不在加快发展科技，特别是高新技术和核心技术。国际社会有识之士认识到，人类社会要在21世纪生存下去，必须到中国传统文化、到儒家思想中吸取智慧。作为中华儿女，我们只有真正牢固树立起“科教兴国”“以智兴国”的观念，尊重知识，尊重人才，中华民族才能再创辉煌，为人类社会的发展和进步作出更大的贡献！“智”德不仅要求我们明是非，辨对错，知礼仪，懂廉耻，更要求我们懂得事物发展的规律，自觉地应用这些规律。在中华民族漫长的历史上，对未知世界以及宇宙的探索，几乎从来没有停止过。今天，弘扬传统美德中的“智”德，最具有时代意义的就是弘扬“智”德中所蕴含的对科学与真理的探索精神，也就是一种求真创新的精神。

中华民族自古就是一个善于求真创新的民族，历史重视求真创新的重大意义和重要作用。“知（智）者创物，巧者述之守之，世谓之工。百工之事，皆圣人之所作也。烁金以为刃，凝土以为器，作车以行陆，作舟以行水，此皆圣人之所作也。”这里的“圣人”“智者”实非专指某人，而是代表着我们整个民族勤劳、智慧的祖先。我们的祖先很早就知道了勾三股四弦五定律，知道了圆周率，直到现在，《本草纲目》《黄帝内经》等都是科学著作中的精品。如果没有一种求真的精神，就不会有这些科学成果的诞生。我们今天讲求真务实，包括对科学的探索，对真理的追寻，对真知的推崇，对真话的提倡。

“求真”首先是指对科学的探索与对真理的追寻。科学是对未知世界的探索，只有更多地了解了未知的世界，才有可能更好地了解我们自己，科学使人进步，使人摆脱愚昧的状态。科学所包含的真理，是我们人类行动的向导，一个崇尚求真的民族，必然是一个对科学与真理十分热爱的民族。在今天的世界，弘扬这种求真的精神更是意义重大，因为当今世界的竞争，说到底乃是科学技术的竞争，而科学与技术主要来自科学的精神、求真的精神、探索的精神。正是因为这种对科学的探索精神，我国古代的科学技术在许多方面都居于世界的前列。在公元5世纪后欧洲处在封建社会的千余年里科学技术一直停滞不前，而我国的科学技术一直向前发展，只是到了十五十六世纪，由于欧洲封建制度瓦解和资本主义制度逐步形成，欧洲的近现代科学技术才得以迅猛发展。

比如我国古代的四大发明在人类文明史上具有重要地位，印刷术、指南针、火药和造纸术是我国成为世界文明古国的重要标志，对我国古代经济、政治、文化发展产生了深远历史影响，相继传入世界各地后，对世界经济、政治、科技、文化、教育等的发展也产生了巨大推动作用，是中华民族对世界文明发展作出的巨大历史贡献。

西汉初年我国就发明了造纸术，东汉和帝元兴元年（公元105年）蔡伦在总结前人制造丝织品经验的基础上又改进了造纸术，用树皮、麻头、破布、破渔网等作为原料，制成了更为适合书写的植物纤维纸，从而使纸成为普遍的书写材料，这种纸被称为“蔡侯纸”，1986年在甘肃天水放马滩出土的汉代纸是迄今考古发现最早的纸。据记载：“蔡伦，字敬仲，桂阳人也。……伦有才学，尽心敦慎，数犯严颜，匡弼得失。……伦乃造意，用树肤、麻头及敝布、鱼网以为纸。元兴元年奏上之，帝善其能，自是莫不从用焉，故天下咸称‘蔡侯纸’。”“造纸术”是世界上书写材料的一次伟大革命，对人类文化的传播和世界文明的进步作出了杰出贡献。在麦克·哈特的《影响人类历史进程的100名人排行榜》中，蔡伦排在第七位，美国《时代》周刊公布的“有史以来的最佳发明家”中，蔡伦也榜上有名。

在我国隋唐时期就已出现了雕版印刷，公元868年印制的《金刚经》被认为是世界上现存最早的雕版印刷品。至11世纪初我国北宋时期平民毕昇又发明活字印刷术，比欧洲发明早400多年。据沈括记载，转轮排字(元朝科学家王祯发明转轮排字盘。排版时，只要转动放活字的轮盘，就可以拣出要用的字)。(毕昇的活字印刷)“若止（只）印三二本，未为简易；若印数十百千本，则极为神速”。我国古代的印刷术东传朝鲜、日本，西传埃及、欧洲，印刷术的发明对人类文化和文明的传播与保存是一个重大贡献。

火药的发明和传播改变了中世纪以来的战争模式，是世界军事上划时代的一大事件。火药是我国古代炼丹家发明的，是长期炼丹、制药、实践的结果，至今已有一千多年的历史。据记载，我国唐朝中期就有了制成火药的方法，唐末已运用于军事，到南宋时期已发明了“突火枪”，13世纪开始传入阿拉伯和欧洲，对世界军事产生了重大影响。

指南针是我国古代劳动人民在长期的社会实践中的发明，是对物体磁性认识的成果。由于在生产劳动中接触磁铁矿，发现了磁石吸引铁的性质，后来又发现了磁石的指向性。早在战国时期，我国就制作出了指示方向的仪器“司南”，在磁石指南原理的基础上经过多方面实验和研究，终于又发明了实用的指南针，至北宋时期指南针已运用于航海。13世纪指南针传入阿拉伯和欧洲，为近代欧洲探索新航路、发现新大陆提供了重要条件。

世界上的一些科学家、思想家对我国古代的四大发明给予了高度评价。

来华传教士、汉学家艾约瑟在“火药、指南针、印刷术”三大发明中加入“造纸术”，在把日本和中国作对比时认为，日本没有像中国发明的印刷术、造纸术、指南针和火药这些卓越发明。

无产阶级革命导师马克思也充分肯定了火药、指南针、印刷术的重大历史作用，认为它预告了资产阶级社会的到来，火药把骑士阶层炸得粉碎，指南针打开了世界市场并建立了殖民地，而印刷术则变成了新教工具。总的来说，这三大发明变成了科学复兴的手段，变成了对精神发展创造必要前提的最强大杠杆。

意大利数学家杰罗姆·卡丹早在1550年就把我国的“司南（指南针）、印刷术和火药”三大发明称作是“整个古代没有能与之相匹敌的发明”。

英国哲学家弗兰西斯·培根认为“印刷术、火药、指南针”这三种发明在世界范围内把事物的全部面貌和情况都改变了，一是学术方面，二是战事方面，三是航行方面，并由此引起了难以数计的新变化，他甚至认为竟至任何帝国、任何教派、任何星辰对人类事务的影响都无过于这些机械性的发现。

英国汉学家麦都思认为，中国人的发明天才很早就表现在多方面，“航海罗盘、印刷术、火药”三大发明对欧洲文明的发展提供了异乎寻常的推动力。

著名科学史学家李约瑟花费近50年心血专门研究中国科学技术史，通过丰富史料、深入分析和大量东西方比较，认为中国古代科学技术的辉煌成就及其对世界文明的伟大贡献是其他国家无法比拟的，内容涉及哲学、思想、道德、历史、科学、教育、数理化、农业、医学、水利及工程技术等诸多领域。

“求真创新”是指对真知的推崇。只有真知才能使我们进步，一切虚假错误的知识不仅不能使我们前进，反而是我们行动的阻力，是我们思维的包袱。我们讲求真，就是要敢于向一切错误的理论与知识发起挑战。人类进步的过程在很大程度上是一个不断战胜谬误的过程。布鲁诺为了捍卫科学，挑战宗教愚昧而葬身火海，这是为了科学而献身。李大钊、夏明翰为了共产主义事业而抛头颅、洒热血，这是为了真理而献身。求真还指有一颗真心，敢讲真话。要有真心、讲真话，是不容易的。

在我国历史上有很多敢讲真话的光辉典范。

魏太武帝是北魏的第三个皇帝，他派崔浩带几个文人编写魏国的历史。崔浩为了提高自己的声望，别出心裁地把国史刻在石碑上，还把石碑竖在郊外祭天坛前的大路两旁。国史里记载的是史实，北魏统治者的祖先是鲜卑族拓跋部人，是当时的东北游牧部落，文化还十分落后，不懂什么礼节，然而有些事情在汉族人看来，是不体面的。过路的人看了石碑，就纷纷议论起来。魏太武帝听说后，认为崔浩等人这么做是成心揭朝廷的丑事，于是他命令把写国史的人统统抓起来查办。参加编写的高允是太子的老师，太子得到这个消息，把高允拉到东宫，说："我陪你朝见皇上，如果皇上问你，你只能照我的意思答话，别的什么也别说。"高允不知道是怎么回事，第二天就跟随太子一起上朝。太子上殿，见了太武帝说："高允向来小心谨慎，而且地位比较低。国史案件全是崔浩的事，请陛下免了高允的罪吧。"魏太武帝召见高允说："国史都是崔浩写的吗？"高允老老实实回答说："不，崔浩管的事多，只抓个纲要。具体内容，都是我和别的同事编写的。"魏太武帝又追问高允："是这样的吗？"高允说："我犯了罪怎么还敢欺骗陛下呢，太子刚才这样说不过是想救我的命。"魏太武帝看到高允这样坦诚，不但赦免了他，还命他起草一道诏书，说崔浩诬蔑朝廷，判满门抄斩。高允回到官署，犹豫了半天也没有写出诏书来。魏太武帝一再催问，高允要求再向皇上面奏一次。他又坦诚地对魏太武帝说："崔浩做这件事私心重是有错误的，但是编写历史记载帝王活动、朝政得失并没有错。国史是崔浩和我一起编写的，出了事怎么能由他一个人承担呢。陛下赦免我，我是十分感激的，但是如果为了活命让我说违背良心的话，我是不干的。"魏太武帝大怒，认为高允太不识好歹，让武士把他押到牢里，后来太子再三恳求才把他放了。魏太武帝没有饶过崔浩，把崔浩满门抄斩，但是由于高允敢于说实话，没有牵连更多的人。

“求真”除了要敢于探索真知，维护真理，讲真话，还要敢于开拓创新。任何真知、真理的获得，都不是一件容易的事情，因为真知、真理往往是事物背后的本质，而要得到这些隐藏在事物背后的东西，就需要有一种开拓创新的勇气。

所谓开拓，就是走前人没有走的路，涉足前人没有涉足的领域，以一种筚路蓝缕、披荆斩棘的勇气去发现未知世界的奥秘，去增加人类的知识总量。

所谓创新，则是在获取一定的真知的基础之上，结合自己的才智，运用事物自身的规律来发明和创造世界上本来没有的东西，从而为解决人类面临的问题和困难贡献自己的智慧。

当今世界是一个新事物层出不穷的世界，这些新事物几乎全是人类努力开拓创新的结果。纵观我国历史，可以看到，中华民族是一个敢于创新、善于发明新事物的民族。这些发明创造，都是我们祖先智慧的结晶。我们的先人不仅制刃、制器、做车、做舟，而且凭其无与伦比的智慧，发明创造了诸如指南针、造纸术、火药、印刷术等独步世界、远播四海的器物，为人类文明的发展作出了杰出的贡献。

中华民族在精神领域也创造了令人叹为观止的成就。无论是被誉为封建社会百科全书的《红楼梦》，还是宏篇巨著《史记》；无论是古典名著《水浒传》《三国演义》，还是科技著作《本草纲目》《天工开物》，都是中华民族思维与智慧的杰出成果，也是世界文明史上的璀璨明珠。

例如《天工开物》，是我国明朝科学家宋应星著的一部综合性科学技术著作，也是世界上第一部关于农业和手工业生产的综合性著作，内容涉及农业、手工业、纺织、采矿等，诸如机械、砖瓦、陶瓷、硫磺、兵器、火药、纺织、染色、制盐、采煤、榨油、烛、纸等方面的生产技术。书中强调人力要与自然力相配合、人类要和自然相协调，国外学者把它称为“中国17世纪的工艺百科全书”。

今天我国强调自主创新，要建设创新型国家，更要发扬中华民族“求真创新”的优良品德，在经济、政治、文化、科技、教育、生态和党的建设等各领域勇于创造开拓，掌握自主知识产权，增强创新动力和创造活力，提高核心竞争力，这样才能使我国在激烈的国际竞争中占据有利位置，立于不败之地。

五　赋予“信”以新的时代内涵

“信”作为我国传统核心价值观的重要价值理念之一，早在远古时代我们的祖先就认识到它的重要价值和意义，历代贤能圣哲对它的强调和阐发不绝于史。在我国传统文化和传统核心价值观中，“信”被称为“国之宝也，民之所庇也”，“德礼诚信”被称为“国之大纲”，认为“君子”最重要的品德就是“诚信”，“君子所保，惟在于诚信”。在中华民族几千年悠久的历史发展中，“信”德渗透到我国社会生活的方方面面，不仅成为人们应当遵守的道德准则和道德规范，而且内化为中华民族的深层道德意识，成为我们中国人立身兴国之本。

（一）“信”德的由来与发展

道德是人类社会的一种特殊现象，起源于人类的内在需要，是人与人之间伦理关系的表现。马克思主义伦理学认为，道德萌芽于人类的早期劳动和简单交往。

原始社会作为人类历史上第一种社会形态，道德观念已经萌芽。但是，至于原始人的道德观念究竟是什么、作为传统道德重要范畴的“信”是否已经为他们所了解等问题，由于没有具体的文字记载，我们无从确切掌握，只能进行一些简单推测。狩猎是原始社会最重要的生产活动之一，是随着工具和技术的进步而形成的一项集体活动。人们最初只能猎取较小的动物，后来才能捕获较大的对象。特别是弓箭等工具的出现，使狩猎有了重大的发展。我国半坡遗址出土的石、骨箭头数以百计，河姆渡遗址出土的石、骨箭头也很多。这说明，早在母系氏族社会，我国长江、黄河流域均已出现了大规模的集体狩猎活动。既然是集体活动，就需要大家的协调和配合。假设氏族首领约定某日某时进行集体狩猎，氏族内部的所有成年男子必须参加，那么只有大家都依约而行狩猎活动才能正常进行。如果有部分人不守约，那么就会影响活动的顺利进行。如果所有的人都不守约，那么集体狩猎活动就根本无法进行。氏族内部的其他生产、生活活动，也是如此。在原始社会，没有复杂的语言，没有文字，但是在集体生活的圈子里，即使他们还不懂得作为美德范畴的“信”究竟是什么，为了生存和生产活动的需要，也知道必须遵守约定。

民族学的研究资料也为我们揭示了原始社会“信”德观念的存在状态。中国是个多民族的国家，各民族的社会经济发展水平极不平衡。在许多民族学文献中，还保留着一些对当时居住在边远地区、社会形态还处在原始社会阶段的少数民族的记载，其如何讲信守信，从中可窥见一斑。例如，古时苗族在审理本族案件时，其程序是：“要约文书，刊寸木判以信。”（《黔记》）傣族是个十分讲礼守约的民族，《云南少数民族哲学社会思想资料选辑》记载，其土司对百姓的信条中，就有讲信的条律：“没有信义的人，和好吃懒做的人，是会被人看不起的。”

原始社会末期，由于商品经济的发展水平十分有限，商品交换极不发达，货币也还没有出现，人们往往采取以物换物的交换形式，以其所有易其所无，物物交换中会以一种特殊商品或物品充当一般等价物，在不同地区、不同时期充当一般等价物的特殊商品也不尽相同。人们进行商品或物品交换，起着一般等价物作用的特殊商品或物品与其他商品怎样换算，一般都是约定俗成的结果，物物交换完全按照约定俗成进行，如果不守规约交换就无法实现。原始社会内部的这种物物交换形式，实际上也体现了“守信”的实质。在原始社会，由于没有国王和法官，没有军队和警察，没有监狱也没有诉讼，在大多数情况下之所以一切生产生活活动都还是有条有理的，就在于历来的风俗习惯把一切调整好了，其中最重要的一条就在于“讲信守约”。

大约从商末至春秋，“信”作为我国传统道德的一个重要德目，最早出现在“金文”的铭文中。金文是铸造在我国商、西周、春秋、战国时期青铜器上铭文字体的总称，刻铸在青铜器上的文字即青铜器铭文，在中山王方壶上就铸有“余知其忠信也”的文字。随着“信”的价值理念和道德规范逐渐系统化，我国出现了关于“信”的一批文字记载。

如《周易》中就有多处关于“信”的阐述，如曰：“人之所助者，信也”，“信以发志也”，“君子进德修业，忠信，所以进德也。修辞立其诚，所以居业也”，“君子上交不谄，下交不渎”，等等。在我国传统文化典籍中，《周易》有“群经之首”和“大道之源”之称，是我国文明史上一部内涵精深、影响广泛、流传久远的著作。

《周易》对于“信”的阐发，标志着“信”的价值理念和道德规范在我国先秦时期已经逐渐成为我国传统道德体系的重要内容。

在我国最早的历史文献汇编《尚书》中，也有关于“信”的记载，如“信用昭明于天下”，“克宽克仁，彰信兆民”。《诗经》是我国最早的诗歌总集，分为风、雅、颂三部分，大抵是周初至春秋中叶的作品。其中也有关于“信”的词句，如“信誓旦旦”，“慎尔言也，谓尔不信”，“无信人之言，人实不信”。

春秋战国时期是我国历史上的社会大变革时期，也是我国奴隶社会逐步瓦解、封建制度逐渐确立的历史时期，尽管诸子“百家争鸣”，对各种问题认识的观点各异，但是在对“信”这一价值理念和道德规范的认识上却基本趋于一致，而且诸子百家对诚信问题都作了比较深入的分析和系统阐发。

一是都阐发了“信”德的重要性，都把“信”作为做人的重要行为准则、事业成功所需的重要道德品质、人生价值追求的重要道德目标。

二是都阐发了“信”与“诚”的内在联系，认为“信”与“诚”二者密不可分，把“诚”看作是“信”的前提和基础，把“信”看作是“诚”的表现和外化。

三是都阐发了“诚信”在评价人的行为过程中的重要作用，把“诚信”看成是区分圣人、君子与小人的重要道德标准，提出了用“诚信”标准来衡量人的各种方法，老子、庄子、孔子、管子、韩非子、墨子等都有论述。老子曰：“轻诺必寡信。”“信不足焉，有不信焉！”庄子曰：“无行则不信，不信则不任，不任则不利。”孔子曰：“子以四教，文行忠信。”“人而无信，不知其可也。”管子曰：“出言必信，则令不穷。”韩非子曰：“小信成则大信立，故明主积于信。赏罚不信则禁令不行……”墨子曰：“志不强者智不达；言不信者行不果。”《礼记》曰：“君子不失口于人，故言足信也。”“选贤与能，讲信修睦。”

此外，这一时期各国之间频繁发生战争。当战争双方势均力敌时，就会订立盟约，而盟约的签订、实施，靠的就是“信”的约束。大凡胜利者，除“智”“勇”以外，还讲信守约，有了“信”就赢得了道德力量，赢得了天下民心。

大量关于“信”德的实践，加上各学派理论上的阐发，使得“信”这一德目在这一时期取得了进一步发展。

据记载，孔子曾多次强调“主忠信”，把“信”德看作是成就君子的必要道德前提之一。他说：“君子义以为质，礼以行之，孙以出之，信以成之，君子哉！”所谓“信以成之”，就是强调“信”是君子的必备道德品德，主张用诚信去成就“道义”。同时，孔子还把“信”看作是“为政”的三大法宝之一，把“民信”看作是比“足食”“足兵”更为重要的治国之本，认为“民无信不立”。“子贡问政。子曰：‘足食，足兵，民信之矣。’子贡曰：‘必不得已而去，于斯三者何先？’曰：‘去兵。’子贡曰：‘必不得已而去，于斯二者何先？’曰：‘去食。自古皆有死，民无信不立。’”他的学生子夏也明确提出了“与朋友交，言而有信”的道德要求。

“信”德作为我国传统道德的重要范畴和传统核心价值观的重要价值

理念，要求人们把诚实不欺、讲信守约作为做人的道德原则。“礼，所以观忠、信、仁、义也……信，所以守也。”把诚实不欺、讲信守约作为行“礼”的必备品德，视为恪守“忠”“仁”“义”等德目的必要条件。“所临唯信。信者，言之瑞也，善之主也。”孔子把“信”作为“仁”的重要表现，认为“信”是贤者应有的美德，要求做到“敬事而信”“谨而信”“信则人任焉”。一个人诚实守信就会得到别人的信任和信用。《大学》讲修身之道以修身为本，“修身”的前提即为正心、诚意，“诚意”即取信于人。

我国传统文化一直把“信”德看作是吉德、善德，“孝、敬、忠、信为吉德，盗、贼、藏、奸为凶德”，“可欲之谓善，有诸己之谓信”。孟子还将人言为信、以言语取信于人的“信”德上升到道德原则和道德方法，认为进行内心修养、反求诸己，必须“思诚明善”，做到“诚身”或“反身而诚”，道德行为能否感动别人就在于是否做到了“诚”。他说：“诚者，天之道也；思诚者，人之道也。至诚而不动者，未之有也；不诚，未有能动者也。”例如，悦亲而不诚就不能真正“悦于亲”，只有至诚待人才既可以悦亲又能够取信于民。“诚”作为一种价值理念和道德规范，体现了追求“善”的坚定信念和真实感情，实际上是一种极高的精神境界。孟子曰：“万物皆备于我，反身而诚，乐莫大焉。”

秦汉时期随着自然经济社会生产力的发展，君主专制政治的中央集权大一统局面日益形成，民族间区域间的政治、经济、文化联系日益加强，汉武帝采纳“罢黜百家，独尊儒术”的治国之策，以董仲舒为代表的思想家对先秦儒家思想进行理论概括和总结创新，形成了一套以“三纲五常”为核心价值观的价值体系和道德规范体系，在孟子提出的“仁义礼智”四个德目基础上再加上“信”，提出了“仁义礼智信”五常。随着儒家思想正统地位的确立，作为“五常”之一的“信”德在我国传统道德规范体系中的地位也得到进一步巩固，深深植根于中华民族的心灵深处。

“信”作为“五常”之德，既体现着君主专制国家的政治关系道德，如臣对君诚、君对臣不疑等，又约定和规范着社会关系中的道德行为，如朋友之间真诚守信等，“信”德得到高度重视。“帝入南学，上齿而贵信，则长幼有差而民不诬矣。”（《汉书·贾谊传》）“马先驯而后求良，人先信而后求能。”（《淮南子·说林训》）“能言而不能行者，君子耻之矣。”（《盐铁论·能言》）“水倍源则川竭，人倍信则名不达。”（《说苑·谈丛》）三国时期蜀汉政治家、军事家诸葛亮把“信”作为“知人之道”的七个标准之一，“期之以事而观其信”（《诸葛亮集·将苑·知人性》）。

隋唐时期在“信”的道德规范上，理论性和系统性虽然不如先秦诸子百家和后来的宋明理学家，但在统治者讲信守信、以信经邦治国方面却成为典型，尤其是在唐太宗李世民身上体现得非常明显。

据记载，唐太宗李世民“以大信行于天下”：“君，源也；臣，流也。浊其源而求其流之清，不可得矣。君自为诈，何以责臣下之直乎！朕方以至诚治天下，见前世帝王好以权谲小数接其臣下者，常窃耻之。”唐太宗讲信，用人不疑，臣僚自当尽忠。魏徵就是一个忠心耿耿的例子，他曾经上疏曰：“臣闻为国之基，必资于德礼；君子所保，惟在于诚信。诚信立则下无二心，德礼形则远人斯格。然则德礼诚信，国之大纲，在于父子君臣，不可斯须而废也。……言而不行，言不信也；令而不从，令无诚也。不信之言，无诚之令，为上则败国，为下则危身，虽在颠沛之中，君子所不为也。”

魏徵淋漓尽致地阐发了关于“信”的思想，其中心就是认为诚信是维系国家生存的关键。这对唐太宗产生了重要影响，唐太宗的诚信观，是从政治、文化等多方面体现出来的。更为可贵的是，唐太宗把诚信道德实施于治理国家、弘扬文化的每一个细节，这对后世乃至今日，都具有十分重要的积极意义。

宋明理学非常重视“信”的道德观念。理学奠基者周敦颐，以“诚”作为伦理思想的主要范畴，认为“诚”乃“五常之本，百行之源”。张载十分注重“信”，他说：“诚善于心之谓信，充内形外之谓美，塞乎天地之谓大。”程颢、程颐兄弟对“信”也持肯定、赞美态度：“圣人言忠者多矣，人道只在忠信。不诚则无物……若无忠信，岂复有物乎？”朱熹说：“信者，言之实也。”又说：“人道惟在忠信，不诚无物。人若不忠信，如木之无本，水之无原，更有甚底！一身都空了。”

与理学相对立的另一学派心学也论说了“信”的思想。李觏把“信”置入“礼”之中作为我国传统核心价值观中不可分割的组成部分。他认为在“礼”中有温厚而广爱者、有断决而从宜者、有疏达而能谋者和有固守而不变者，这“四者”是“礼之大旨也”。他说：“同出于礼，而不可缺者也。温厚而广爱者，命之曰仁；断决而从宜者，命之曰义；疏达而能谋者，命之曰智；固守而不变者，命之曰信。此礼之四名也。”

王安石也进一步阐发了老子“信言不美，美言不信”的观点，他说：“言之美，则不能近于性矣，故美言不信。”“信者，性也。言近于信，则极天下之至顺。故言之信者不美。”

近代中国多灾多难，一些仁人志士为使中国摆脱封建主义束缚以及帝国主义的欺压，走出贫穷落后的状况，向西方寻求救国救民的良方。到五四运动以前，资产阶级文化思想与封建主义文化思想之间相互进行着激烈的斗争，伦理观念发生着新的变化，封建纲常不断受到冲击和批判。但是，传统的“信”价值观念和道德观念并没有为人们所抛弃，而是进入了新的发展阶段。维新派代表人物谭嗣同全面否定了“三纲五常”，唯一肯定了朋友一伦，而朋友之伦的中心就是“信”，可见他对这一道德规范持肯定态度。他认为“万善之首必曰信”，将“信”放在十分重要的地位，渴望废除以封建尊卑等级观念为实质的伦理纲常，代之以平等的伦理关系。由此可见，他对“信”价值理念和道德观念的阐发已经突破了封建模式，开始向更高层次上的资产阶级平等式的伦理关系过渡。

资产阶级革命家陈天华，面对中华民族的危亡，对传统价值观念和伦理道德进行反思，感到封建时代的伦理道德已不再适应社会进步的需要，“信”的价值理念和道德规范也必须赋予新的内容，比如商业上的“诚实无欺，人人信得过”，这样才能给予这一价值理念和道德规范以新的活力。

伟大的革命先行者孙中山先生，将传统的道德规范加以改造，赋予其资产阶级民主主义的新内容，提出了“忠孝仁爱信义和平”等一整套新的价值理念和道德规范体系。他把“信”德规范作为中华传统美德加以肯定和颂扬，认为“中国古时对于邻国和对于朋友，都是讲信的。依我看来，就信字一方面的道德，中国人实在比外国人好的多”（《三民主义·民族主义》）。

（二）“信”是与世界文明交汇的道德观念[①]

中华民族的“信”思想源远流长，已经成为我国传统美德的重要组成部分，而且与世界文化中“信”的价值理念和道德规范相通。在人类历史上，由于各种社会形态和政权组织的出现、交错和更迭，曾陆续出现过各种不同内容和形式的宗教，目前世界性的宗教有佛教、基督教、伊斯兰教等，都包含着丰富的伦理道德思想，其中的“信”伦理道德有的是固有的，有的则是与我国传统文化交汇后而发展的。

早在西方文化元典《圣经》中，就有关于“信”的价值思想。《圣经》是基督教的经典，包括《旧约全书》和《新约全书》。其中“信”就是“诺言、忠诚、信任”的意思，基督教要求教徒具备三种美德，这就是初期教会领袖之一的保罗说过的：“如今常存有信、有望、有爱。”《圣经·出埃及记》记载了十诫，这是犹太教和基督教的戒条。传说十诫是耶和华所授，并命摩西颁布施行的。十诫第九条曰：“不许做假见证。”不许说假话，就是要人讲诚信。基督教和犹太教将此记入戒命之中，可见是极为推崇“信”这一道德观念的。基督教传入中国以后，中国的信徒亦恪守此戒条。

佛教产生于印度，两汉之际传入中国。在以后的历史发展过程中，佛教逐渐中国化，其思想对于中国哲学、文学、艺术和民间风俗，都产生了一定的影响。佛教有各种清规戒律，有“五戒”“八戒”“十戒”之说，但

① 本部分参考了康志杰著《信——立身处世的支撑点》（广西人民出版社1996年版）一书的相关内容，在此表示谢忱。

都在第四条中规定“不妄语”。“妄”即虚妄、荒谬的意思，“不妄语”指不要随便说不负责任的话，即要求讲诚信，要守信用，说话守诺，言行一致。可见佛门之“信”与儒家之“信”相通。

在世界文明史上许多思想家都对“信”德作过阐发。

古希腊著名史学家修昔底德认为，如果双方没有诚实的信念作基础，没有其他方面的某些共同的心理状态，那么人与人之间绝对不可能有坚强的友谊，国与国之间也不可能建立真正的联盟，高度肯定了对“信”德在人与人、国与国关系中的重要作用。

古罗马政治家和哲学家西塞罗则对不讲“信”作出了深入批判，认为暴力或背信都可能犯错误，这两种方式都是没有人性的。他把暴力归于剽勇，把背信归于狡猾，把这两种人看作是“不肖之人”，但认为背信更卑鄙。

进入近代以后，思想家们论说“信”的价值理念和道德观念更是不辍。著名哲学家弗兰西斯·培根被称为“英国唯物主义和整个现代实验科学的真正始祖”，他说：“无疑地，从来最有能力的人都是有坦白直爽的行为，信实不欺的名誉的。”

英国古典政治经济学家亚当·斯密则从经济学和商业角度阐发了“信”的重要意义，他说：“在契约的信用得不到法律的保障，以及不许正当地行使国家权力来强迫所有有支付能力的人偿还其债务的国家里，商业和制造业几乎不可能长期繁荣发展。”

欧洲文化圈以外的阿拉伯人、印度人也对“信”持一种赞美的态度。阿拉伯民间故事集《一千零一夜》中的“狐狸和狼的故事”，有这样一段话：“忠信流芳千古，诈骗遗臭万年。”印度人瓦鲁瓦尔在《古拉尔箴言·德行篇》中说：“君子以诚信为明灯，它能消除心灵的黑暗。”“言忠信而行正道者，必为天下人所心悦诚服。”

与中国同属东亚文化圈的日本，对“诚信”也持赞赏的态度。日本小说家夏目漱石，在《从此以后》中说：“诚实也好，热情也好，都不是装在肚子里的现成东西，它应该是当事者两人很好合作、相互信任的产物，如同石头和铁块碰撞，爆发出火花一样。与其说是自己固有的品性，毋宁说是精神交换的结果。因此，如果对方不好，也就产生不了诚实和热情。”夏目漱石所说的“诚信”，极富有实践精神，必须经过社会实践，经过人与人之间的交往，才能产生这种道德观念。

从世界上不同国家对“信”的价值理念和道德规范的论述中可以发现，生活在不同地域、不同国家和不同民族的人民，都对“信”持普遍认同、赞赏肯定的态度，而且这种“信”的价值观和道德观并不是经过各个文化圈的相互交流学习互鉴而形成的，而是在本土文化中土生土长形成的相同的文化现象，这充分说明“信”是一种没有地域、国家和民族界限的价值理念和道德规范。正是因为这种特性，使得“信”德无论是在国际交往中还是在人际交往中，都是必须遵守的价值理念和道德原则。

（三）“信”的创新性发展

“信”德具有永恒的道德价值，是新时代应该大力弘扬的价值理念和道德规范。诚实不欺、讲信守诺的道德品质不仅是协调人际关系、培育良好社会风气、促进社会和谐的道德基础，也是创造发达物质文明、稳定人类社会秩序、发展各国友好关系的道德基石。随着人类文明的发展进步、国家经济政治文化交往的日益广泛和深入，“信”德在现代社会的重大意义和重要作用将更加凸显，并且将从价值理念和道德规范走向制度规范和法治规范。

何谓“信”？“信”的含义历来宽泛。《尚书》曰“信充塞四表上下也”，说“信”到处存在；《诗经·卫风·氓》说“信誓旦旦，不思其反”，说“信”就是诚信。《左传》多处讲“信”，有“守命共时之谓信”，有“弃君之命，不信”，有“人所以主信知勇也，信不叛君”等，多指用“信”协调人际关系，维护等级名分制度。“信”的基本内涵主要包括“诚实之信”和“不疑不欺”之信，还包括信用、信任、相信、信奉等多种含义。

作为我国传统核心价值观和中华传统美德中的“信”，主要指诚实不欺、言行一致。据统计，“信”字在《论语》中共出现38次，其含义用作“诚实不欺”之意共24次，用作“相信、认为可靠”之意共11次，用作“使相信、使信任”之意1次，其他用法仅2次①。可见，在《论语》“信”德的诸多含义中，“诚实不欺”是主要含义，其他如“信任”、“相信”和“信用”等含义都不过是“诚实不欺”之意的引申和拓展。在我国传统文化中，“信”与“诚”二者常常互训，本意上是相通的。《说文解字》讲：“信，诚也，从人从言。”“诚，信也，从言成声。”

“诚实守信”是人类最古老的道德准则和道德规范，是中华民族的优良道德传统，被视为“立人之道”“立政之本”“立国之本”，于个人是人之为人的基本道德品质，于社会是一个社会赖以生存和发展的道德基石，于国家是一项基本的政治道德规范。

“诚实守信”所体现的价值观、道德观和人生观，如真诚信实、践诺履约、敬业尽责等，经过几千年文明历史的锤炼，在今天仍然具有积极的现实意义。“信”德是立人、立政、立国的根本，新时代结合新要求讲“信”，应大力提倡做人诚实守信，大力提倡符合市场经济发展需要的契约信用，大力提倡人们的责任意识、敬业精神，大力提倡建设现代信用社会和国际信用，并将信用体系建设融入社会主义法治体系和国际法体系，其核心思想应该是“诚实守信”，主要内涵包括真诚信实、践诺履约、敬业尽责。

1.真诚信实

中国传统核心价值观和传统文化中的“信”，首先是指为人应该真诚信实，说老实话、办老实事、做老实人，诚恳实在，言行一致，表里如一，不隐瞒欺骗，不弄虚作假。“真诚信实”既是一种道德品质和道德信念，更是一种崇高的道德力量和人格力量。强调“信”德的“真诚信实”

---

① 杨伯峻：《论语译注》，中华书局1980年版，第257—258页。

的内涵，在于提倡人们为人处世诚恳真实、以诚待人，言行一致、取信于人，对于和谐人际关系具有十分积极的意义。

传统“信”德是指为人应真诚信实。一是指对人言要诚实不欺、言行一致。“君子之言，信而有征。”“信是言行相顾之谓。”“无便曰无，有须曰有。若以无为有，以有为无，便是不以实，不得谓之信。”二是指办事诚实可靠。“百工不信，则器械若伪，丹漆染色不贞。”“信有就言上说，是发言之实；信有就事上说，是做事之实。”

在中华民族的发展史上，留下了许多关于真诚信实的生动事例。管仲不失信于诸侯的故事，就是一段千古佳话。曹沫是鲁国人，凭着勇猛在鲁庄公手下做事。但在春秋争霸的血战中，鲁国毕竟是小国，曹沫作为鲁国将领，在与齐国的交战中竟连吃三次败仗，鲁庄公决定把遂邑割给齐国讲和。齐桓公同意在柯邑进行谈判。齐桓公和鲁庄公在台上结盟时，曹沫手持匕首面对齐桓公。齐桓公问道：“你要干什么?”曹沫说：“齐强鲁弱，作为大国的齐国侵略我们鲁国太过分了！现在鲁国的城墙要是倒了，也要压在齐国的土地上!”于是齐桓公答应把侵占的土地全部归还给鲁国。曹沫这才扔掉匕首，走下台来。齐桓公很生气，想收回刚才的话。管仲说：“不可！贪小便宜只能图一时痛快，而失信于各国，就会失掉各国的支持，不如把土地归还鲁国。”于是，齐桓公把侵占的土地，包括曹沫三次战败的失地，统统归还鲁国。管仲辅佐齐桓公，注意从大处着眼，以信为本，真诚信实，不计较小处得失，终于使齐国成就霸业，取得了霸主地位。这说明了“国无信不立”，“信”就是国家、政府的形象的道理。

不仅国无信不立，人无信也不立。孔子说：“人而无信，不知其可也。”一个人不讲信用，那就不知道他有什么可取之处。“信则人任焉。”孔子认为只有当一个人被证明是值得信任的人时，别人才会觉得可靠，才会把大事相托。做人应恪守诺言，言行一致，人若无信则难以立足于社会。

东汉人范式年轻时远游京师，求学于国学堂。做儒生时，与汝南人张劭成了朋友。两人一起告辞太学回家。在路上，范式对张劭说："两年以后，我将到府上拜望您的母亲，看望您的儿子。"两年以后，张劭将此事告诉母亲，请求准备酒菜等候范式。母亲问道："分开两年了，千里以外说的话，你为什么这么相信呢？"张劭答道："巨卿（范式字巨卿）是讲信用的人，一定不会违约。"到了那一天，范式果然来了，入堂拜饮，尽欢而别。范式后来回到京师，在太学从师受教。范式对朋友讲诚信，可谓高风亮节，是后人学习的榜样。

真诚信实，除了要求我们为人实在、对人真诚外，还要求以信用人、不疑不欺。中国古代贤明的君主、明智的政治家，均把"信"德付诸政治实践。古往今来，君臣之间、上下之间、朋友之间，不欺不疑、互相信任的例证，代代有之。

据说，孔子在周游列国时，与他的学生们被围困在陈蔡之间，跟随他的人七天没有吃东西了。子贡偷偷地突围出去，用他携带的财物，买了一石米回来。颜回和仲由正在一间破房子里做饭，突然有黑色的尘土掉进了饭里，颜回把那点弄脏的饭取出来吃了。子贡在院子里看到，心里不高兴，以为颜回偷吃了饭，便去问孔子："一个廉洁而有仁德的人，遇到生活困难，会不会改变气节呢？"孔子说："一遇困难就变节，怎么算得上有仁德和廉洁呢？"子贡说："像颜回这样的人不会变节吧？"子贡把看到颜回"偷"吃饭的事告诉孔子。孔子说："我一直都相信颜回是仁德之士，尽管你看到他偷吃饭，可我仍然不怀疑他的仁德。或者一定有别的什么缘故吧。"于是孔子把颜回叫来问道："昨晚我梦到了我的祖先，难道是要保佑我吗？你做好饭送来，我要祭祀我的祖先。"颜回回答道："刚才有黑色的尘土掉在饭里，让它留在饭里吧，怕不干净；扔掉吧，又觉得可惜。于是，我把那点弄脏的饭吃掉了。我已动过的饭，不能再用来祭祀了。"孔子说："是这样吗？拿来，我也来吃这个饭。"颜回离开以后，孔子瞧着几个弟子说："我相信颜回有仁德并不是从今天才开始呀！"几位弟子从此信服了颜回。孔子对颜回高度信任、不疑不欺，也赢得了崇高威望。如果孔子不弄清事实就去责怪颜回，把子贡的话当真，偏听偏信，那么弟子也就不可能信服颜回，也可能损害孔子自己的形象。

明君用人不疑，使谋臣忠于内、将帅战于外，尽心竭力，报效朝廷。东汉末年天下大乱，诸葛亮躬耕于隆中陇亩，后因刘备“三顾茅庐”而出山为其所用，其兄诸葛瑾（字子瑜）避乱江东，受孙权重用，一时间谣言四起，满城风雨。孙吴名将陆逊善明是非，上表孙权保奏，声明诸葛瑾忠心事吴，心胸坦荡，根本没有不忠之事，恳请孙权不要听信谗言。孙权说道：“子瑜与我共事多年，亲如骨肉，彼此了解十分透彻。他的为人我是知道的，不合道义的事不做，不合道义的话不说。”孙权不因为谗言而怀疑诸葛瑾，而是对其信任，不无端猜疑，不加以干涉。唐太宗是中国历史上具有雄才大略的皇帝，在位期间，以大信行于天下，对下属坦诚相见。当他听到鄂国公尉迟敬德想反叛的谣言时，就开诚布公地对尉迟敬德说：“有人说你要反叛，是什么原因呢？”尉迟敬德回答说：“我随从陛下讨伐叛逆，虽然依靠神灵保佑，侥幸没有死去，但留在身上的都是刀痕啊！现在国家大业已经巩固了，您却开始怀疑我！”于是，他把衣服全部脱掉，丢在地上，露出伤疤。唐太宗看了，流下眼泪，说：“你穿上衣服吧，我正因为不怀疑你，才把这话告诉你，你怎么反而生气呢？”唐太宗就是凭着以信待人，不用权谋欺诈，从而获得天下臣民的拥戴，以此达到政令畅通无阻，从而出现了历史上有名的“贞观之治”。

在现代企业中，人才是企业的核心资源，在管理模式上由“以物为中心”的物本管理转变为“以人为中心”的人本管理，人才竞争成为企业竞争的重要内容。企业要使人才充分发挥聪明才智，信任是最为重要的。日本松下电器创始人松下幸之助认为，只有充分信任一个人的时候他才会一心一意为企业卖命。索尼公司的创始人盛田昭夫为了表示对人才的信任，将所录用之人的人事档案全部烧掉，英雄不问出处，不问过去如何，只看眼前表现和未来行动，把信任作为用人的第一标准，这是众多成功企业的经验之谈。在日常生活中，在人与人之间的互相交往中，诚信也是非常重要的，它要求我们相互信任、不欺不疑。领导与下属之间要互相信任，朋友之间要互相信任，合作伙伴之间要互相信任。现代社会，在市场经济条件下，人与人之间出现的互相猜忌，不仅不利于社会和谐发展，也不利于人的身心健康。

2.践诺履约

“诚信”这一中华传统美德被视为“立身之本”“立国之本”，也是经济活动、政治活动和其他社会生活的基本道德原则和行为规范。在现代社会，完善的市场经济把建立在“诚信”基础上的个人信用和社会信用作为重要保障。应当看到，在我国社会主义市场经济的发展过程中，信用缺失已经成为影响和制约社会主义现代化事业发展的重要因素。社会主义核心价值观倡导诚信，是在继承和弘扬我国优秀传统文化和传统美德中的“诚”，主张立身处世言行一致、守诺遵约的基础上，把传统人际诚信与现代契约诚信、传统道德诚信与现代法律诚信更好地结合起来，信守诺言、履行契约，建立和完善信用制度，从而维护正常的经济秩序和社会秩序。

在我国古代，“信”的本意指“人言”。“信”要求一个人的言语和行为真实可靠，既包含言语真实和说话算数两层意思，也包含信守诺言、说到做到的意思。我国传统文化认为，人不可轻诺，“轻诺者必寡信”。承诺、许诺则要信守，在遵守承诺、许诺的基础上自觉地取“信”于“义”，忠诚信义、真诚负责，“言必信，行必果”。“信”要以“义”为前提，在遵行“信”的道德原则和行为规范时要区分是非曲直，这是“信”的价值指向。如果“信”与“义”不相符合，则“言不必信，行不必果”。孔子认为，如果不问是非曲直而只顾“言行一致”，则“硁硁然小人哉”。他说：“信近于义，言可复也。”管子也说：“圣人之诺已也，先论其理义，计其可否。义则诺，不义则已；可则诺，不可则已；故其诺未尝不信也。”如果不以“义”为价值指向，“信”则失去了价值依托和正义依托。“小人不义亦诺，不可亦诺，言而必诺，故其诺未必信也。故曰：必诺之言，不足信也。”

诚实守信、践诺履约，是我国的传统美德。“君子一言，驷马难追”，做不到就不要随便说，说出的话哪怕付出再大的代价也一定要做到。不管是对臣下或朋友，还是对妻子或孩子，都应一视同仁。

有一则关于“剪桐封弟”的故事。据《史记·晋世家》中记载，邑姜梦到天对武王讲：“余命女生子，名虞，余与之唐。”后来邑姜生子，孩子手中有“虞”字的纹路，便取名为“虞”。武王崩，成王立，唐地反叛，被周公诛灭。成王年幼时曾与叔虞戏耍，削桐叶为珪，交给叔虞，说道：“以此封若。”史官听到后即请成王择日立叔虞。成王说：“吾与之戏耳。”史官说：“天子无戏言，言则史书之，礼成之，乐歌之。”于是，成王就把叔虞封到了唐。因唐地有晋水，叔虞的儿子燮继位后，改国号为晋。这就是“剪桐封弟”这一故事的来历。自古以来，“君无戏言”这句话被历代帝王铭记于心，一方面是说君主的话牵扯众多，要小心谨慎，不能儿戏；另一方面，也说明君主身为万民表率，更要一言九鼎，践诺履约。不仅位高权重者诚实守信、践诺履约十分重要，在日常生活中哪怕对年幼的孩子也应该讲求信义，所谓“身教甚于言教”就是这个意思。

曾子杀猪、以信教子的故事，在我国也传诵千古。曾子的妻子准备去赶集，孩子哭闹着也要跟着去，她对孩子说：“别闹了，你回去，等我回来就杀猪给你吃。”妻子从集市上回来后，曾子便捉了猪来杀，妻子阻止道：“我不过是跟孩子说着玩的，你怎么当真呢？”曾子说：“和孩子是不能说着玩的。小孩子不懂事，凡事跟着父母学，听父母教导，你现在哄骗他就是教孩子骗人。母亲欺骗儿子，儿子就不相信母亲，母亲就无法教育好孩子。”曾子于是就把猪真杀了。曾子不仅把诚实守信、说话算数看作是做人的基本道德准则，而且认为道德品质教育应从小抓起，如果妻子失言不杀猪，曾子也与妻子一样不信守诺言，那么就会给孩子留下不可磨灭的“失信”阴影，把“失信”看作是很随意的事。

对他人要信守诺言，对自己就更要严格要求，这就需要坚强的意志和战胜自我的勇气。曾国藩与孩提时代的好友李广文同时约定戒烟，结果是曾国藩戒掉了四种烟，而李广文却没有戒掉鸦片烟，以至于曾国藩办军务时召见李广文，李广文因“沉溺如故”而不好意思再见。从这件小事可见曾国藩是一个有着坚强毅力、说话算话的人，这也是后来他能成就一番功业的重要原因。据记载：“曾文正官京师，时士大夫无不嗜烟者，水旱外，又有潮鼻大之称。潮，谓潮州烟；鼻，谓以鼻吸者；大，则鸦片也。一日有同乡总角交李广文至，以其吸鸦片也，规之。李曰：‘吾所吸者，一耳。公则水旱潮鼻。四者具焉，何也？’文正瞿然曰：‘继今日，请子戒其一，我戒其四，可乎？’李旋以事去。及文正办军务，屡招不至，最后来谒，询之，李赧然曰：‘自与公约，闻公绝之久矣，而某沉溺如故，所不忍见公者，以此耳。’文正悯之，亲为布榻，坐烟具旁，谈话如平生，已而叹曰：‘君老矣，不必言官。’赠两千金使归。”

我国古话说：“信者储也。”从构字法看，“储”字由“信”和“者”二字会意而成，就是说只有诚实守信之人才能积聚财富，或者说一个人讲信用才是自己的财富。事实也证明，无论是在经济活动领域和商业经营领域还是在社会生活领域，一个人以诚信为本，信守承诺，诚实无欺，才会为人所信任，不断赢得信誉，赢得市场，获取最大效益。我国自古倡导先义后利、诚信经商、公平买卖的经营活动，禁止见利忘义、唯利是图、坑蒙拐骗、以次充好等商业欺诈行为，每个时期的统治者都对商业行为进行了规定，建立了商业交易制度和管理体制。如“以度量成贾而征价”，“非诚贾，不得食于贾”，“乃同律度量衡，所以齐远近，立民信也”，“伦平铨衡，正斗斛，市无阿枉，百姓悦服”，等等。

我国历来有“商道即人道”的说法，无论企业还是个人乃至一个地区和国家，在社会主义市场经济的条件下要想实现发展，立于不败之地，就不能不重视诚信和社会信用制度建设。诚实守信不仅是一种道德力量和一种经营手段，在现代社会也是一种制度要求。现代市场经济是信用经济，以市场为基础对社会资源进行配置，形成物资流、货币流、信息流，都以信用为前提，没有信用市场经济就无法维系。

一个高效率的市场也一定是一个信用良好的市场，一个效率低下的市场也一定是一个信用缺失的市场，信用缺失导致交易成本提高，严重时还会导致交易链中断。“商海无涯信作舟。”现代市场经济条件下的竞争包括质量、管理、服务、品牌、人才等各方面的竞争，在激烈的市场竞争中，制胜之道就是要坚持诚信为本，以坚守信用为基础，体现在经营实践中就是严守商业道德，主动履约践诺，决不弄虚作假，做到内不伪于心、外不欺于人。在市场经济发展初期，一些人出于逐利目的可能背离商业道德原则，出现欺诈违约、造假贩私、偷税漏税等一些不守信用甚至违法现象，但是随着市场经济发展的日益完善，信用越来越成为市场经济的“金规银律”，受到企业和商家的重视和推崇，把诚实守信、践诺履约作为经营准则写入企业规则和企业文化之中，在经营活动中讲诚信、讲信用、守合同，践诺履约、言行一致，用真诚赢得客户和消费者的信赖和忠诚。

“民无信不立。”在我国历史上有许多关于真诚信实、践诺履约的故事，表现出了我们中国人的崇高品性，激励中华民族始终奋发向上、真诚信实，值得我们今天效法，坚持做个堂堂正正的中国人。在发展社会主义市场经济的历史背景下，更要传承弘扬“诚信”这一传统美德，建设经济文化繁荣、文明高度发达的现代社会。

检视现实社会的公民道德建设，可以看到不诚信的现象在社会生活的各领域时有出现，政治领域的贪污腐败、经济领域的制假贩假、学术领域的抄袭剽窃、人际交往间的相互不信任，表明我们今天面临诚信缺失的社会信用危机。

首先，经济生活的不诚信现象十分突出。无论是商业信用还是金融信用皆有种种恶劣表现，在商业信用方面，虚假广告让人眼花缭乱，假冒伪劣商品混入市场，坑蒙拐骗成了一些人发财致富的“法宝”，利用合同进行诈骗成为市场经济的一大毒瘤；在金融信用方面，对企业缺乏信用记录，对银行缺乏信用考评，对担保缺乏信用评估系统，以致出现许多银行呆坏账、信用卡诈骗，这些不诚信现象已经造成经济领域混乱，严重扰乱市场经济发展的正常秩序。

其次，政治生活领域不诚信现象非常恶劣。以权谋私、权钱交易、贪污受贿、欺上压下、政府失信等严重地破坏党和政府形象，工作中的官僚主义、形式主义、耍花架子、浮夸虚报等在本质上是一种欺骗和弄虚作假的行为。

此外，在社会生活各个领域不诚信现象也有相应表现。在社会主义市场经济发展过程中，有些人是非观念淡薄、价值观念迷失，急功近利，言而无信，出现形形色色的假机构、假公务人员、假新闻、假广告，甚至假文凭、假婚姻、假考假唱、假招聘等，导致人与人之间互不信任，相互欺骗，扭曲人与人之间的真诚关系，使得社会信用面临严峻考验。

诚信危机严重影响到经济秩序、政治稳定和社会和谐，迫切需要弘扬诚信价值理念，以诚信建设和社会信用制度建设为重点，建立诚信文化、诚信社会。社会诚信建设和信用制度建设的重要性已引起全社会的高度重视，我国已明确提出要“加快建设社会信用体系，健全失信惩戒制度”，在发展和完善社会主义市场经济体制的过程中要求全社会特别是各类市场主体切实转变经营理念和行为方式，加强信用建设，通过合法经营、诚实劳动实现致富和发展。

目前，我国正着力于建立规范的社会诚信规范体系、社会信用制度体系和失信约束惩罚机制，从制度和法律上约束失信行为，为社会诚信水平的提高提供制度和法律保障。经过社会各界的努力，诚信这一重要价值理念和传统美德在全社会焕发光芒，建立健全完善的法律制度保障机制，促进我国经济、政治、文化、社会和生态的健康和谐发展。

3.敬业尽责

在职业生活领域，“诚信”具体表现为敬业尽责。“敬业尽责”是中华民族几千年来形成的职业价值追求，是中国传统核心价值观中“信”德在职业领域的升华，是更高层次、更宽领域的真诚信实、践诺履约。一个真诚信实、践诺履约的人，不仅会对人真实诚恳，而且对他所要处理的事情、所接触的工作也会真实诚恳、认真对待。因为从某种意义上讲，接受一项工作同样也是作出一个承诺，要履行自己的承诺必须对工作尽职尽责。所谓“敬业”，是指对所从事的职业敬重热爱、忠心耿耿、全心全意，把所从事的职业当作事业干；所谓“尽责”，是指为了职业不辞辛苦、不怕艰辛、勇于负责，敢于担当。

“敬业尽责”是我国传统文化中的重要职业道德修养，主张“信以成之，君子哉”，“敬业乐群”，“为事不以诚，则事败”。在我国古代，“信”的价值理念和传统美德对于社会管理者以及士、农、商、师等都有相应规范和要求，如《传家宝》一书有言：“读书者，当闭户发愤，止愧学问无成，哪管窗外闲事；务农者，当用力南田，唯知及时耕种，切莫悬耜妄为；艺业者，当居肆成工，务以技能取利，勿生邪念旷闲；商贾者，当竭力经营，一味公平忍耐，毋以奇巧欺人。”

“敬业尽责”作为“信”的基本道德内涵，就要培养一种忠义精神，具有永恒价值。这种忠义精神，大而言之就是精忠报国，小而言之就是兢兢业业。为了理想抛头颅、洒热血，是一种忠义精神；为了国家立功勋、争荣誉，是一种忠义精神；“为天地立心，为生民立命，为往圣继绝学，为万世开太平”是一种忠义精神；默默无闻、鞠躬尽瘁也是一种忠义精神。“敬业尽责”适用于不同历史时期、不同职业的人群，是应该坚持和弘扬的传统美德。

中华民族自古就是一个恪守职业道德的民族，勤劳勤奋、任劳任怨、兢兢业业、力求完美，留下了很多让人津津乐道的典故。如大禹治水三过家门而不入，周公辅政“一沐三捉发，一饭三吐哺”，诸葛亮“鞠躬尽瘁、死而后已”，王猛为相临终不忘国事，范仲淹为官振衰除弊、政绩卓然……他们笃行务实的工作作风、廉洁爱民的敬业精神和高尚的职业道德情操为后世树立了典范，在发展社会主义市场经济的今天仍然具有重要现实意义。

西汉时期，北方匈奴不时侵犯，因此朝廷经常出兵反击。后来匈奴派使节向汉朝进贡求和，汉武帝为了答复匈奴的善意表示，派中郎将苏武出使匈奴。苏武拿着旌节，带着副手张胜和随员常惠来到匈奴，恰遇匈奴内部叛乱，不幸无辜受到牵连，被扣押在匈奴。汉武帝交办的和平任务尚未完成即遭此劫难，苏武非常痛心。单于知道苏武忠贞爱国、志节高远，多次威逼利诱，想让他为匈奴效力，但是均被苏武断然回绝。单于恼羞成怒，把苏武流放到了荒无人烟的北海（今贝加尔湖），只给他几只公羊，称要他等到公羊能够哺乳才可以回来，意为让苏武像无法繁殖的公羊那样老去绝后、自生自灭。苏武在风雪交加的北海牧羊，拄着旌节，抚摸着它，就像见到汉王一样。即使旌节上的毛脱落了，但完成出使匈奴任务的使命感和忠于汉朝的气节一直支持着他一定要活着回去。就是凭着这样一股坚忍不拔的毅力，苏武吃着野鼠、啃着野草，艰难地活了下来。数年之后汉朝跟匈奴开始和亲，苏武才终于回到故乡。朝廷有感于他的气节，给了他非常优厚的待遇，后来汉宣帝封他为“关内侯”，苏武得到了天下人对他的敬仰。

所谓“敬业尽责”，就要力争做到生命不息、奋斗不止，把有限的生命投入无限的事业中去。西方有句名言：“每一个最平凡的小人物，只要以敬业精神点燃执着追求的火把，都能使自己的人生闪烁出灵光。”我国也有“鞠躬尽瘁，死而后已”的至理名言，如“世界上怕就怕‘认真’二字，要老老实实地办事”等。

在我国历史上，尽心尽责、死而后已的故事不绝于史。

颜真卿是唐玄宗时代的一位忠臣，深明大义、志节凛然。当时，正值开元盛世的末年，唐玄宗晚年宠爱杨贵妃，疏忽了国政，并听信安禄山谗言，把许多兵权都交给了他，造成安禄山势力日益壮大，并有了谋反的意图。颜真卿看出了安禄山叛变的迹象，就在暗地里招兵买马、修筑城墙、囤积粮食，以防突然的变故。不出所料，后来安禄山起兵谋反，一把火烧遍中原，河北各郡相继沦陷。而只有城墙坚固的平原县，在颜真卿率兵顽强的抵抗之下，守护非常成功，河朔各郡都把平原县看成像长城那样重要。后来，节度使李希烈造反，已经七十多岁的颜真卿被派去劝李希烈投降，希望能感化他回头，避免军事冲突。到了叛军那里，颜真卿正准备宣读诏书，就遭到李希烈手下的谩骂与恐吓。但是，他气宇轩昂，毫无惧色。李希烈威逼利诱颜真卿为相，遭到呵斥，不成，又以死相威胁，颜真卿不为所动，最后惨遭毒手。在生命的最后一刻，他还大骂逆贼。颜真卿的凛然气节，值得后世子孙永远缅怀与学习。

曾子说："仁以为己任，不亦重乎？死而后已，不亦远乎。"就是说，把仁爱当作自己义不容辞的责任，这是多么重大；把这个责任坚守到了生命的最后一刻，这是多么深远。

敬业尽责者，志存高远、济世安邦。子产"苟利社稷，死生以之"，治政有方；海瑞晚年罢官，不忘时事，二度从政，恪尽职守。敬业尽责者，重义轻利、无私奉献。魏徵勤劳敬业，不嗜俸禄；宗泽丧子而不还，坚持抗金。敬业尽责者，刚正耿介、勇于负责。

敬业尽责者，不屈不挠、顽强拼搏。西汉著名历史学家、文学家司马迁发奋完成所著史籍，被后世尊称为史迁、太史公、历史之父。司马迁忍辱负重，以"究天人之际，通古今之变，成一家之言"的史识创作了我国第一部纪传体通史《史记》，记述了从上古传说中的黄帝到汉武帝元狩元年（公元前122年）长达三千多年的历史，被公认为我国史书的典范，是"二十五史"之首。郑玄遭党锢之禁仍"隐修往业"，遂成一代名儒。徐霞客一生奔波，遍及南北，终以《徐霞客游记》传世。

"敬业尽责"这一传统美德不仅是五千多年中华优秀传统文化的积淀，而且随着历史变迁和时代进步，在我国社会主义革命和建设时期一直发扬光大，并赋予了新的时代含义。

中国共产党人把"为中华民族谋复兴、为中国人民谋幸福"和实现社会主义、共产主义的伟大事业作为奋斗目标，不论是在艰苦卓绝的革命战争年代还是在蒸蒸日上的建设时期和改革开放新时期。

每一个把建设富强民主文明和谐美丽的社会主义现代化强国当作自己

事业的我国公民，都在自己的岗位上勤勤恳恳、兢兢业业、尽职尽责，贡献着自己的一分光、一分热，甚至为之献出自己的生命，像张思德、焦裕禄、王进喜、雷锋、钱学森、蒋筑英、罗健夫、牛玉儒、任长霞、王选、许振超……是我们今天敬业尽责的典范[①]。

“敬业尽责”体现了社会主义职业道德的本质要求，不仅是企业竞争取胜的关键，更是成就个人事业的前提。社会主义市场经济的发展极大地促进了人们的思想解放和观念更新，也引发了一系列新情况、新问题，人们的利益关系发生了深刻变化，价值取向面临新的挑战。在“跳槽”“下岗”已经为人们司空见惯的时候，当“等价交换原则”适用范围扩大化的时候，弘扬敬业尽责这一传统美德显得尤为重要。

应该看到，在发展社会主义市场经济的过程中，一些人在职业生活领域缺乏责任意识和敬业精神，使诚实劳动失去其崇高价值，有的人甚至玩忽职守、贪污腐败。倡导“敬业尽责”，就是要求增强敬业精神、事业意识和责任意识，对待本职工作认真负责、积极主动、精益求精，提倡在职业活动中实现人生价值，为社会作出积极贡献。

一方面，“敬业尽责”是发展社会主义市场经济的客观要求。在市场经济条件下，竞争不可避免地遍布到社会生活的各个角落，每个劳动者都可能面临就业机会和劳动岗位的竞争，市场经济越发达竞争也就越激烈，越需要敬业尽责的精神。因此，每个人都要珍惜来之不易的就业机会。如果工作散漫，缺乏敬业精神，不能尽职尽责，不但会丢掉饭碗，还会毁掉形象，根本无法在激烈的市场竞争中长久立足。

另一方面，“敬业尽责”是维护改革发展稳定大局的必然选择。发展社会主义市场经济必然要求对经济结构进行战略性调整，特别是在经济全球化的国际背景下，职业领域岗位的发展变化不可避免，在职业领域更加

---

① 关于“敬业尽责者”的论述，参考了栾传大《中华民族传统美德教育的基本内容及实验研究》一文的有关成果，该文载于栾传大《中国德育的重大改革：中华民族传统美德教育实验研究十年报告（1990年—2000年）》（吉林教育出版社2000年版），在此表示谢忱。

需要诚实劳动、自强不息的精神，不断地加强学习和充实自己，不断强化“敬业尽责”的精神。新时代中国特色社会主义赋予了“敬业尽责”更为深远、更加丰富的新内涵，“敬业尽责”更应该体现出一种面向现代化、面向世界、面向未来的博大胸怀，一种勇于接受挑战、创新求实、不断求索的宏伟气魄，一种自尊、自立、自强的民族精神。

第五章

中国古代其他重要价值理念的创造性转化

中华传统美德既是一种价值理念、道德意识，又是一种道德原则和道德规范，它把道德理念、道德意识、道德原则、道德规范与人的行为有机统一起来，坚持社会外在的道德教化与个体内在的道德修养相统一。

中华传统美德是中华优秀传统文化的精髓，以“仁义礼智信”为主要内容的中国传统核心价值观，是中华传统美德的五种根本价值准则和道德规范，是中华传统美德的高度概括，在中华传统美德体系中居于统领地位。然而，中华传统美德范畴十分丰富，每个范畴的具体内涵不尽相同，“仁义礼智信”五个德目并不能把中华传统美德的所有德目囊括无遗。如前所述，尽管我们可以把与“仁义礼智信”有内在联系的其他传统德目如“忠”“孝”“勇”等融入“仁义礼智信”之中，它们的内涵、外延难免有交叉，主要取其本意、主意，但是“仁义礼智信”这五个核心价值理念仍然不能完全涵盖这些重要价值理念的丰富内容，两者仍然具有一定的区别。

同时，还有一些传统美德德目如“廉”“耻”等，其内涵既不能完全纳入“仁义礼智信”的范畴内，也不能通过赋予“仁义礼智信”以新的时代内涵来充分体现。随着时代的发展变化，中国传统价值观念和道德规范形成了一个博大体系，其中“忠、孝、廉、耻、勇”也是中华传统美德体系中的重要德目，在我国历史发展进程中也一直发挥着极为重要的价值理念和道德规范作用，对于新时代培育和践行社会主义核心价值观也有着重要意义。我们再以“忠、孝、廉、耻、勇”五个具体德目为例，结合新时代要求对其进行创造性转化和创新性发展，赋予其新的时代内涵。

一　“忠”的价值理念及其新时代释义

在中华传统美德中，所谓“忠”，就是“克己奉公”、忠诚的意思。我国儒家思想十分注重忠诚，一再强调对人要真心真意，对事要尽心尽力，把忠诚视为人之为人的基本道德要求之一，每个人都应该忠诚。孔子云：“为人谋而不忠乎？”告诫人们为人要忠诚。荀子曰：“忠诚盛于内，贲于外，形于四海。”告诫人们要内心充满忠诚，在行动中体现忠诚，把忠诚遍布四海之内。

在我国历史上，充满了对“忠”的呼唤和赞誉，如范仲淹说“先天下之忧而忧，后天下之乐而乐”，苏轼说“报国之心，死而后已”，陆游说“位卑未敢忘忧国”，文天祥说“人生自古谁无死，留取丹心照汗青”，于谦说“富贵倘来君莫问，丹心报国是男儿”，顾炎武说“天下兴亡，匹夫有责”……这些名言警句告诉我们，为人“尽己致公”是一项重要的价值理念和人生美德。

（一）尽忠报国

所谓“忠诚”首先是对国家而言的。一个人为了国家的利益而思考、进言、奔走、奋斗，这就是报国之“忠”。“尽忠报国”的思想是任何一个国家和民族都需要的价值理念和精神追求。如果一个国家或民族每个人都自私自利、贪生怕死，那么这个国家和民族就不可能存在和发展下去。因此，报国思想是每个国家和民族都积极提倡的一种群体意识、共同体意识、国家意识和民族意识，是思想建设和民族精神的重要内容。每个人都生活在一定的社会空间，有国有家才有个人，失去了群体也就无所谓个人。

基于血缘宗法伦理和“家国同构”的国家理论设计，我国传统文化认为有国才有家，“国”是“家”的扩大，“家”是“国”的缩影，国有难应像对待家难一样去效力。反过来，我国传统文化也要求国家统治者要像

“家长”爱护子女一样爱护民众，视民如子。“先王之爱民，不过父母之爱子。”“贤君之治国也，犹慈父之治家。”

晋代傅咸有一首《孝经诗》，论及以孝报国：“以孝事君，不离令名；进思尽忠，义则不争；匡救其恶，灾害不生；孝悌之至，通于神明。”

清初黄宗羲也说：“古者，天下之人爱戴其君，比之如父，拟之如天，诚不为过。”

我国古代把“忠”看作是“孝”的扩大，是从“家”到“国”的位移，孝子尽忠于国死而无憾，把报答国家看作是一个人的“至孝”。《孝经》说：“立身行道，扬名于后世，以显父母，孝之终也。”为国立功、光宗耀祖被认为是为“孝”之终极。

明代郑太和在家训中曰：“子孙倘有出仕者，当早夜切切，以报国为务；抚恤下民，实如慈母之保赤子；有申理者，哀矜恳恻，务得其情，毋行苟虚，又不可一毫妄取于民。”这是以家规家训的形式要求子女报效国家、为民谋福，光宗耀祖。郑氏还规定如果做官的子孙有贪赃纳贿而臭名昭著的，就应该在族谱上把名字除掉，死后不许把灵位放入祠堂。

明清时期著名思想家、教育家和文学家黄宗羲，被称为梨洲先生，亦有“中国思想启蒙之父”之誉，与顾炎武、王夫之并称“明末清初三大思想家”，与顾炎武、方以智、王夫之、朱舜水并称为“明末清初五大家”，与陕西李颙、直隶容城孙奇逢并称“海内三大鸿儒”，与弟黄宗炎、黄宗会号称“浙东三黄”。黄宗羲提出了“天下为主，君为客”的民主思想，他认为“盖天下之治乱，不在一姓之兴亡，而在万民之忧乐”，主张以“天下之法”取代皇帝的“一家之法”，从而保证人民的基本权利，限制君权。顾炎武提出：“易姓改号，谓之亡国；仁义充塞，而至于率兽食人，人将相食，谓之亡天下。”

顾炎武认为，“亡国”与“亡天下”是两个不同的概念，“亡国”是指改朝换代，换个皇帝、国号而已。如果仁义道德得不到发扬光大，统治者虐害人民，人民之间也纷争不断，则是“亡天下”。保卫一家一姓之国家，是君主及其大臣们的事情，而保卫天下是所有人的事，即使地位低微的百姓也有责任。这段话被后人提炼为“天下兴亡，匹夫有责”。黄宗羲、顾炎武的这些政治主张抨击了封建君主专制政治制度，有极其重要的历史意义，对以后反对封建君主专制政治的斗争起了积极推动作用。

屈原在楚国任左徒，是一个“为国尽忠”的典型。面对战国时期的复杂形势，屈原经常思考楚国的发展前景，提出了改革思想，不断地向朝廷建议，可惜没有被楚王采纳，最后不得不投汨罗江，期待以死唤起国人的觉醒。后世之人有感于屈原的忠心，每年都在端午节时划龙舟，向江中抛撒粽子，纪念屈原。屈原不仅“明于治乱”，是个伟大的政治家，而且还是大忠臣。直到被削职流放，屈原还“眷顾楚国，系心怀王，不忘欲反”。屈原提倡“美政”，主张对内修明法度，举贤任能，对外力主联齐抗秦。他疾呼：“举贤而授能兮，循绳墨而不颇。”因遭到贵族排挤诽谤，屈原被先后流放至汉北和沅湘流域，他感叹：“唯夫党人之偷乐兮，路幽昧以险隘。岂余身之惮殃兮，恐皇舆之败绩！”楚国郢都被秦军攻破后，屈原自沉于汨罗江，以身殉国。

宋代的文天祥是中华民族历史上的一位“忠义”之士。文天祥是宋代宝祐年间的进士，有《文山集》传世。《纲鉴易知录》卷九十记载了文天祥兵败被俘后，“居狱四年，忠义之气，一著于诗歌，累数十百篇。至是兵马司籍所存上之，观者无不流涕悲恸”。文天祥与陆秀夫、张世杰并称为“宋末三杰”，聚兵抗元，大义凛然，宁死不屈。文天祥一生致力于南宋的振兴，经常向皇帝上书，提出各种各样的建议，当南宋灭亡时，他以死殉国。在中华民族历史上，有叔齐伯夷不食周粟、介子推割股奉君不言禄、苏武持节不辱国，文天祥则以“气节”留名青史。他写过《过零丁洋》一诗，成为咏颂“尽忠报国”的千古佳句：“辛苦遭逢起一经，干戈寥落四周星。山河破碎风飘絮，身世浮沉雨打萍。惶恐滩头说惶恐，零丁洋里叹零丁。人生自古谁无死？留取丹心照汗青。”正是这种“尽忠报国”的气节和信念，使不管是出仕者还是为将者胸中都有一股浩然正气，不屈不挠，前赴后继，从而成为支撑中华民族数千年来生生不息、弱而复强、衰而复兴的灵魂和脊梁。

（二）忠德之典籍——《忠经》

我国有关“忠”的思想理论非常丰富，《忠经》是其中的集大成者。《忠经》相传是由汉代马融所编撰。马融是汉代的儒学家和文学家，他生性旷达，不拘礼节，平生爱好礼乐，擅长弹琴、吹笛。汉桓帝时，马融到荆州任太守，做的主要工作就是对民众进行教化。在任职期间，马融编写了《忠经》，注解了《孝经》《论语》《毛诗》《周易》《老子》等典籍。历史记载，马融在郡治设有绛帐台，广收学生，传道授业，其门下常有生徒数百乃至千余人（今天荆州中学的校园内仍然有绛帐台的遗存）。马融弟子中的佼佼者，有卢植、郑玄等人。由于马融常坐在高堂之上，悬挂着纱帐，帐前教授学生，帐后排列乐器，后世因此以“绛帐授徒”来代指讲坛，或老师教学。在马融的治理和教化之下，当时的荆州可谓是“文化的荆州”，天下的文人云集于斯。

《忠经》论述的范围十分广泛，有观察民俗、各司其职、文武兼顾等各方面内容。如讲在立武之时要注重道德：“王者立武，以威四方……仁以怀之，义以厉之，礼以训之，信以行之，赏以劝之，刑以严之，行此六者，谓之有利。”

有人认为《忠经》是仿照《孝经》而写成的。如《孝经》着眼于个人和家族，讲诸如“不敢毁伤”“以显父母”之类，而《忠经》则讲天地无私覆，“人之所履，莫大乎忠”。

忠的标准不仅是忠诚于事、殉国忘家，而且还要出谋划策、选贤用能，如“言事无惮，苟利社稷，则不顾其身”；《忠经》对百官的要求提得也很具体，如“在官惟明，莅事惟平，立身惟清，清则无欲，平则不曲，明能正俗”。

《忠经》还对不同层次的人提出了不同的关于“忠”的要求，上至君王下至平民须各尽其忠，并认为“尽忠”有“君子”与“小人”之分，

“君子尽忠，则尽其心；小人尽忠，则尽其力。尽力者止其身，尽心者则洪于远”。《忠经》还提出了许多对后世“忠”德价值观念和道德规范有深远影响的重要原则，如“善莫大于作忠，恶莫大于不忠”，“仁而不忠则私其恩，知而不忠则文其诈，勇而不忠则易其乱”等。

《忠经》是我国古代系统总结“忠”德的专门经典，把“忠”德说成是天地间的至理至德，是评价人们行为的最高准则。“昔在至理，上下一德。……天之所覆，地之所载，人之所覆，莫大乎忠。”《忠经》认为“忠”的核心要义在于“一其心”，把“忠”的作用看作是“为国之本，何莫由忠。忠能固君臣，安社稷，感天地，动鬼神，而况于人乎”。

《忠经》反映了我国两汉时期“忠”德的主要道德内容，标志着春秋时期所产生的“忠”德观念已发展成为系统完整的“忠”德学说，成为“仁义礼智信”五常统领之下的最重要德目。对于当代社会，《忠经》仍然有很大的借鉴意义，如《忠经》提出：“报国之道有四，一曰贡贤，二曰献猷，三曰立功，四曰兴利。贤者国之干，猷者国之规，功者国之将，利者国之用。”这样的报国观，在新时代实施爱国主义教育的过程中仍有可取之处。

（三）赋予“忠”以新的时代内涵

“忠”作为中华传统美德的重要德目，其内涵可谓博大精深。根据“忠”的内涵和形式，“忠”德可以分为以下几种类型：

1.进忠言

在中国传统文化中，为了国家和民族利益，“忠”的第一层意思就是敢于“进忠言”，积极向国家统治者进献自己的见识、见解。荀子曰：“忠言忠说……莫不明通。”韩非子云：“圣人之救危国也，以忠拂耳。……拂耳，故小逆在心，而久福在国。”我国俗话说：“良药苦口利于病，忠言逆耳利于行。”

汉代司马迁堪称“忠”的楷模，他受宫刑的原因就是在朝堂之上进忠言，依据事实为败军之将李陵辩护。尽管受到宫刑，司马迁仍然忠于职守，在身心都受到巨大创伤的情况下，仍写出了伟大历史巨著《史记》。《史记》一书，不仅忠于历史事实，而且还对历史作出了客观中肯的评价。正因为司马迁一生致力于“究天人之际，通古今之变”，能为朝廷进忠言，秉笔直书历史，所以他写出的《史记》也成为可资后世借鉴的治世良方。

除司马迁之外，中国历史上总是不乏诤臣：唐代魏徵，敢于直言犯上，屡逆“龙鳞”。宋代的寇准、明代的海瑞，也都是耿介之臣。晚清王国维治学极其尽忠，梁启超说王国维每治一业，恒以极忠、极谨慎之态度行之。民国以来，熊十力坚持儒学复兴，翦伯赞坚持历史唯物主义观点，这都是忠于学术、敢于直言的表现。

2.立忠行

在中国传统文化中，为了国家和民族利益，“忠”的第二层意思就是敢于“立忠行”。人生在世所做的事情只要是有利于国家、有利于民族、有利于人民，就是“立忠行”。古往今来，并不是每个人都有机会“进忠言”，或者是有能力发表自己独到的思想见识和见解，但是每一个人都可以通过自己的行动证明自己对国家的忠诚、对民族的忠诚、对人民的忠诚。战国时期蔺相如不惧强秦，完璧归赵；荆轲刺秦王，图穷匕首见；汉代张骞历尽千辛万苦，沟通西域；苏武牧羊矢志不改，不辱使命；三国时期诸葛亮六出祁山，兴复汉室；宋代岳飞壮志饥餐胡虏肉，笑谈渴饮匈奴血；明代郑和下西洋，扬我大明国威；近代詹天佑主修铁路，开拓创新……他们都是干事业、立忠行之人。

“立忠行”还有一个基本要求，就是不怕牺牲个人利益，舍小我以成就大事业。在古代中国，为了保持中原地区的安定和发展民族之间的友好关系，中央政府经常采取和亲政策，与游牧部落通婚。汉有昭君出塞，远嫁匈奴；唐有文成公主、金城公主，远嫁青藏高原的吐蕃。正是她们的付出和奉献，促进了各民族间的友好往来。在中国特色社会主义新时代，为了祖国的富强民主文明和谐美丽，为了社会的安定、和谐与发展，人们都在自己的岗位上发挥应有的作用，王进喜、焦裕禄、雷锋、钱学森、高建成、牛玉儒、杨立伟等，各行各业都涌现出了无数尽忠职守、“立忠行”的模范人物。

3.尽忠道

“忠道”是国家、民族和社会的大义。在不同的时代有不同的“忠道”，古代的许多忠义之士为了唤醒国人的觉醒和实现民族振兴，以死谏国。战国时有屈原大夫投汨罗江；晚清有维新志士谭嗣同，为了理想信念慷慨赴死；还有陈天华、邹容、秋瑾，无不视死如归。历史上也不乏保国安民、尽忠职守的英雄人物，于谦、戚继光、邓廷桢等，都是令人敬仰的豪杰。宋代陆游有句名诗，“平生铁石心，忘家思报国”，又说“男儿堕地志四方，裹尸马革固其常”。

当然，“忠”也有智忠、愚忠、伪忠之分。所谓“智忠”要求人们知大体、识时务、顾大局，是可取可敬之忠。在我国传统文化中，“智忠”要求人们大公无私、克己奉公。《礼记》曰：“大道之行也，天下为公。”把忠于国家、忠于民族、忠于君王三者明智地结合起来，认为忠于天下者才是真正的“大忠”。如唐朝的魏徵、宋朝的寇准等名臣，都是尽“智忠”的典范。

在我国古代历史上，“愚忠”也是表现得十分突出的，有时甚至表现为一种荒唐可笑的行为。我国古代把“忠君”作为“忠国”的主要标志，但实际上“忠君”并不等于“忠国”，当昏君误国时忠于“昏君”等于误国。张勋复辟和康有为逆历史潮流而动，拼命保皇，可谓“愚忠”至极。“伪忠”则是“忠”之大敌，即老子所说的“大奸似忠”，这种“忠”不仅表现为一种虚伪的“忠”，甚至还会对国家、对民族造成莫大灾难。如秦代的赵高，宋代的蔡京、童贯、高俅、杨戬、秦桧，明代的严嵩、魏忠贤，清代的和珅等大奸臣，莫不如此。奸臣当道之时，必然带来民族的灾难、人民的困苦。

因此，结合新时代要求赋予“忠”以新的时代内涵，应当摒弃我国传统文化中“愚忠”和“伪忠”等不符合时代要求的内容，继承和弘扬忠于国家、忠于民族、忠于人民等“智忠”方面的内容。

我国近代资产阶级民主革命的先行者孙中山先生对“忠”作了具体说明，严肃批评了那种认为推翻了封建帝制便可不讲“忠”的观点。他说：“现在一般人民的思想，以为到了民国，便可以不讲忠字，以为从前讲忠字是对于君的，所谓忠君，现在民国没有君主，忠字便可以不用……这种理论，实在是误解。”他认为在建立中华民国之后，照道理讲还是要讲“忠”、讲“尽忠”，但“忠”已不是“忠于君”，而是要“忠于国”“忠于民”，要“为四万万人去效忠”，“故忠字的好道德还是要保存”。孙中山指出：“因为在国家之内，君主可以不要，忠字是不能不要的，如果说忠字可以不要，试问我们有没有国呢？我们的忠字可不可以用之于国呢？我们现在说忠于君，固然是不可以，说忠于国是可不可呢？忠于事又是可不可呢？”尤其难能可贵的是，孙中山先生还把“忠于事”作为“忠”的重要内涵，他说：“我们做一件事，总要始终不渝，做到成功，如果做不成功，就把性命去牺牲，亦所不惜，这便是忠。”[①]

在不同的时代，“尽忠”有不同的内容和要求。近代企业家希望通过兴办实业，民富国强，这也是一种“尽忠”的方式。他们忧国忧民，痛恨帝国主义在中国横行，“报国之心，死而后已”。

20世纪初，荣宗敬、荣德生兄弟二人创建荣氏企业，他们看到外国面粉源源不断倾销中国，中国财富大量外流，于是集资开设面粉厂，抵制洋货。他们的爱国之心赢得了民心，企业迅速发展起来。抗日战争时期，日本商人企图通过“合作经营”或“巨资收购”方式吞并荣氏企业，荣氏兄弟不畏威胁，毅然把资金转移到大后方生产抗日物资，表现出民族企业家忠于国家的美德。另一位企业家张振勋更是以爱国主义为动力办企业。张振勋早年只身漂流南洋，历尽千辛万苦，稍有积蓄，马上携资回国，发出“华人当为祖国效力”的誓言。他四处奔波，成立了我国第一家机制葡萄

---

① 参见《孙中山全集》第9卷，中华书局1981年版，第244页。

酒厂——烟台张裕酿酒公司。为了酿造美酒，他精心擘画，事必躬亲，从海外引进葡萄苗，延请外国高级酿酒师，反复试制，终于使中国产的白兰地在1915年获得世界金奖。此外，张振勋还开办了一批“裕”字号企业，为振兴民族工业作出了贡献。

广东人简照南、简玉阶兄弟俩创办南洋兄弟烟草公司。在1915年的广东大水灾中，简氏兄弟组织独立的救灾机构，到灾区发放救济粮，让患难之中的民众见到真情实谊。后来，简氏兄弟又救济孤儿、救济留学生，先后向暨南大学、南开大学、复旦大学捐款，受到各界人士好评。在推销产品的过程中，简氏兄弟注意加强民族文化设计，以提高与洋烟竞争的能力。简氏兄弟采用中国人喜闻乐见的吉祥词语作卷烟牌号，先后创立了“双喜”“白鹤”“飞马”“金龙”“喜雀”“长城”等名牌烟，印刷民族画片作为赠品，使产品有力地抵制了洋烟。简氏兄弟忠于国家，向社会奉献爱心，用传统美德感动民众，塑造了中国民族企业家的良好形象。

在中国共产党领导下，无数革命先辈在革命斗争中不畏牺牲、报效祖国，英雄人物、英雄事迹层出不穷。李大钊、夏明翰、刘胡兰、董存瑞等，有的面对敌人的威胁，大义凛然，坚贞不屈；有的为了夺取战斗的胜利，不怕牺牲，勇于献身。正是他们的付出，奠定了新中国成立的基础，为我们的国家带来了希望。新中国成立以后，在人民当家作主的新社会，忠于职守、报效祖国的英雄人物和事迹，同样不胜枚举。朝鲜战场上“最可爱的人”——数以万计的志愿军指战员，用生命和鲜血谱写了一曲曲热爱人民、忠于祖国的赞歌，黄继光、邱少云、毛岸英等数不清的革命先烈，用生命实践了“保家卫国”的铮铮誓言。

在和平建设时期，党的好儿女雷锋、向秀丽、焦裕禄、孔繁森等，他们心中装着共产主义的远大理想，在平凡的岗位上做出了不平凡的业绩，胸怀人民，把自己的一切献给了人民的事业。他们是中华儿女的优秀代表，是尽己致公、忠于国家的楷模。进入21世纪，我国的社会主义现代化建设迫切需要有奉献精神的报国之士，每个人有多大力就应出多大力，只有每个人都贡献自己的光和热，国家和民族才能迅速崛起，胡锦涛同志提出的社会主义荣辱观第一条就是“以热爱祖国为荣、以危害祖国为耻”。

党的十八大以来，实现中华民族伟大复兴的中国梦成为新时代我国爱国主义的鲜明主题，大力弘扬以爱国主义为核心的民族精神和以改革创新为核心的时代精神，为新时代中国特色社会主义建设提供了共同精神支柱和强大精神动力。它要求我国要积极培育和践行社会主义核心价值观，传承弘扬中华传统文化，把爱家和爱国统一起来，把实现个人梦、家庭梦融入国家梦、民族梦，用我国4亿多家庭、14亿人民的智慧和力量汇聚起夺取新时代中国特色社会主义伟大胜利、实现中华民族伟大复兴的中国梦的磅礴力量。

新时代的中华民族正处于全面建设社会主义现代化强国和实现中华民族伟大复兴的关键时期，呼唤每个中华儿女以最诚挚的感情对待祖国，把自己的命运与祖国的命运联系在一起，热爱祖国、忠于祖国、建设祖国、捍卫祖国，以自己的辛勤劳动和聪明才智推动祖国向着更加美好的未来发展前进。无论工作生活在哪里，无论在什么样的情况下，都能坚决维护国家主权、利益、尊严和荣誉，坚决反对一切危害国家的行为，坚决不做任何有损国格的事情，这就是新时代的“尽忠道”。

习近平总书记在谈到自己对祖国的“忠”时说，“精忠报国”是他一生追求的目标。他说：“我看文学作品大都是在青少年时期，后来看得更多的是政治类书籍。记得我很小的时候，估计也就是五六岁，母亲带我去买书。当时，我母亲在中央党校工作。从中央党校到西苑的路上，有一家新华书店。我偷懒不想走路，母亲就背着我，到那儿买岳飞的小人书。当时有两个版本，一个是《岳飞传》，一套有很多本，里面有一本是《岳母刺字》；还有一个版本是专门讲精忠报国这个故事的，母亲都给我买了。买回来之后，她就给我讲精忠报国、岳母刺字的故事。我说，把字刺上去，多疼啊！我母亲说，是疼，但心里铭记住了。‘精忠报国’四个字，我从那个时候一直记到现在，它也是我一生追求的目标。”[①]

二 “孝”的价值理念及其新时代释义

在中华传统美德中，“孝”被视为“百善之先”。从血缘人伦宗法关系出发，我国传统文化认为“孝”是一个人的基本道德准则和道德规范，曰：“夫孝，德之本也。”（《孝经·开宗明义章》）就是说“孝亲敬老”是各种道德的基础和根本。在我国“孝”的传统源远流长，自古以来不仅把子女、晚辈对父母、长辈的感恩赡养、尊敬扶助作为一种责任和义务，而且升华为中华民族的一种民族情感和道德情怀。

（一）“孝”的内涵

什么是“孝”？通常的回答是子女、晚辈对父母、长辈要尽责、尽义务。这是一种朴素回答，也是对“孝”的通俗解释。在我国传统文化中，“孝”则是一门博大的学问，其内涵极其丰富。翻检古书可以发现，古人对“孝”有各种各样的说法。如《尚书》曰：“克谐以孝。”《论语》曰：“今之孝者，是谓能养。”“孟懿子问孝，子曰：‘无违。’”“三年无改于父之道，可谓孝矣。”还有《大学》《中庸》等对“孝”都有所论述，如《大学》曰：“孝者，所以事君也。”《中庸》曰：“夫孝者，善继人之志，善述人之事者也。”《新书·道术》曰：“子爱利亲谓之孝。”

我国古代讲“孝”，有狭义和广义之分。狭义的“孝”是指从衣、食、住、行以及娱乐上赡养父母，尽人子之责。《说文解字》说：“孝，善事父母者。从老省，从子，子承老也。”所谓“善事父母”，就是奉养父母，顺从父母。广义的“孝”是更深层次、更广泛意义上的“孝”，其对象不仅指父母，还指祖父母、外祖父母、岳父母以及伯、叔、姑、舅等所有亲属

① 《习近平总书记的文学情缘》，载《人民日报》2016年10月14日。

长辈，还指邻里所有长辈。

“孝”的内容则不仅仅是指家庭生活，还包括按照长辈的意志办事，顺从长辈的吩咐，实现长辈的愿望，按照家族长辈的安排实现人生价值，报效民族和国家，为家族和乡里争光。

我国古代还把“孝”分成不同的层次，如孟子认为：“孝子之至，莫大乎尊亲。”《礼记》曰：“大孝尊亲，其次弗辱，其下能养”，“小孝用力，中孝用劳，大孝不匮”。《孝经》认为：“夫孝，始于事亲，中于事君，终于立身。”但是，对到底是“尊亲”为“至孝”，还是“立身”为“至孝”，也没有统一的认识。

我国古代还把“孝”分为各种类型，如分为天子之孝、诸侯之孝、大夫之孝、士之孝、庶人之孝。如关于“天子之孝”，孟子以“天下养”为“天子之孝”，《孝经》以“德教加于百姓”为“天子之孝”，《盐铁论·孝养》说：“孝莫大以天下一国养。”

由此可见“孝”的内涵非常广泛，值得我们细细体会，其主要内容是事亲敬老。

《孝经》是我国古代儒家经典“十三经”之一，以“孝”为中心，集中阐述了儒家的伦理道德思想，对实行“孝”的道理、道德要求和行为方法作了系统而详细规定。《孝经》认为“孝”是上天所定的规范，是诸德之本，认为“人之行，莫大于孝”，“夫孝，天之经也，地之义也，民之行也”。

《孝经》还将“孝”与“忠”联系起来，认为“忠”是“孝”的发展和扩大，并把“孝”的作用从家庭推而广之到社会、到国家，认为“孝悌之至”就能够“通于神明，光于四海，无所不通”。

《孝经》还提出国君可以用“孝”治理国家，臣民能够用“孝”立身理家。《孝经》对传播和维护我国古代封建伦理纲常起了很大作用，今天应以正确的传承弘扬态度来看待它，既不能由“孝”推出“愚忠”，也不应该丢掉“孝”道的传统美德内涵。

（二）“孝”是道德之本

“孝”是我国传统文化中的一个重要道德范畴，是一种沿袭已久的做人的基本道德准则和道德规范，也是中华传统美德的本源德目之一，孔子甚至认为“孝”是“仁之本”。他说：“君子务本，本立而道生。孝悌也者，其为仁之本与!”可见“孝”德在孔子道德思想中的重要地位。

孔子的弟子曾子对“孝”的论述，更是大大超过他的老师，曾子把“孝”视为真理一类的道德准则。据记载，曾子曰：“夫孝，置之而塞乎天地，溥之而横乎四海，施诸后世而无朝夕，推而放诸东海而准，推而放诸西海而准，推而放诸南海而准，推而放诸北海而准。”曾子认为，“孝”作为一种美德竖起来可以顶天立地，平着放可以覆盖四海，传到后代可以永远奉行，也不受地域限制，“放诸四海”而皆为“准则”，把“孝”看作是具有普遍性的真理，认为到处都适用。

在我国几千年历史中，先后出现过许许多多道德范畴，然而“孝”是一个最基本的道德范畴，是每个社会都提倡的基本道德原则和道德规范，任何人都应以“孝”为立身之本，才能在社会中实现人生的价值。

我国传统文化认为，在人的一生中，身体、教养受益最多的是来自于父母，父母的“养育之恩”比天大、比地深，如果子女成人之后不赡养父母、不关心父母，那他会被认为是“畜生不如”，并在此基础上进行简单的道德推理，认为一个人如果对生他、养他的父母都不好，那么他还会对兄弟姊妹好么？还会对社会上其他人真心友善么？于是，推而广之认为衡量一个人是否对其他人好，首先要看他是否有基本的“孝”道，对待自己的父母是否好。连基本“孝”道都没有的人，其道德人品是值得怀疑的。本着这样的推理，我国古代一直把“孝”道作为道德之本，作为做人的基本道德要求。

在“孝”道的基础上，我国古代还提出了考察圣贤的综合评判法。如孔子把孝、悌、谨、信、爱、仁作为对弟子的道德要求和行为规范，他说：“弟子入则孝，出则悌，谨而信，泛爱众，而亲仁，行有余力，则以学文。”就是说孔子要求弟子在父母面前要执“孝”，在兄长面前执“悌”，谨慎而诚信，只有广泛爱人、亲近执仁，才有资格跟着孔子学习文化。

据记载，鲁国太史提出了“父义、母慈、兄友、弟共（“共”与“恭”同义）、子孝，内平外成”的道德要求和行为规范，这实际上是指出了家庭中的五伦关系——父、母、兄、弟、子各自应当遵守相应的道德规范——义、慈、友、恭、孝。汉代桓宽则提出，“孝”“悌”“信”三者兼备才能称得上是“孝”，他说：“闺门之内尽孝焉，闺门之外尽悌焉，朋友之道尽信焉。三者，孝之至也。”三国时期的王昶则强调做人应当“孝、敬、仁、义”并重，这样才能在家中乡中立身，如果恪守孝敬仁义，必然称贤于乡里。他说：“夫人为子之道，莫大于宝身全行，以显父母。……夫孝敬仁义，百行之首，行之而立，身之本也。孝敬则宗族安之，仁义则乡党重之，此行成于内，名著于外者矣。”（《诫子侄书》）

在我国传统文化中，“孝”与“忠”是一对相辅相成的道德范畴，是一对紧密联系的道德原则和行为规范。一般认为，“孝”是“忠”的基础和前提，只有从小培养对父母长辈“尽孝”的道德品质，长大之后才能够移“孝”于“忠”，成为忠诚之士，报效民族和国家。在家尽“孝”的人在国必“忠”，在家不“孝”的人在国必不“忠”。

这种简单的道德推理在我国传统道德中成为一个基本道德推理定式。基于这样一个道德推理定式，我国古代的朝廷要地方官吏举荐“孝”子当官，称为“举孝廉”，以为“孝”子就一定会“忠”于国家，忠于君王。宋代程颐认为，“忠”“孝”可以兼得，而把“古人谓忠孝不两全，恩义有相夺”看作是“非至论也”，他说：“忠孝，恩义，一理也。不忠则非孝，无恩则无义，并行而不相悖。”

我国传统文化还认为，“忠”与“孝”二者应当是并行不悖的，尽“孝”应该不忘尽“忠”，尽“忠”应该不忘尽“孝”，如果为了国家和民族利益不能在家给父母尽孝，看起来是不“孝”而实际上是尽了大“孝”，有国才有家，国安则家安。因此，衡量尽孝的标准不能仅仅以是否在父母身边侍奉，而应当看其是否在做父母所期望的事，是否在做光宗耀祖的事，是否在做于国于民有益的事。

我国传统文化还认为，人人皆可成为孝子。孝子当官是移“小孝”为“大忠”，令人放心。但是，我国传统文化又认为，未必人人都能做一名称职的官员，“孝子”是对家族和乡里尽责，官员则必须对朝廷和国家负责，所以“孝子”还应当具备“忠、智、勇”三种品德，才能为官。唐代白居易说：“忠、孝、智、勇四者，为臣、为子之大宝也。故古之君子，奉以周旋。苟一失之，是非人臣人子矣。”（《汉将李陵论》）这说明我国古代在提倡“忠”“孝”的同时，还要求一个人必须恰当地处理好“忠、孝、智、勇”四者之间的关系。

（三）“孝”的类别

我国古代有关“孝”道的故事举不胜举。这些故事通过口耳相传，形成对人们的道德教化。通观这些故事，内容有帝孝、王孝、贤孝、贫养、乞养、禄养、嗜养、爱亲、敬亲、悦亲、遵教、承志，等等。概括起来，我们可以把传统孝道分为八大类型。

1.孝子养正

孝子务必追求正道，培养良好的品质，做正人君子，不可做邪恶小人。如江革感化盗贼，牛徽感动强盗，袁闳探父，徐孝肃以孝服人，都属于这一类型。《后汉书·袁闳传》记载，袁闳到外地探望当官的父亲，不以父亲当官而自居自傲，处世低调，谨慎谦和。袁闳常说：“我家世代荣华富贵，我们只有用德才守得住家道。如果子女依靠父母的权力而张扬，不仅会妨碍父母，还会使自己滋生骄奢淫逸。”

2.孝子勤学

读书就是接受教育，接受人类传承的知识，读书使人明智。司马迁、李延寿等人秉承父志，撰写了不朽的史著；张仲景的家族有三分之二死于伤寒病，他辞去太守职，专攻伤寒，写出了《伤寒杂病论》；赵至出身贫寒，自知读书不易，勤奋学习，以读书作为对父母的回报，取得功名。凡是中国的父母，从古至今，没有不希望子女多读书的，他们意图就是希望子女有更大的出息。孝子尽孝的最好方式之一，就是勤奋学习，好好读书。

3.恪守孝道

不论是天子，还是大小官员，都应恪守孝道。历史上的汉孝文帝、北魏孝文帝、清乾隆皇帝，都很尊重父母。汉代的毛义、宋代的包拯、明代的陈茂烈等，在家能尽孝，为官能尽职，对国能尽忠。特别是明末清初的夏完淳，很有民族气节，他父亲战败投水殉国，他被俘后也引颈就戮。执政者守孝，实际上是起带头作用，以身作则。虽然在有些情况下，忠孝难以两全、公私难以兼顾，但守孝之心不可无。人子尽孝，不在于厮守父母身边，不在于一时一刻，而在于有尽孝之心，在于持之以恒地善待父母。官当得再大，在父母面前总是子女；地位再高，在父母面前也不能摆架子；工作再忙，总是可以抽得出一点时间问候父母的。

4.为父母分忧

作为孝子，当然应当为父母考虑问题，与父母同喜同乐，特别要为父母化解忧愁。汉代医学家淳于意受诬陷，女儿缇萦上书申冤，其精神感动了皇帝。晋代杨丰上山遇到老虎，女儿杨香拼死扼虎救父，最终父女得救。这些说的都是子女不畏艰险，为父母分忧解难。

5.孝子养亲

《论语·为政》说："今之孝者，是谓能养。至于犬马，皆能有养。不敬，何以别乎?"子女不养父母，把父母抛弃于街头，就等于失去了人性。春秋晚期的老莱子，在七十岁的时候还常常想尽办法让他九十多岁的父母开心；西晋文学家潘岳，为了让母亲不孤独，亲自陪母亲种菜吟诗；同为西晋人的李密，作《陈情表》，放弃高官厚禄，以赡养祖母。这样的事例特别多，实为做人子的基本美德。在现代社会，父母的吃穿基本上不愁，但是，子女还应当让父母过上更加幸福的生活，享受到社会日益进步带来的生活变化，如陪父母看电视、读书、旅游、上网等，让父母享受天伦之乐，以尽孝子养亲的责任。

6.孝子理财

东晋王珣放高利贷盘剥穷人，死后其子王弘以父之名，放弃了所有的债利，为父亲赢得了美名；南朝蔡廓把父亲遗留的钱为穷亲戚筑屋；元代孙秀实为邻里老人还债，“老吾老以及人之老”。这样的孝子有大度，重义气，情操高雅。子女继承父母的遗产，这是合理合法的事情。但是，现实生活中，在分配家产时，由于各种各样的原因，子女往往为此闹出许多矛盾，搞得长期不和。从孝道观念而言，子女不可为遗产而反目为仇，否则就是违逆父母的意愿，是不孝。父母留下了财产，子女应当加倍珍惜，恰到好处地使用，这样才能使父母满意。

7.孝子有善报

孝子敬养老人，以仁厚、友善、博爱之心与人相处，必然得人缘，受到社会尊重。舜因孝敬父母，声名远扬，尧听说后，把两个女儿娥皇和女英许配给他；子路早年家中贫穷，不仅自己常常采野菜做饭食，而且还从百里之外负米回家侍奉双亲，得到孔子的赏识；黄庭坚虽身居高位，侍奉母亲却竭尽孝诚，每日都亲自为母亲洗涤溺器，赢得百姓口碑。善有善报，恶有恶报，这是传统社会的普遍心理。为人子女，不应当苛求父母太多，认为父母应当为自己多留点什么，而应当多想想自己应当为父母多做些什么。

8.孝子之思

当子女的不能让父母为自己操心，而应为父母操心，想父母所想，急父母所急。子女要经常感念父母的恩情和教诲，勉励自己做个完人。子女出外求学、经商、当官，仍应牢记父母的期望，并经常采用各种方式问候父母。人非草木，孰能无情无思。唐代狄仁杰长年在外做官，总是登上高山，望着家乡方向的白云，回忆父母的嘱托，时刻不忘做一个好官。

（四）“孝”道的时代内涵

传统的“孝”道也存在许多愚昧之处，不仅不值得现代社会提倡，而且还应制止、批判。汉代郭巨为了养老母，竟然准备活埋儿子以节省口粮；王祥为了破冰取鱼以奉母，小小年纪躺在冰上，用身体融化冰层；吴猛为了不让蚊子咬父亲，自己光着身子睡觉，让蚊子咬自己；明清流行子女割身上的肉熬汤，给父母治病，愚不可及；父母辞世，子女应当妥善安排后事，但是，有的人过于强调“事死如事生”，耗费巨资选阴宅，大办丧事，守坟三年；有的人为争坟地而斗殴，导致死人伤人，社会不安。这类孝道，在实质上是对“孝”的扭曲和背离，都是需要摒弃的。

“孝敬父母”是中华民族的传统美德，也是每个公民应尽的社会职责。早在两千多年前孟子就谆谆告诫世人要“老吾老以及人之老”，就是说不仅要孝敬自己的父母、长辈，同时也要孝敬别人的父母和长辈。“尊老”反映的是人类社会的一种普遍道德要求和永恒美德，《新时代公民道德建设实施纲要》强调要“尊老爱幼”，并把这一道德行为看作是家庭美德建设的重要内容。为什么要尊老？怎样做到尊老？是我们必须在日常生活中努力解决的问题。

1.以孝敬父母之心对待所有长辈

早在春秋以前我国传统道德就要求人们身体力行，当时的礼法明确规定，牛、羊、猪等肉食一般用于祭祀，谓之“牺牲”，所以即使是贵族平时宰杀牛、羊、猪等也都受到限制，普通百姓则更是难以沾到肉腥。但是，70岁以上的老人却有食肉的资格。就是说70岁以上的老人可以享受“敬神”一样的礼遇。因此，我国民间流传着“人过七十无肉不饱”的说法。

“孝敬”作为中华民族的传统美德，在我国古代的史书、小说、戏剧、诗词中描述得很多，例如，“黄香扇枕温席”“董永卖身葬父”“李逵背母上山”等，都以生动感人的形象、曲折动人的情节，表现了儿女对父母的至亲至爱。历史上，用多种形式对“孝”德的宣传，使人们孝亲敬长的道德意识得到了强化。

据记载，清康熙六十一年（公元1722年）正月初二，康熙皇帝曾在乾清宫宴请65岁以上的老人共1020人，康熙皇帝和老人们在宴席上觥筹交错，皇子、皇孙侍之，有的在旁侍立观礼，有的给老人们倒酒；清乾隆五十年（公元1785年），适逢清朝庆典，乾隆皇帝也在乾清宫举行了“千叟宴”，宴请出席的老人有3000余人。

2.亲情友爱是孝道的基本内涵

在古代社会中我国常有“四世同堂”的习俗，几乎每一个家庭中都有一群兄弟姐妹。随着计划生育国策的实施，大家庭少见了，但亲缘关系还存在着。对家族亲长要恭谨有礼，对兄弟姐妹、表兄弟姐妹和堂兄弟姐妹要至敬至爱，这正如人们所说：同胞兄弟骨肉亲，互敬互爱手足情；家族是个亲戚网，互帮互助大家庭；骨肉至亲处和睦，手足情深家昌盛。

我国传统道德还提倡“四海之内皆兄弟”的道德观念，人们可以没有一母同胞的亲兄弟，但要把社会上其他人当作同胞一样看待。尊敬比自己年龄大的人，疼爱和关怀比自己年龄小的人。如果整个社会中的人都能像对待自己家庭内部的亲人那样对待所有人，那么整个社会就会成为一个温暖的大家庭。

3.关心关怀关爱老人

古往今来，“孝”一直是中华民族倍加推崇和遵奉的重要道德规范，也是中华民族五千多年文明得以延续和维系的重要道德基础和精神纽带。家庭和睦是新时代公民道德建设的一个重要方面，是保证社会成员生活幸福和社会文明健康发展的重要条件和道德基础，以血缘和亲情为中心的“孝”德仍然是整个社会伦理道德的重要内容。一曲红遍大江南北的《常回家看看》让儿女们感受到老人对子女的牵挂，感受到老人更需要儿女的关爱。随着人们生活水平的不断提高，老人的物质生活已基本有所保障，但是老人们的精神赡养却成为一个较为普遍的社会问题，关心、关怀、关爱老人是儿女们的责任和义务。对父母，儿女们应有感恩之心，体谅父母的艰辛，勤奋学习和工作，用自己的双手撑起一方晴空，不仅要尽可能少让父母、长辈为自己操心，而且应为父母分忧解难，尤其是在父母生病或有困难时能够尽力关心照顾父母、协助父母；应听从父母、长辈的教诲和善于听取父母、长辈的建议，即使有不同想法也不随便顶撞，而是心平气和地讲道理。

中华民族传统的“孝”道，在强调“尊老、敬老、养老”的同时，也强调“送老”。所谓“送老”，就是在父母百年之后子女为父母安葬送终。当代作家魏明伦说：“送老归山，儿女天职。”父母去世后，儿女尽孝道安葬父母，是中华民族的优良传统，也是子女义不容辞的责任和义务。然而，现实生活中，一些人在父母生前未必能够真正做到“孝”，而在父母作古之后，为了显示自己所谓的“孝”，为了给自己争体面，丧事大操大办，披麻戴孝的队伍越来越壮大，送葬车辆越来越豪华，等等。这无疑与真正的孝道格格不入，也违背了父母的真实意愿。当代社会，适可而止、尽礼合情的葬礼足以寄托哀思，不应也不必铺张浪费、盲目攀比，办那种令世人侧目的“厚葬”。

在新时代，“孝”主要体现为在社会主义家庭美德中“尊老爱幼”的“尊老”。所谓“尊老”，就是要从内心深处尊重老人，关心老人的衣食住行，对老人举止文明、态度和蔼，最重要的是给老人以精神安慰。

据预计，到2050年前后我国的老年人口数将达到峰值4.87亿，将占总人口数的34.9%。这说明我国已进入老龄化社会，老人问题将会越来越成为影响社会安定的重要因素。实践证明，只要人人都自觉地尊老敬老，就能促进家庭融洽和睦，使每个家庭成员感到温馨美满，就能促进社会稳定发展。

因此，“尊老”不仅是家庭内部的私事，也是社会对每个成员的基本道德要求，它事关家庭的幸福，事关社会的和谐，事关国家的发展。“老有所养、少有所依”是我国社会主义家庭美德建设的基本要求。在新时代我国社会主义家庭美德建设中，千百年来形成的家庭教育、“家规家训”、“治家格言”传统需要传承弘扬，亲子长幼之间需要更多相互尊重、相互理解和相互关心。如果每一个家庭都能使老人们受到充分敬重、颐养天年，使子女得到全面培育、健康成长，家家家风好，那么就会促进全社会形成良好风尚。

三 “廉”的价值理念及其新时代释义

自古以来，“廉”也一直是中华民族的重要价值取向和道德规范。“廉”的本意是指堂屋的侧边、器物的棱角。老子曰“廉而不刿”，意思是说为人虽有棱角，但不刺伤他人。因此，“廉”由“棱角”之义逐渐转化为用来比喻人品端正、有志向、有气节。我国古代所谓的“廉士”往往就是指有志向、有节操、有气节的人。管子将“廉”列为“国之四维”——“礼义廉耻”，曰：“国有四维，一维绝则倾，二维绝则危，三维绝则覆，四维绝则灭。”“四维不张，国乃灭亡。”可见管子对“廉”德极为重视。

（一）“廉”的内涵

中华文明起源于农耕文明。农业国度的人最知道劳动果实来之不易，所以，自古以来，“廉”就有节俭的意思。《淮南子》中有这样的话：“不以奢为乐，不以廉为悲。”高诱注释说：“廉，犹俭也。”此外，“廉”作为具体的道德要求，更常见的意思是指不苟取、不贪得，这便是人们常说的廉洁。廉洁是人们对待钱财和利益的一种正确态度，它的基本要求是不取不义之财，不贪不义之利。《论语·述而》说：“不义而富且贵，于我如浮云。”《吕氏春秋·忠廉》说：“临大利而不易其义，可谓廉矣。”可见，树立正确的义利观，乃是培养廉洁之德的前提。它要求人们，面对财利应当以是否符合道义来决定取舍，做到“临财毋苟得”“见利不亏其义”，反对见利忘义，对财物“苟得”“妄取”。孟子认为，在可取可不取的情况下应该以“不取”为“是”，这是对廉洁更高层次的要求，他说：“可以取，可以无取，取伤廉。”

作为一种价值取向和道德规范，“廉”主要是针对执政者、在位者、当权者，即针对各级官吏的价值取向和道德规范要求。与普通百姓相比，各级官吏掌握着国家“公权力”，有更多的机会和可能对国家公财物苟得、妄取，官吏之贪不是侵吞国家财产就是榨取民脂民膏，收取各种贿赂。而且，腐败之官吏必然会滥用职权，造成破坏法律和公正的严重后果。因此，廉洁对于各级官吏而言更为重要，是各级官吏应当遵守的职业道德。孟子说："非其义也，非其道也……一介不以与人，一介不以取诸人。"孟子认为，所谓清官、廉吏皆要以"一介不取"自律，他们之所以受到人民的爱戴、称颂，原因即在于此。

（二）官员最需廉洁奉公

廉洁的反面是贪赃。正因为各级官吏有贪赃现象，所以才有对各级官吏的廉洁要求。廉洁的对象主要是针对官场上的官员，官员有权，而权、钱往往是联系在一起的。有权的人容易腐败，最需要时时告之以廉洁。历史上有许多人功成名就，有政绩、有才华、有人缘，然而，毁于贪，亡于奢，贪污和腐败导致身败名裂。因此，坚持俭朴和廉洁，是保身的名哲。

我国自古以来清廉的官员不乏其人。例如楚庄王时楚国令尹孙叔敖，由于行政、治军有功，楚庄王多次封赏，孙叔敖都坚辞不受。孙叔敖为官清贫，家中没有什么积蓄和值钱的东西，临终时连棺椁也没有，司马迁在《史记》中称赞他为"循吏"第一。唐朝贤相姚崇一生显达，位极人臣，历仕武后、中宗、睿宗、玄宗四朝，他始终廉洁奉公。他死后，没有什么家产可以留给子女。姚崇留下遗嘱，要求对自己实行薄葬。他说，这既可以开创一个厉行节约的好风气，又可以为社会节省财富。可见，一代清官在谢世的时候，也都想着尽最后的人格力量为社会作表率。

北宋名相寇准也是廉洁奉公的典范，他在当上宰相以后仍然居住在以前的老房子中。他的幕僚们总想劝他建造宰相府，但是不敢轻易启齿。有一天，寇准宴请当时的名士魏野，幕僚们作陪。酒过三巡，气氛融洽，有一位幕僚说："小可斗胆，相公身为大宋宰相，居处狭小，岂不有损朝廷尊严？请相公同意建造一所新的府第。"寇准坦言说："为相者，当以修身、齐家、治国、平天下自励，上辅圣主致太平，下督百官勤职守，方为本分。请问诸公，营建私第，何益于修身、齐家，不能修身、齐家，将何以治国、平天下？本相恭行圣贤之道，岂会有损朝廷尊严？"幕僚们听后面露羞愧之色。魏野有感寇准之清廉，当场作诗，写道："有官居鼎鼐，无宅起楼台。"寇准为相三十年，始终住在旧屋子里，没有营造相府，这连当时辽国的君臣都钦佩不已。

明代的海瑞一生刚直不阿，执法如山，为官清廉，万历十五年（公元1587年）74岁的海瑞以老病之身卒于官舍后，仅余葛帏旧衣。海瑞的同乡苏民怀在检点其遗物时，只发现有竹笼一只，内有俸金八两、旧衣数件而已，只有赖仗同僚捐治葬具才得以葬殓。海瑞的清廉深得百姓拥戴，发丧之日，市民送者夹岸，酹酒而哭者百里不绝，被百姓呼为"海青天"。时人王世贞以九字评："不怕死，不爱钱，不立党。"

（三）倡廉抑腐仍然是新时代主题

"廉洁奉公"是每一个官员最重要、最基本的品德。在当代社会，廉洁就是工作尽职，不利用职权谋私。廉洁是和谐社会的基础，没有廉洁，就谈不上社会和谐。然而，自古以来，倡廉抑腐也是一个历史难题。倡廉抑腐之难，源于人的自私欲望难以得到满足。王阳明在《传习录》中说，人们的心意总是难以满足，贪得无厌，"功利之毒，沦浃于人之心髓。……其出而仕也，理钱谷者，则欲兼夫兵刑……居台谏，则望宰执之要"。可见，利欲之心是无止境的，每个人都应时时警惕利欲之心。

在我国古代官场，当官的都希望得到肥缺，中央官员大都想到"油水厚"的吏、户、刑三部，不太喜欢礼、兵、工三部。民间说"无官不贪""三年清知府，十万雪花银"，都有事实为据。乾隆年间，和珅的家产有八亿两白银，相当于当时朝廷十年的总收入。如果一个人私欲膨胀，以权谋私，就会堕入腐败的黑洞。

"倡廉抑腐"之难难在制度可予当权者以可乘之机。人组成社会，有社会就有权力。如果社会制度不健全，就会给腐败带来机会。英国历史学家约翰·阿克顿有一句名言："一切权力必然导致腐化，绝对权力必致绝对腐化。"国家的机制不健全，官员难以放弃可贪的机会，于是放肆地贪赃。如果社会机制健全一些，官员就会收敛得多。明太祖朱元璋曾经采用剥皮实草刑对付贪官，贪污八十两银子就要受此刑。但没有从根本上采取措施，即没有从制度上改革，从源头上防止和杜绝腐败，所以腐败日益严重。

“倡廉抑腐”之难难在官场上贿赂成风。我国古代早已清楚地认识到，贪污腐败可以亡国，也会累及身家。《贞观政要》记载：“为主贪，必丧其国；为臣贪，必亡其身。”为了“倡廉抑腐”，我国古代也在不断地完善“倡廉抑腐”的各种制度建设，诸如谏议制度、法律制度、考核制度、回避制度、监察制度等，有的制度已经相当严厉和严密。但是由于一些官员信奉“人不为己，天诛地灭”的人生信条，社会正义感沉沦，官员价值观发生扭曲，整个官场贿赂成风，卖官鬻爵、贪赃枉法、腐化堕落、权钱交易、横征暴敛的现象极其严重，有的朝代腐败问题已经到了病入膏肓的程度，倡廉抑腐的难度可想而知。

“倡廉抑腐”既要依靠建立健全制度规范，也要重视加强官员道德修养。“吏治国治，吏腐政亡。”官员的道德修养是整个社会的表率，直接影响到社会道德风尚和社会风气。孔子认为，如果官员一心谋取私利，将自己的行事准则建立在个人利益之上，那么必然会招来公众的怨恨，他极力反对官员们“放于利而行”。他认为，官员们应树立廉政思想，面对各种诱惑时，努力做到“不义而富且贵，于我如浮云”，以行树德，以行约德，以德树威，保持清正廉洁的美德。

当代社会官员“腐败”被视为阻碍经济发展、吞噬政府威信、破坏政党凝聚力、影响政权和社会稳定的重大问题。对于政府或官员来说，最危险的莫过于“腐败”，民众最痛恨的也莫过于“腐败”。“倡廉抑腐”成为各种不同社会制度的国家共同面临的难题，世界上有130多个国家都在积极开展反腐倡廉工作。

孔子说：“其身正，不令而行；其身不正，虽令不从。”所谓“身正”，就是要求思想端正、勤于政务、廉洁奉公。在社会主义市场经济深入发展的今天，传承弘扬我国传统美德中的“廉”德价值取向和道德规范，仍然具有非常重要的时代意义，“廉洁奉公”直接反映着一个人为人为官的思想境界，反映着他是否正确地对待和使用手中的权力，在很大程度上决定着为人为官的威信和影响力。

四 “耻”的价值理念及其新时代释义

在中华传统美德中，“耻”是指羞耻心、知耻心，是“羞恶之心”。朱熹曰：“耻便是羞恶之心。”所谓羞耻心，是指基于一定的荣辱观、是非观、善恶观而产生的一种自觉的求荣免辱之心，使人珍惜、维护自身尊严而产生的道德意识、道德情感和道德行为。孟子认为，“羞恶之心”是人的基本德性、基本人格，是“义之端也”。“知耻”被认为是人之为人的底线。

（一）我国传统的知耻观

我国古代思想家历来重视“知耻”的价值取向和道德规范。孔子提倡道德教化，认为以“仁”德治天下之所以有效，就是因为它能够使民“知耻”，从而自觉地有所不为。他说：“道之以政，齐之以刑，民免而无耻；道之以德，齐之以礼，有耻且格。”如果人们能够自觉地有所不为，以犯罪为可耻，那么人们就能够主动地避免犯罪。因此，孔子要求人们“行己有耻”。孟子也非常重视“知耻”，他提出“耻之于人大矣”“人不可以无耻”的道德主张，管子则将“耻”与“礼、义、廉”三者并列，看作是“国之四维”，曰：“守国之度，在饰四维。”

我国传统文化把“耻”提升到非常重要的道德地位，成为我国古代的重要德目之一。

我国古代把社会风气分为两类：一是正气，如生气、志气、和气等；二是邪气，如霸气、阴阳怪气、污秽之气、虚伪之气、霉气、懒散之气等。邪气滋生出两大病症：痿气、阴气、堕气、庸气、媚气、泄气，形成软骨症；霸气、贪气、奢气、浮躁气、傲气、牛气，形成腐败症。对于邪气，历来为君子所不齿。对于无耻小人，人们总是无情痛喝，视为过街老鼠。

我国传统道德把无耻之人钉在历史的耻辱柱上，作为反面教材。后晋时，石敬瑭在汴梁（今河南开封）称帝，为了苟延残喘，他对契丹百般讨好，称契丹主为父皇帝。每当契丹使臣来汴，石敬瑭就在别殿拜受诏敕，每年向契丹奉献三十万金帛，在节庆时还要进贡珍玩。他甚至割让燕云十六州给契丹，卖国求荣，自称“儿皇帝”。南宋的秦桧卖主求荣，陷害忠良，是当时为许多人不齿的小人。秦桧想请知名学者胡宏出来当官，胡宏不愿与秦桧为伍，以各种理由加以谢绝。一代理学宗师胡宏在《与秦桧之书》写道：“稽诸数千年间，士大夫颠冥于富贵、醉生而梦死者无世无之，何啻百亿。虽当时足以快胸臆，耀妻子，曾不旋踵而身名俱灭。某志学以来，所不愿也。至于杰然自立志气，充塞乎天地，临大节而不可夺……风不能靡，波不能流，身虽死矣，而凛凛然长有生气。”

可见，中华民族向来推崇高尚的气节和完美的人格，那些不知廉耻的小人被作为反面教材而打入另册。学者张舜徽很推崇顾炎武，他说：“炎武论学，不外二语：曰行己有耻，博学于文。……非有裨明道淑世，或攸关国计民生者，皆不徒作。”（《清人文集别录·亭林文集》）人生一世，应当堂堂正正地做人，挺起脊梁做人。要做君子，不做小人。

（二）做人要知耻

道德表现为一定的风俗、风尚、习惯，包含了善与恶、正义与邪恶、诚实与虚伪、荣誉与耻辱等价值取向和道德观念。古希腊有这样一个美丽的传说：十八岁的英雄海格利斯在人生的十字路口碰见了两个女神，一个是“恶”德女神，另一个是“美”德女神。“恶”德女神诱惑他去追求个人享乐舒坦而不顾他人祸福的生活，“美”德女神则劝导他选择为人类除害造福的人生道路。经过一番痛苦的思索和内心斗争，最后，海格利斯离开了“恶”德女神，听从了“美”德女神的呼唤，选择了一条始终为同胞做好事的人生之路。这个故事形象地告诉我们，在生活中总有两种道德力量——“恶”德和“美”德在呼唤和影响我们，需要我们时时做出正确的选择。

“知耻”与“荣辱观”联系密切。我们的祖先非常重视树立正确的荣辱观念，在我国最早的诗集《诗经》中就已经有了非常明确的荣辱观念。《诗经》曰：“相鼠有皮，人而无仪；人而无仪，不死何为？”意思是说老鼠都有一张皮，人岂能没有尊严和廉耻？如果一个人不识尊严和廉耻，那还活着干什么？后来人们又对荣辱观念加以总结，提出了许多脍炙人口的格言，如管仲提出了“衣食足而知荣辱”，孟子提出了“羞恶之心，义之端也”“无羞恶之心，非人也”，此外还提出了“宁可毁人，不可毁誉”“宁可穷而有志，不可富而失节”“士可杀不可辱”“不知荣辱乃不能成人”等思想，这都是强调荣辱与培养高尚人格的关系，把知荣明耻、坚守节操看得和生命一样宝贵，认为一个人只有知荣明耻才能品行高洁。

在现实生活中，人们更是身体力行去实践荣辱观，把荣辱观贯穿到社会生活的方方面面。我国传统文化中提倡的“孝”道就把“孝”与“知耻”联系在一起，如认为做子女的如果在生活上能够尽心照料父母当然是“孝敬”的表现，但是即使能做到这些却去做辱没父母名声、名誉的事情而使父母蒙羞，那么也同样被视为不“孝”。可以说，“知耻”和荣辱观作为我国传统文化的一种文化精神已经深深地渗入到中国人的文化血脉之中，成为我国传统道德和中华民族精神的重要内容，成为自古以来仁人志士和寻常百姓共同认同的重要价值取向和道德规范。做一个有道德的人，首先要养成正确的荣辱观念，要知耻。有荣辱观念就懂得明辨是非、美丑、善恶，懂得什么是人格和国格。

“知荣辱”是养成道德习惯的基本要求。有什么样的荣辱观，就有什么样的价值取向、道德准则和道德规范，就有什么样的行为方式。树立正确的荣辱观是一个人形成正确的价值取向和良好道德品质的重要指标，是衡量一个社会道德水平和文明程度的重要标志，是促进良好社会风气形成的重要道德基础，也是促进国家发展、社会进步、民族振兴的价值指引。

所谓“荣”，就是光荣、荣誉、荣耀等；所谓“辱”，就是耻辱、羞耻、屈辱等。“荣”和“辱”是一个社会对人们行为褒贬评价和人们对这种评价的自我感受，标志着一个社会的价值指向。这种感受和价值指向既有利于每个人判断自我行为的好与坏，也不断规范和指引着人的行为选择和行为评价，引导人们弃恶向善，避辱求荣。荣誉感具有激励人们选择、追求、实现理想的巨大作用，有助于人们约束自己的行为、促进人们遵守道德原则和道德规范；羞耻感具有一种很强的自我教育作用，促使人们对自我的言行、品质进行反思和修正，对不符合社会道德准则、行为规范的行为产生一种负面情绪体验，对自我违反道德准则和道德规范的行为产生惭愧与悔恨感，从而对自己的行为予以调整和改正。

作为人生观、价值观的重要内容，荣辱观是我们每一个人如何做人、如何做事、如何和他人相处的人生道德指南。怎样看待荣与辱，分清什么是光荣、什么是耻辱是每一个社会成员进入社会都必须明确的价值取向问题。一个人有什么样的荣辱观就有什么样的价值取向、道德准则和道德规范。有了正确的荣辱观就会在实践中尽可能做到扬荣抑辱、知耻求荣，以一个社会所要求的良好道德形象出现在世人面前。

荣与辱犹如一面镜子，可以映照一个人的人生观、价值观、道德观，可以映照一个人的灵魂，只有正确对待荣与辱，一个人的道德和灵魂才会健康而有活力，才会向上向善。著名诗人臧克家曾写过一首诗，叫作《有的人》，诗中高度体现了对荣辱的正确认识。诗里写道：

有的人活着
他已经死了；
有的人死了
他还活着。

有的人
骑在人民头上：“呵，我多伟大！”

有的人
俯下身子给人民当牛马。

有的人
把名字刻入石头想“不朽”；
有的人
情愿作野草，等着地下的火烧。

有的人
他活着别人就不能活；
有的人
他活着为了多数人更好地活。

骑在人民头上的，
人民把他摔垮；
给人民作牛马的，
人民永远记住他！

把名字刻入石头的，
名字比尸首烂得更早；
只要春风吹到的地方，
到处是青青的野草。

他活着别人就不能活的人，
他的下场可以看到；
他活着为了多数人更好地活着的人，
群众把他抬举得很高，很高。

这首诗发表以后就成为许多人的座右铭，成为人们追求生命意义和人生价值的指南。诗中昭显的正确荣辱观念是不能做一个自己活着却在别人心中早已死去的“人”，而应该做一个自己活着也能在别人心中活着的“人”。这种荣辱观倡导人们在努力工作或者享受生活的同时，要争取多为国家、为社会以及为他人着想，这样的人活着才有价值、人生才有意义，这样的人才真正光荣。

中国特色社会主义新时代，我们的国家已经进入到全面深化改革和全面建成社会主义现代化强国的新的发展阶段，人民对美好生活的向往日益丰富，人们的精神文化生活需求日益增长，人们对改善人际关系的要求、对良好社会风尚的要求越来越高，人们在民主、法治、公平、正义、安全、环境等方面的要求日益增长。

树立正确的荣辱观是社会道德水平和文明程度的重要标志，也是经济政治文化社会生态顺利发展的必然要求，有了正确的荣辱观就能分清是非善恶，明确哪些行为是光荣的、哪些是耻辱的，明确坚持什么、反对什么，明确倡导什么、抵制什么，就会自觉地用行动争取荣誉，而尽量不做可耻、毁誉的事情。这样才能把社会道德准则变为自己内心的需要与愿望，从而形成讲道德、尊道德、守道德的良好行为习惯，积极追求高尚的道德，激发振兴祖国、建设祖国的强烈的使命感、责任感、荣誉感。

（三）社会主义荣辱观

中华民族之所以能一直以顽强的生命力屹立于世界的东方，生生不息地繁衍下来，主要原因之一就是在漫长的历史发展进程中，始终保持着明辨是非的传统和扬荣抑辱的美德，以正气昂然、奋发进取的精神风貌，昂首阔步于天地之间；华夏子孙始终明辨是非，以明确的荣辱观背负着民族存亡的大任，从远古走向今天。中国人始终以“修身、齐家、治国、平天下”作为自己的人生信条，把现实、历史和自身的价值融为一体。

千百年来，无数优秀的华夏儿女，始终发扬明辨是非、知荣明耻的传统美德，爱国爱民、鞠躬尽瘁、死而后已。屈原“长太息以掩涕兮，哀民生之多艰”，最终殉国汨罗江；苏武北海牧羊而不辱使命；岳飞戎马一生，精忠报国；文天祥视死如归，“留取丹心照汗青”；谭嗣同“我自横刀向天笑”，率先为变法流血牺牲……他们以热爱祖国为荣，以天下为己任，“先天下之忧而忧，后天下之乐而乐”；他们以遵纪守法为荣，修身正己，“一身正气，两袖清风”；他们以团结互助为荣，仁爱孝悌。可以说，中华民族的历史就是一部知荣明耻的历史，华夏文明就是一种明辨荣辱的文明。明辨是非，知荣明耻，塑造并延续着一个伟大民族的生命长河。

进入21世纪，我国进入到全面建成小康社会，开启中华民族从站起来、富起来到强起来的新征程的重要历史时期，我国经济政治文化社会生态发展正处在一个承前启后的关键时刻，社会风气直接影响着全面建设社会主义现代化强国的宏伟蓝图，直接关系到实现中华民族伟大复兴中国梦的宏伟事业。

早在2006年3月4日，胡锦涛就提出了以“八荣八耻”为主要内容的社会主义荣辱观，全面阐述了树立正确荣辱观的重大意义、时代背景和具体要求，明确了新世纪新阶段我国社会的基本价值取向、荣辱观念和行为选择，体现了社会主义道德规范的本质要求和基本原则，对明辨是非、善恶、美丑界限，推动形成良好社会风气具有重要现实意义。

一个人只有明确了什么是“耻”，才能真正明确什么是“荣”。以“八荣八耻”为主要内容的社会主义荣辱观深刻地揭示了“荣”与“耻”之间的对立统一关系，采用了肯定与否定、褒扬与贬斥两两对应的表达形式，易学易懂易记，有利于引导广大青少年和人民群众理解、把握和践行。社会主义荣辱观涉及经济、政治、文化、社会、法治、科学等多方面的价值取向，八对规范对立统一、相辅相成、相互联系、相互促进，形成一个有机整体，反映了科学的世界观、人生观、价值观在荣辱观上的具体要求，明确了新世纪新阶段我国社会主义公民的基本价值取向和行为准则，是人们明辨是非、区别善恶、分清美丑的明确标准。

社会主义荣辱观吸收了我国传统荣辱观的精华，传承弘扬了中华传统美德，如“以热爱祖国为荣、以危害祖国为耻”与“天下兴亡，匹夫有责”一脉相承；“以团结互助为荣、以损人利己为耻”与“天时不如地利，地利不如人和”一以贯之；“以辛勤劳动为荣、以好逸恶劳为耻”与“勤能补拙”等有着继承发展的关系。社会主义荣辱观也发扬了中国共产党领导我国人民在革命、建设和改革中形成的崇高精神，和红船精神、井冈山精神、长征精神、延安精神、红岩精神、西柏坡精神、大庆精神、“两弹一星”精神、抗洪精神等血脉相通、浑然一体。

社会主义荣辱观涵盖了国家、集体、个人三个层面及其内在联系，涉及人生态度、公共行为、社会风尚和民族精神，构成了社会主义道德的鲜明价值指向，与社会主义核心价值观倡导的三个层面相辅相成、相互补充、相互完善。社会主义荣辱观要求的具体内容既是理想的又是现实的，既是崇高的又是平实的，与每一个人身边的事情息息相关，为新世纪新阶段中国人做人做事树立了看得见、摸得着的基本价值标准。“明荣辱，知善恶，辨是非，而后有精神。”

精神和文化领域的成就将直接反映一个社会道德水平和文明程度的高低，也集中体现了一个民族的生命力、凝聚力和战斗力。社会主义荣辱观提倡的荣辱观念对于新时代中华民族和中国人民战胜各种艰难险阻仍然具有巨大的价值指引和精神激励作用，仍然有着重大的现实指导意义。

如“两弹一星”精神包含了热爱祖国、无私奉献，自力更生、艰苦奋斗，大力协同、勇于登攀等内容，是社会主义荣辱观和社会主义核心价值观在特定历史条件下的生动体现。

作为一个中国人应该热爱祖国，这是新时代我国公民的基本要求；作为一个公民应该遵守国家法律，这也是基本的法治素养；作为一个在社会中生存的人，“爱人者人恒爱之”，“人人为我，我为人人”，互相帮助，同舟共济，是做人应该具备的基本品德。从服务人民、崇尚科学、辛勤劳动、诚实守信、艰苦奋斗等价值取向中可以找到新时代社会主义公民道德的基本要求。

“知荣明耻”可以转化为一种精神动力，人能“知荣明耻”就会有自觉性，知道自己该做什么、不该做什么，应该坚持什么、反对什么。弘扬社会主义荣辱观有助于当代中国树立自尊、自信、自立、自强的民族精神，可以孕育和汇聚人民群众艰苦奋斗、发愤图强，为实现中华民族伟大复兴而奋斗的磅礴力量。

五　“勇”的价值理念及其新时代释义

在中华传统文化中，“勇”是中华传统美德的一个重要范畴，是一种属于道德意志方面的品格。所谓“勇”，指勇敢、不惧艰难险阻，要求人们在面对艰难、困苦、胁迫、压力时不胆怯、不退缩、不回避、不气馁。“勇”的道德品质要求人们勇往直前，是人们在认识和改造自然、认识和改造社会、认识和完善自我的生产生活实践中所应具有的一种重要美德，一直受到我国古代思想家的高度认可和重视，被儒家列为“三达德”（智、仁、勇）之一。

孔子曰：“知者不惑，仁者不忧，勇者不惧。”《中庸》把“知耻”作为“勇”的重要内涵，认为“知耻近乎勇”：“好学近乎知，力行近乎仁，知耻近乎勇。”《中庸》甚至认为“知斯三者”，则“知所以修身，则知所以治人；知所以治人，则知所以治天下国家矣”。可见，一个“勇”字在人生道德修养中的重要地位和重要作用。

何谓“勇”？在我国传统文化中有不同的认识，具有丰富的内涵，“勇”不仅指一种敢于冲锋陷阵的勇武、勇敢精神，更重要的是指人应该具有的一种人格气质和精神状态。墨子认为，“勇”首先是人的一种志气、志向，是一种肩挑大义的气概和魄力，把“勇”与“志”和“义”联系在一起。他说：“勇，志之所以敢也。”“义，志以天下为芬。”要求人们把天下之事视为自己分内之事。孔子也认为，“勇”与“志”紧密联系在一起，他说：“三军可夺帅也，匹夫不可夺志也。”

儒家道德思想还把“勇”与“仁、义”看作是相互统一的，认为行“仁”择“义”而为就是一种“大智大勇”，孔子说：“见义不为，无勇也。”孟子说：“生，亦我所欲也，义，亦我所欲也，二者不可得兼，舍生而取义者也。”孟子把在“生”与“义”之间进行选择时宁愿选择“义”而舍弃生命看作是一种勇敢人生。荀子说：“先义而后利者荣，先利而后义者辱。”要求人们行事应该合乎正义。《左传》也说：“多行不义必自毙。”

宋明理学家多以“义”释“勇”。南宋哲学家陆九渊是宋明两代“心学”的开山之祖，与朱熹齐名，认为一个正人君子应该以“勇”践行“义”的道德要求。他说：“君子义以为质，得义则重，失义则轻，由义为荣，背义为辱。”陆九渊主“心（我）即理”说，提出“宇宙便是吾心，吾心即是宇宙”“学苟知道，六经皆我注脚”的思想。明代王守仁继承发展陆九渊的“心学”，合称“陆王学派”，对后世影响极大。王夫之强调“生以载义，生可贵；义以立生，生可舍”，同样表达了一种为了正义而甘愿牺牲自己生命的高尚情操。

勇敢者取义。“勇”的精神就是一种舍生取义、视死如归的精神，是中华民族能够自强不息、生生不已的力量源泉，是中华民族极其宝贵的精神财富，一直激扬中华民族勇往直前。武则天时期的裴怀古，为了捍卫正义，在皇帝面前朗声回奏：“臣宁守公道，而不辞一死。”南宋民族英雄文天祥被俘后，当元世祖问他“汝何愿”时，他仅说一句：“愿赐一死足矣。”

近代维新人士谭嗣同，在戊戌政变失败后拒绝逃亡，以死唤醒国人，就义前高呼：“有心杀贼，无力回天，死得其所，快哉快哉!”

抗日战争时期，无数中华儿女更是以自己的生命谱写了一曲曲为了国家而英勇就义的壮丽篇章，他们中有国民革命军第三十三集团军总司令张自忠将军，有广为后人传颂的“狼牙山五壮士”，有东北抗日联军的“投江八女”等。

鲁迅先生曾说：中华民族“从古以来，就有埋头苦干的人，有拼命硬干的人，有为民请命的人，有舍身求法的人”，认为“这就是中国的脊梁”（《且介亭杂文·中国人失掉自信力了吗》）。中华民族正是因为有无数这样的脊梁，才能够在这个地球上生生不息，璀璨不已。

“勇”是自强不息的阳刚精神。阳刚精神是民族之魂魄，也是每个人进步的动力。《周易·乾·象》说：“天行健，君子以自强不息。”这句话一直激励着成千上万的中国人。唐代刘禹锡也说过：“以不息为体，以日新为道。”（《问大钧赋》）宋代王安石说过：“君子之道，始于自强不息。”（《临川先生文集·易象论解》）

勇敢者刚强。刚强可以表现在许多方面。孔子认为，在危难时应“不降其志，不辱其身”。“临危不惧，见义必为”是一种“勇”的表现，在情况变化时做到“富贵不能淫，贫贱不能移，威武不能屈”。在逆境时则表现为发愤改变命运，实现个人价值。在工作中做到踏踏实实，有“积一勺以成江河，累微尘以崇峻极”之精神。

“勇”还表现在不论任何时候都要有独立之人格和自由之思想。例如，明末思想家李贽撰写了《焚书》《续焚书》《藏书》《续藏书》，认为不必以孔子是非为是非，“人人皆可以为圣”（《答耿司寇》）。他指出，贪官是“阳为道学，阴为富贵”（《续焚书·三教归儒说》）。他同情妇女，认为寡妇可以再婚，反对封建礼教。他的这些进步思想，在他所处的时代被视为“无父无君”的异端邪说，受到极大的攻击，但是他仍然百折不挠，坚持自己的独立见解，坚持自己作为一个知识分子的独立人格。

21世纪是一个竞争更加激烈的世纪。在中国特色社会主义新时代怎样才能称得上“勇”？所谓“勇”，就是要艰苦奋斗、攻坚克难，要走出平庸敢于冲刺，要有一往无前的勇气，敢于在世界大潮中搏击，敢于在国际竞争中创新。就像一个士兵，不敢冲锋陷阵，总是躲在后面，那是很难建立功勋的。人不能无志，勇者有志向，志是人生的价值取向、前进方向和奋斗目标，是奋进的动力。人如果只想苟且偷安、庸俗地过一生，这是没有志、缺乏勇的表现。

“勇”还表现在敢于挑战权威。我国自古以来就有勇于挑战权威的优秀传统。古有宋代的郑樵，清代的崔述、姚际恒，近代以来有胡适、钱玄同等，都是具有怀疑精神的勇武之人。明代学者陈献章说：“小疑则小进，大疑则大进。”（《论学书》）即大胆怀疑或许会有大的收获。胡适以倡导白话文、新文化和“新思潮”，领导新文化运动闻名于世，主张“大胆怀疑，小心求证”，在政治上主张自由主义，认为人不仅要争取自己的人身自由、言论自由、法律上的平等，更要看重容忍对社会自由的重要性，真正自由的社会是有包容性的社会。

胡适提出“大胆怀疑，小心求证”，也包含了一个“勇”字。我们知道，治学不能一味地随大流，搞研究不要怕出错，有错就要勇于改正。勇者必然“四面受敌”，“受敌”则高度戒备，随时准备应战，应战就得多学多思。在应战中，能很快成熟，稳健地成长。20世纪20年代到40年代，顾颉刚等人编撰《古史辨》，创“疑古派”，把三皇五帝否认了，把正统史学神圣的根基撼动了，使史学界发生地震。然而，通过辩论，史实逐渐趋于明朗。

“勇”的道德品质最重要的是体现在创新创造精神上。《诗经》说：“周虽旧邦，其命维新。”顾炎武在《日知录·自序》里说他读书写笔记，如果发现“古人先我而有者，则遂削之”。张之洞在《劝学篇·变法》上说：“变通趣时，损益之道，与时偕行。”梁启超提出了新民思想，写了《新民说》。他在《论小说与群治之关系》中提出了“欲新一国之民，不可不先新一国之小说”的观点。他创立新民说，呼吁新道德、新人心、新人格、新风俗、新学艺。陈独秀创办《新青年》、毛泽东创办新民学会，都致力于宣传国民新思想。

古今中外勇于创新的事例不胜枚举。诺贝尔奖奖金设立者、瑞典化学家阿尔弗雷德·诺贝尔为了研究炸药，在一次实验中一个弟弟当场被炸死，父亲被炸成重伤，他自己也被炸得鲜血淋漓。但他毫不气馁，最终成功地研制出硝化甘油炸药，对工业、交通运输作出了巨大贡献。被誉为我国“当代毕昇”的王选从20世纪70年代起就开始主持研究开发我国计算机汉字激光照排系统和电子出版系统，他带领科研团队开创性地研制出了当时国外尚无商品的第四代激光照排系统，取得了八项中国专利和一项欧洲专利，为我国印刷业带来了“告别铅与火，迎来光与电”的重大转变，使中国报业技术和应用达到国际先进水平。作为改革开放以来我国知识分子的优秀代表，王选的创新精神也体现了中华民族放眼世界、勇于奋斗的“勇”的优良传统。

英国博物学家达尔文提出，在自然界中“物竞天择，适者生存”，指出弱者如果不自强、不勇敢地生存，就难以在世界上有一席之地。在人类社会中竞争和淘汰也是非常激烈的，历史上有多少大帝国、多少民族、多少文明在激烈的社会竞争中消失了。在人类社会竞争日趋激烈的当今世界，中国特色社会主义进入新时代，我国开启了从站起来、富起来到强起来的新征程，进入全面建设社会主义现代化强国和实现中华民族伟大复兴中国梦的关键阶段，为了个人的前途和国家的发展，我国面临建设创新型国家和创新型社会的重大战略任务，提倡勇敢精神，提倡创新创造精神，以勇往直前的大无畏气概面对现实，才能开辟中华民族的崭新未来！

参考文献

［1］马克思恩格斯选集：1—4卷［M］. 北京：人民出版社，1995.

［2］毛泽东选集：1—4卷［M］. 北京：人民出版社，1991.

［3］邓小平文选：1—3卷［M］. 北京：人民出版社，1993.

［4］习近平. 习近平谈治国理政［M］. 北京：外文出版社，2014.

［5］习近平. 习近平谈治国理政：第2卷［M］. 北京：外文出版社，2017.

［6］习近平. 决胜全面建成小康社会夺取新时代中国特色社会主义伟大胜利——在中国共产党第十九次全国代表大会上的报告［M］. 北京：人民出版社，2017.

［7］习近平. 高举中国特色社会主义伟大旗帜为全面建设社会主义现代化国家而团结奋斗——在中国共产党第二十次全国代表大会上的报告［M］. 北京：人民出版社，2022.

［8］习近平关于社会主义文化建设论述摘编［M］. 北京：中央文献出版社，2017.

［9］习近平总书记系列重要讲话读本（修订本）［M］. 北京：学习出版社，2016.

［10］习近平关于实现中华民族伟大复兴的中国梦论述摘编［M］. 北京：中央文献出版社，2013.

［11］黄延敏. 中国共产党继承弘扬中华优秀传统文化的理论与实践［M］. 北

京：学习出版社，2016.

［12］许嘉璐. 中华文化的前途和使命［M］. 北京：中华书局，2017.

［13］楼宇烈. 中国文化的根本精神［M］. 北京：中华书局，2016.

［14］牟钟鉴. 中国文化的当下精神［M］. 北京：中华书局，2016.

［15］张岂之. 中华文化的会通精神［M］. 长春：长春出版社，2016.

［16］陈来. 中华文明的核心价值［M］. 北京：三联书店，2015.

［17］姜广辉. 中国文化的根与魂［M］. 沈阳：辽宁教育出版社，2014.

［18］郭齐勇，吴根友. 近世哲学的发展与中国哲学的创造转化［M］. 北京：中国社会科学出版社，2014.

［19］陈先达. 马克思主义与中国传统文化［M］. 北京：人民出版社，2015.

［20］张允熠. 中国文化与马克思主义［M］. 北京：人民出版社，2015.

［21］金元浦. 文化复兴：传统文化的现代价值［M］. 北京：中国人民大学出版社，2014.

［22］王霁等. 中国传统文化［M］. 北京：清华大学出版社，2014.

［23］张岱年. 中国伦理思想研究［M］. 南京：江苏教育出版社，2005.

［24］罗国杰. 中国伦理思想史［M］. 北京：中国人民大学出版社，2008.

［25］罗国杰. 中国传统道德［M］. 北京：中国人民大学出版社，1997.

［26］罗国杰. 中国革命道德［M］. 北京：中国人民大学出版社，2013.

［27］温克勤. 中国伦理思想简史［M］. 北京：社会科学文献出版社，2013.

［28］朱贻庭. 中国传统伦理思想史［M］. 上海：华东师范大学出版社，1989.

［29］唐凯麟. 中华民族道德生活史［M］. 上海：东方出版中心，2014.

［30］陈瑛. 中国传统伦理与社会主义先进文化［M］. 北京：中国社会科学出版社，2012.

［31］陈瑛. 中国古代道德生活史［M］. 北京：中国社会科学出版社，2012.

［32］荆惠民. 中国人的美德：仁义礼智信［M］. 北京：中国人民大学出版社，2006.

［33］戴木才. 中国特色核心价值观的传统、现实与前景［M］. 南宁：广西人民出版社，2011.

［34］戴木才．兴国之魂：积极培育和践行社会主义核心价值观十讲［M］．长沙：湖南教育出版社，2013.

［35］戴木才．中国人的美德与核心价值观［M］．北京：中国人民大学出版社，2015.

［36］戴木才．铸就人民的信仰：当代中国的核心价值观［M］．北京：人民出版社，2017.

［37］戴木才等．中国传统核心价值观的创新性发展［M］．长沙：湖南教育出版社，2021.

［38］赵馥洁．价值的历程：中国传统价值观的历史演变［M］．北京：中国社会科学出版社，2006.

［39］刘晓成等．仁：为人为政之道［M］．南宁：广西人民出版社，1996.

［40］程继松．义：照亮历史的道德之光［M］．南宁：广西人民出版社，1996.

［41］姚伟钧．礼：传统道德核心谈［M］．南宁：广西人民出版社，1996.

［42］沈继成．智：千古闪烁的心灵之光［M］．南宁：广西人民出版社，1996.

［43］康志杰．信：立身处世的支撑点［M］．南宁：广西人民出版社，1996.

［44］戴茂堂等．传统价值观念与当代中国［M］．武汉：湖北人民出版社，2001.

［45］方朝晖．“三纲”与秩序重建［M］．北京：中央编译出版社，2012.

［46］何兆武．中国印象：外国名人论中国文化［M］．北京：中国人民大学出版社，2011

［47］孙伟平．创建“中国价值”［M］．北京：社会科学文献出版社，2015.

［48］张怀承等．中国传统道德文化的现代转型与创新研究［M］．长沙：湖南师范大学出版社，2013.

［49］韩震等．中国的价值观［M］．北京：中国社会科学出版社，2016.

［50］程凯华．中国传统美德［M］．武汉：长江文艺出版社，2002.

［51］夏瑞春．德国思想家论中国［M］．南京：江苏人民出版社，1995.

［52］忻剑飞．世界的中国观［M］．北京：学林出版社，1991.

［53］杨知勇．家族主义与中国文化［M］．昆明：云南大学出版社，2000.

［54］郭洪纪．儒家伦理与中国文化转型［M］．西宁：青海人民出版社，1996.

［55］罗军．中国人的文化仰望［M］．北京：中央编译出版社，2016.

［56］张国．中国治国思想史［M］．北京：新华出版社，2002.

［57］高德步．中国价值的革命［M］．北京：人民出版社，2016.

［58］张曙光．价值与秩序的重建［M］．北京：人民出版社，2016.

［59］刘翔．中国传统价值观诠释学［M］．北京：上海三联书店，1996.

［60］孙隆基．中国文化的深层结构［M］．北京：中信出版社，2015.

［61］费正清等．中国：传统与变革［M］．南京：江苏人民出版社，2012.

［62］杜维明．儒家思想新论：创造性转换的自我［M］．南京：江苏人民出版社，1995.

［63］韦伯．新教伦理与资本主义精神［M］．北京：北京大学出版社，2017.

［64］贝尔．资本主义文化矛盾［M］．北京：人民出版社，2010.

［65］亨廷顿．文化的重要作用：价值观如何影响人类进步［M］．北京：新华出版社，2010.

后　记

这套书系是我作为首席专家主持的教育部人文社会科学重点研究基地湖南师范大学道德文化研究中心重大项目“中华伦理文明新形态的内容体系研究”的阶段性研究成果和我作为首席专家主持的国家哲学社科基金重大项目“结合时代要求继承创新中华优秀传统文化中的核心理念研究”［批准号18VSJ081］的研究成果。

党的十九大报告提出，培育和践行社会主义核心价值观，要深入挖掘中国传统文化蕴含的思想观念、人文精神、道德规范，结合时代要求传承弘扬，让中华文化展现出时代风采和永久魅力；党的二十大报告提出了要坚持马克思主义基本原理与中国具体实际相结合、同中华优秀传统文化相结合。结合时代要求传承弘扬中国传统文化及其核心价值理念，是新时代广泛践行社会主义核心价值观、发展繁荣中国特色社会主义文化、建设社会主义文化强国的一个重大课题。

发展繁荣中国特色社会主义文化、建设社会主义文化强国、广泛践行社会主义核心价值观，必须立足于中国的历史文化传统，把中国传统文化及其核心价值理念作为重要源泉，既与中国传统文化及其核心价值观相传承，又与社会主义先进文化的发展方向和价值本质相一致、与人类文明发展趋势相承接，充分展现新时代中国特色社会主义文化和社会主义核心价值观的基础性、民族性、传承性，充分展现其中国特色、中国风格、中国气派的时代风采和永久魅力。

课题研究成果紧密结合中国特色社会主义进入新时代的新要求新任务，紧密结合党的十八大以来以习近平同志为核心的党中央关于传承弘扬中华优秀传统文化、积极培育和践行社会主义核心价值观的一系列重要论述，深入系统阐发了结合时代要求传承弘扬中华优秀传统文化、传承弘扬中国传统价值观的一系列理论与实践问题。

参加课题研究申报的人员有：

首席专家：戴木才。子课题负责人：丁威、田海舰、张一。参加申报课题研究的主要成员：任健东、柏路、陈志兴、郑翔瑜、鹿林、谢葵、王琦煜、曹刚、袁文华、赵同良、陈越等。

本书由戴木才主撰。为保持“中国传统价值观的传承弘扬”研究书系的完整性，在本书撰写过程中，参阅了由荆惠民主编、戴木才组织完成的《中国人的美德：仁义礼智信》（中国人民大学出版社2006年版），由戴木才主编的《中国人的美德与核心价值观》（中国人民大学出版社2015年版）和戴木才等著的《中国传统核心价值观的创新性发展》（湖南教育出版社2021年版）等已有研究成果，在此予以特别说明。

在本书撰写过程中，谢葵同志做了大量的资料收集、整理、编校工作。

同时，在本书撰写过程中，除了已列出的主要参考资料外，还参考、吸收了一些专家展示在网络上的研究成果，没有一一列出，在此予以特别说明和表示感谢，敬请相关著作权所有者谅解。

本书的出版，得到广西人民出版社社长韦鸿学、总编辑赵彦红、副总编辑白竹林、理论读物出版中心主任吴小龙和原社长温六零的大力支持，在此一并表示诚挚的感谢。

由于水平有限，书中难免存在疏漏和不当之处，敬请读者批评指正。

课题组

2023年初于北京

图书在版编目（CIP）数据

中国传统价值观的新命 / 戴木才等著 . — 南宁：广西人民出版社，2024.1
（中国传统价值观的传承弘扬研究书系）
ISBN 978-7-219-11549-7

Ⅰ. ①中…　Ⅱ. ①戴…　Ⅲ. ①社会主义建设—价值论—研究—中国　Ⅳ. ① D616

中国国家版本馆 CIP 数据核字（2023）第 052657 号

出 版 人　韦鸿学　　　　策　　划　温六零　白竹林
执行策划　吴小龙　　　　责任编辑　李亚伟　许晓琰
责任校对　周月华　梁小琪
封面设计　刘瑞锋（广大迅风艺术）

出版发行　广西人民出版社
社　　址　广西南宁市桂春路 6 号
邮　　编　530021
印　　刷　广西民族印刷包装集团有限公司
开　　本　787mm × 1092mm　1 / 16
印　　张　17.75
字　　数　240 千字
版　　次　2024 年 1 月　第 1 版
印　　次　2024 年 1 月　第 1 次印刷
书　　号　ISBN 978-7-219-11549-7
定　　价　59. 80 元